拉達克之旅

一場照見內心探索性靈的旅程

•

A JOURNEY IN LADAKH

安德魯・哈維
ANDREW HARVEY

趙惠群——譯

目錄

〈推薦序〉

生生流轉：拉達克無盡之旅

吳繼文

拉達克

拉達克位於喀什米爾東境，和西藏的阿里地區（羌塘高原）接壤，是地球上有數的高峻而險惡之所，古來一直是藏族繁衍生息的土地，在歷史、文化、宗教和貿易上，與內地西藏也一直保持密切關係。九世紀中，朗達瑪滅佛，吐蕃大亂，王室的一支逃往阿里，建立了小王朝，統治芒玉（即拉達克）、象雄（古格）和布讓三個地區。後來西藏佛教的復興，即有賴阿里王禮聘阿底峽尊者，由印度人入藏傳法。這是十一世紀的事。

西元一六三〇年（明崇禎三年）芒玉王滅古格王國，掩有阿里全境，並統治了半世紀之久；直到清康熙年間，達賴五世掌握西藏政權，與不丹噶舉（白教）法王開戰，拉達克因信奉白教，而站在噶舉法王一邊，最後藏軍攻入阿里，並占領拉達克首府列城。拉達克與清政權講和，願意歸達賴喇嘛管轄，並逐年納貢。一八四六年英國併吞查謨喀什米爾，與清政權重新畫界，把拉達克納入喀什米爾境內。儘管拉達克在政治上已經被畫出西藏領地之外，然而在拉薩政府對周邊各國採取嚴厲鎖國政策時，拉達克仍舊可以例外，自由往來，可見其淵源之深厚。

由於地勢的封閉和交通的不便，即使到了現代，拉達克仍以極為緩慢的速度變化著，相對於外界的沸沸揚揚，拉達克毋寧近乎停滯，因而得以保留其大部分原貌，包括她的「西藏性」，包括純正的印度佛教晚期傳統。當二次世界大戰後，全球陷入近半世紀的冷戰狀態，西藏成為中國禁臠，外人再度不得其門而入，對於尋求神祕香巴拉淨土的世人而言，拉達克乃成為西藏鄉愁的替代。

本書作者及書中出現的許多過客而言，幾乎都是帶著朝聖的心情，前往拉達克巡禮，也各自完成人生中非常重要的通過儀式：發現自身恐懼，同時也尋獲自身內在的神聖。本書難得之處，在於作者能夠坦白將自己到了拉達克之後的心識變化和盤托出，放下牛津詩人的矜持與身段，因此讓我們同時目睹有著無限可能的、活潑潑的生命及奇蹟，至於準確的意象、生動的描寫其餘事。一方面它並沒有我們原先期待的、狹義的遊歷和冒險，裡面的許多人物、對話，甚至教人關懷其存在的真實性，然而它所帶給我們的視野，又豈是一般遊記能及！

藏傳佛教

在傳播品質嚴重不良的當今之世，為人誤解最深的事事物物之中，「密宗（密教）」是其中之一。在無數咒語、繁複儀軌的烘托下，密教行者甚至不諱言神通、不避求當世之利益，於是即使連嚴謹的宗教研究者都會將密教形容成「墮落的宗教」。然而數世紀來，普傳西藏、蒙古、中國、日本，如今則在歐美、台灣一世風靡的宗教體系，能夠只用「墮落」兩字清算了事嗎？我既無能力，這篇文章也無此意願詳細闡發密教的核心題旨，在此謹願引用一個提綱挈領的說法，提供各位一個可能的視角。金岡秀友在《密教的哲學》中開宗明義：

> 放眼人心的深淵，並於其中成就個我（小宇宙）與全體（大宇宙）之間，神祕的聯繫合一；起始於真確的洞察（正知見），進而建立的一種全面性的謹嚴實踐與儀禮的體系，是謂密教。（括號中文字為筆者所加）

相對於上座部（小乘）、大眾部（大乘）佛教對物質的、物理的現實世界帶著否定（非實有／空／無自性）的態度，晚期佛教／密教則傾向於肯定（在空性的基礎上）：我們所見、所惑的事事物物，不分美醜善惡皆是終極真理的體現／象徵，與永恆實相無二無別，通過對這一切事理的辯證認識，可以讓我們趨近／體驗／實證絕對世界的終極真理。

這是一種以「佛的觀點」來理解我們自身及身處的世界，弔詭的是，相對於佛，我們多半是凡人，讓凡夫持有佛的觀點卻去行凡夫之事，稍有差池，即是墮落。因為一切放縱任性皆有藉口，所有耽溺執著皆可辯解。

也許不是墮落的宗教，而是宗教者的墮落。

還有兩個不大不小的誤解：

藏傳佛教＝密教

藏傳佛教僧侶＝喇嘛

其實大謬不然。今日藏傳佛教的主流是達賴、班禪喇嘛系統的格魯派，格魯派的教育體制中所傳授的率皆顯教科目，如因明學、般若學、中觀學、律學和俱舍學，直到休學期滿，獲得格西（博士）學位（約需三十個年頭）之後，始有資格進入密教扎倉（學院），成為密教寺院修密；至於喇嘛，其意思是轉指傳授佛法給出家眾的上師、善知識。所以說並不是一般人以為的，一出家就可以叫喇嘛，就成為一個密教者。

另外一個誤解

由於我多年前的一次短暫的西藏之旅，加上對佛法、藏傳佛教粗淺的涉獵，不知道從什麼時候開始，糊里糊塗就被當作所謂西藏專家；這就好像一個偶爾喜歡仰望星空的人，卻被當作天文物理學家一樣，豈止心虛。

然而，也是意外地展開另一個面向：朋友或朋友得朋友會找我商量規畫西藏之旅的行程，會順便為我購買西藏相關的讀物；不時的，為藏傳佛教的出版物撰寫書評，為出版社翻譯西藏旅行的書籍，甚至要承乏這本書——稍稍沾著了西藏的邊——的導讀工作。

於是，這一切彷佛成了我西藏之旅的延續；或者說我的西藏之旅並未結束。

吳繼文：台灣南投人，東吳大學中文系畢業，日本國立廣島大學哲學碩士。曾任聯合副刊編輯、時報文化出版公司叢書部總編輯及台灣商務印書館副總編輯。著有長篇小說《世紀末少年愛讀本》及《天河撩亂》、劇本《公元一九九九的一天》、譯有吉本芭娜娜中篇小說《哀愁的預感》。

第一章

啟程

拉達克「是」一個高山通道之鄉，對我來說，我對拉達克及其子民的體驗，是一種通道、一種進入認知真相的通道。

我永遠也忘不了那四張照片。它們記載在一本泛黃的百科全書裡，我在這本百科全書學到超新星的名字、叫人驚奇的鴨嘴獸和印度蛇類的顏色。我曾在夢中看過這些照片，是那麼龐大、生動，且色彩絢麗；因而我走遍了三大洲的書店，去尋找這些照片，彷彿它們會為我帶來幸福和好運。這些是西藏的照片。

第一張照片裡，一個男人坐在馬背上，望著白雪皚皚的山峰。他穿著一雙寬大的鞋，鞋尖像阿拉丁的鞋子般向上翹起。

第二張是一名坐在寶壇上的僧侶。他戴著一頂插滿厚金箔鑲邊的巨大羽毛帽，雙腳大開，腳上的鞋在模糊的照片裡看來像是被煙熏過；他的袍子上依稀可見三隻交纏的火龍圖案。

第三張則是拉薩的布達拉宮——也就是達賴喇嘛的皇宮。宮殿建在重重山巒裡的小山上，對一個在平坦燠熱的印度平原長大的孩子來說，再沒有任何事物比這棟建築來得更特異了。我神遊到每位魔術師和祭司的房間；每層向上疊高的樓閣全幻化成不同的神蹟；喇嘛盤坐香雲中，隨意變化成寶石或明光，寧靜而華麗的儀式裡飄揚著絲竹樂音、禮讚聲及多彩絲帶。

第四張的景致最簡單，是一片被雪覆蓋呈半圓形排列的山脈，有個人帶著頭犛牛站在山間的沙漠岩石上，文風不動，面無表情，看似另一塊石頭。傍晚，我會站在家裡的大窗前，望著對面由陋屋堆成的小鎮，孩子們在那些破落屋頂下或骯髒的灰沙泥屋中玩耍，屋內充斥著嘈雜的廣播聲和狗吠聲。我緩慢而費力地嘗試將那座沙漠與山脈，融入眼前的景物，一旦成功了，即便只是一剎那，在印度雨季的傾盆大雨中，我卻能置身於岩石、飛雪和寒風的世界。

與佛教的因緣

一九七〇年代初期，我在牛津就讀時，即對佛教產生興趣。當時，我的生活充滿混亂和挫折，卻在佛教的哲理中找到一種思維方式，它冷靜而徹底地解析欲望、揚棄生活中一切的自我膨脹，以及它所可能提供強烈而踏實的寧靜，這種種都讓我迷醉不已。我努力閱讀相關的東西——《法句經》[1]、《金剛經》；孔子、瓦茲（Issac Watts）[2]和赫里格（Herrigel）[3]的著作；鈴木大拙（D. T. Suzuki）[4]的文章；

1　譯註：法句經（Dhammapada），以巴利文寫成的著名佛教典籍之一，極富文學價值。
2　譯註：瓦茲，英格蘭讚美詩作家。
3　譯註：赫里格，?——一九五五，德國哲學家和禪學家。
4　譯註：鈴木大拙，一八七〇——一九六六，日本佛教學者和思想家。

各門派的佛教經典；也曾和一位年輕的指導老師探討印度思想。後來他放棄了學術事業，住進隱修院，他的喜捨寬厚打動了我、鼓舞了我。我花了很長的時間才漸漸了解自己在尋覓什麼，雖然我努力而廣泛地閱讀，但看懂的卻少之又少。我還是很容易被生命中的騷動所媚惑，而不想——或不能——扛起責任去實踐佛教徒那種嚴苛而不自誇的生活哲學；我找不到宗師可以師法，也沒有戒律可以依循。

在我醉心於東方哲學的那段期間，曾有過兩次美的經驗，它們一直留存在我的印象中。牛津的阿什莫爾博物館（Ashmolean Museum）[5]裡，有一尊高棉的佛陀頭像。佛像很小且已經龜裂，所以現在很少展示；但我讀大學時，這尊佛像還經常被拿出來展覽。每個禮拜總會固定去看它三、四次。它的凝視帶給我一種祥和，吸引我不斷想去欣賞它的臉、它的微笑及微閉、寧靜而閃亮的眼神，那是一種西方藝術中罕見的安詳，是我心靈摯愛但生命中缺乏的東西；我知道，如果想要達到性靈或情感上的成熟，我亟需那種祥和。我不知道該如何從那尊頭像中學習，但我明白，總有一天我必須學習這種祥和，否則將在生命的苦難和孤寂中凋零。

選定科系後的那個夏天，我住在牛津，當時阿什莫爾博物館剛好有項日本和中國佛教宗師的繪畫特展，至今仍對其中的一幅畫印象深刻。畫裡有隻蝴蝶正要停在一朵盛開的花朵上。連續三週的下午，我總是站在那幅畫前駐足欣賞。慢慢地，發現深深打動我的，不只是作品那令人眩目而精緻的技法，更重要的是創作此件作品的態度，那種對事物極樂、溫和、精細及自然的驚嘆態度。那種驚嘆和自然超乎所有的感官、逾越所寫的任何一首詩；我感到驚訝不已，也為自己所暴露的不足感到害怕。當我凝視那幅畫時，明瞭那是多年靈修所產生的一種力量。而對當時才二十一歲的我來說，可能還不適合那種靈修，也還不了解它可能需要具備的修為。

而後動盪的年代裡，那些讀過的佛教經典片段，和從高棉佛像與蝴蝶畫中隱約察覺的佛教知見，都會浮現心頭，提醒自己未曾審視和體驗過的東西。二十五歲那年，決定離開牛津，回印度待一年。生活和詩的創作瓶頸——詩裡總擺脫不了反諷和苦難，以及龐大而無可救藥的憤怒和絕望——讓我備感挫折，因此我想要專注地探索印度藝術與思想的世界；我為自己設定的計畫是，希望在各地研究各種形式的佛學。我始終沒有完成這項計畫，不過這個計畫和新形式的思維與領悟，使我愈來愈投入佛學。這種投入並引領我於一九七六年開始，前往印度境內及周邊許多的佛教聖地，像斯里蘭卡、尼泊爾、沙那斯（Sanarth）[6]、菩提伽耶（Bodhgaya）[7]、

5 譯註：英國牛津大學的博物館之一，藏有著名的考古文物、繪畫、印刷品和銀器。
6 譯註：印度古老的宗教中心，也就是釋迦牟尼悟道後，第一次說法的鹿野苑。
7 譯註：佛陀成佛得道之處。

阿旃陀（Ajanta）[8]和埃洛拉（Ellora）[9]，再到桑吉（Sanchi）[10]。最後在一九八一年，我到達拉達克（Ladakh），它和錫金、不丹一樣，是地球上僅存的幾個可以體驗西藏佛教徒社會的地方。

我到拉達克，是因為我打算去尼泊爾；發現拉達克這個地方，也是因為我想去尼泊爾。一九七八年一月，我在印度過冬，當時在德里想找一家朋友介紹的旅行社，他說他們可以協助我夏天到尼泊爾旅行。經過數不清的人行道、岔路、汽車喇叭聲和牛車，終於找到了它。那是一間既小又雜亂的小房間，在一棟辦公大樓後，牆上的壁紙剝落，貼了兩張破舊的喜馬拉雅山海報。

房間裡僅一名正在閱讀的法國年輕人，我走進屋子，他抬起頭，微笑地對我說：「我坐在這裡三個小時，沒見到半個人影。」

我們談了一整天。他的名字叫法蘭西斯，年約三十，是法國普羅旺斯的小學教師。辦公室裡的人一直沒有回來，也沒有人打電話。慢慢地我們占據了整間辦公室，把腿蹺在辦公桌上聊天。桌上放了一堆過期電影雜誌和旅遊手冊，旁邊擱著一包菸也被我們抽個精光。

我們熱絡地交談起來，兩個被遺棄在此的人卻感覺非常自在，而且以後可能不會再見面。我們談法國、性愛、笛卡兒；也談印度廁所、官員和床上的跳蚤；還談論神智學（Theosophy）[11]與禪；我們整個晚上都在談拉達克，直到他起身去搭往加德滿都的夜行巴士。

「你沒聽過拉達克嗎？這怎麼可能？你來過印度這麼多次，難道沒有人告訴你，應該去哪裡嗎？嗯，那麼今天你很幸運。我告訴你，你一定要去。拉達克是唯一看得到西藏原貌的地方，不丹現在只對大富豪開放；更何況拉達克本身就很神奇……如果我有一幫人和一架飛機，我會綁架你，親自帶你去那裡……我到過拉達克後，看事物的眼光都變了。如果在我們相處的這幾個小時，你感受到任何強烈反應、任何真理，那些感受絕不僅是來自我或我們，而是來自拉達克。我知道這些話聽來很奇怪……」他停了下來。「我已經很多年沒這麼激動過了。不知道為什麼，我對這個地方的感覺這麼純粹。」在我們分別前，他又說，「你一定要去拉達克，它將會改變你的一生，就像改變我一樣。」多年來，我雖然有機會去拉達克，卻一直未能成行。我想我是有一點害怕，心想「那個法國人很好，但有點瘋狂」。又想

---

8 譯註：印度馬哈拉斯特拉邦奧蘭加巴德縣的村落，以二十九座佛教洞穴廟宇和寺院的世界級古蹟著稱。

9 譯註：印度馬哈拉斯特拉邦奧蘭加巴德縣的村落，以佛教、印度教和耆那洞穴廟宇聞名。

10 譯註：印度中央邦賴德縣的歷史遺跡，以一八一八年發現的大窣堵波最為著名。

11 譯註：一切以直覺和即時體驗神意的哲學或神學思想體系。

「對他有幫助的，不見得對我有幫助」。我的生活充滿了其他的計畫和責任義務。

大約過了一年，有天晚上，我夢到法蘭西斯。他穿了件紅色長袍，端坐在河流中的一塊大石頭上，揮手叫我過去加入他，當我邁步走向他之際，他微笑著說：「你終於來了。」我覺得驚惶失措，也有點生氣，我說：「不，我沒有來，這只是一場夢。」不過我的腳步卻沒停下來。

與阿難陀的對談

一九八〇年，我造訪斯里蘭卡，結識了原本是德國老畫家的阿難陀（Ananda）[12]，他後來皈依佛門，成了和尚。

我對我們的第一次談話內容印象深刻。我是在可倫坡一位朋友家認識他，那是個燠熱的一月午後，我們坐在花園的魚池旁聊天，當時其他人都睡了。

「你天生懷舊嗎？」阿難陀問我，這真是個奇怪的問題。

「不是。」我回答。

「很好，」他說，「我不太會回想過去，我太太安妮麗絲上禮拜來看我。她千里迢迢來到這裡，打算帶我回去。她每十年會來這裡一趟，總是說著同樣的事。她說我是個傻瓜、白癡，說我毀了她的一生、也毀了我自己，說我毀了我的事業……而我總是用我常說的話來回答她。我說我當個畫家並不開心，名聲帶來的只有痛苦，我相信佛陀第一次說法時說的——這世界陷於大火，所有拯救的方法都少了解脫、少了涅槃，就好像要把一間燒焦的屋子洗白。她哭了很久，然後擦乾眼淚，難過地看著我，你知道她提出什麼要求嗎？她問我『那麼你可不可以把所有的畫都留給我？』。」

阿難陀停頓了一下，低頭看了看池塘裡那條游來游去的肥金魚，「她要那些畫，她要錢。我說如果她答應不再來看我，她可以得到任何東西。我現在一無所有，甚至連一本書也沒有，但我從來沒有這麼快樂過。」

「我一直過著空虛而心不在焉的日子，」他停頓了許久，「不過，現在我也許已經開始了解一些事情。」

接著，他問我對佛教了解多少。

「我讀了很多東西。」我說，「不過那算是知識嗎？」

「不，那只是一種開始。」

---

12 譯註：與釋迦牟尼的堂弟暨得意弟子同名。

「什麼的開始？」

「這要我怎麼說呢？當你準備好了，它就會發生。但是你必須有心做好準備，你必須不斷地耐著性子，等著它發生。你必須學習、冥想和旅行，儘可能地去旅行，那麼你將會遇到一個人，可以給你現在我說給你聽的東西。」

「你年輕時是不是經常旅行？」

「是的，一有機會，我就去旅行。我走遍了整個東方，中國、印尼、馬來西亞、緬甸……我也去過西藏，那次旅行改變了我的生命。」

「你在那裡待了多久？」

「三年。」

整個下午，阿難陀都在談他在西藏的那段日子：騎犛牛翻山越嶺、瑪納薩洛瓦湖（Mansarovar）和它青碧的湖水、到凱拉斯山（Kailasa）的漫長朝聖路程與初見聖山、和村民一齊收割、和西藏貧窮的家庭一起過冬、面見班禪和達賴喇嘛、西藏的溫情、黎明時分山頂破曉的晨光，以及他熱愛卻幾已消失的西藏世界的悲傷。

「如果西藏不對外開放，去拉達克吧！你一定要體驗看看西藏世界中僅存的一部分。我在那裡三年內所學到的，至今仍留存在我的生命裡。儘管沒有選擇藏傳佛教——我信奉的是小乘佛教，而非大乘佛教——但無庸置疑地，它給了很多助益。

那是一趟豐富之旅，我的能量和知覺都緊緊被它牽繫，你會發現那就是你需要的。」

最後一次見到阿難陀，是一個春意蕩漾的日子。我們在山頂上一個他用來冥想的洞穴裡交談，視野可以從那裡穿過平原直達大海。他住在斯里蘭卡中心所在的聖殿卡塔拉伽瑪（Kataragama）的一個洞穴裡，他說他目前還不會離開，因為他已經得到所有想要的。他最後的作品是一張藍色的彩虹，是用泥土和岩石畫在洞穴前的走道上。

我走了幾個小時，穿過一座白蝶飛舞的叢林才見到他，那是我們初次會晤後的一個月，他的臉已不再感傷，而且變瘦又變黑了。他領我進入洞穴，我們坐在柔和的黑暗中，良久沒有說話。

「你知道嗎？這裡有眼鏡蛇，但是如果牠們知道你不具傷害性，就不會咬你。有時我坐在洞內冥想，牠們會滑過我的身邊。」

我送他一本里爾克（Rainer M. Rilke）[13]所寫的《獻給奧菲斯的十四行詩》（*Sonnets to Orpheus*），他輕輕地把書還給我，說：「我已不再讀書了，你留著吧！」然後他帶我走到洞穴上方的山頂，我們繞著他所栽種的小柏樹苗漫步。

---

13 譯註：里爾克，一八七五—一九二六，奧地利抒情詩人。

分手前，阿難陀對我說：「上個禮拜我夢到你，你在一間小屋裡靜靜地坐著，我從你身後的窗子向外望，看到了山，一座白雪皚皚的山。你一定會找到那間屋子。」

「但願如此。」

我的話聽起來必定帶有懷疑的語氣，因為他再次對我說：「不，我相信你一定會找到。」

「那屋子裡還有其他人嗎？」

「是的，還有幾個人在，他們背對我坐著，所以我不清楚他們是誰。」

「你還有印象那間屋子在哪裡嗎？」

「沒有，不過它很像我在拉薩附近待過的一間隱修院。可以確定那是一間西藏式的房子，牆上有張大畫，但剛好在陰影中，所以我無法告訴你它畫的是什麼。你和西藏及西藏哲學有緣分，遲早都得到那裡探訪。」

我走下山，心中滿是懷疑，卻又驚訝於阿難陀所說的話。他在我背後喊著，「快樂一點，快樂一點。」回頭看見他站在岩石上，彷彿一隻橙色的小鳥。

第二年冬天，我和莎拉在沙那斯散步。莎拉是斯里蘭卡人，已經七十歲，是佛教徒。我和阿難陀初次見面就是在她的花園裡。十二月，我們在北印度碰頭，打算前往佛教聖地菩提伽耶和沙那斯朝聖。莎拉想在死前到那裡看看。

沙那斯即鹿野宛，是釋迦牟尼成道後首次說法的地方，現今那裡不僅有鹿，還有一座大型舍利塔（stupa）[14]的遺跡。

我和莎拉在冬陽中漫步，走過殘存的鹿園。莎拉說起丈夫一生的苦難和自殺，還有她和孩子的不幸。她身著一件代表寡婦的白色紗麗（sari）[15]，看起來蒼老，且飽經風霜。

「小的時候我常生母親的氣，對著她大吼大叫，『我不要妳的安詳，也不要妳的撫慰。』而今我渴望那種內心的撫慰，卻再也沒有力氣和意志去追尋。我相信來生——不過那算是什麼撫慰？我覺得自己的來世將再度承受同樣的不安、同樣的苦難……有時我覺得涅槃只有一種，那就是死亡——不再當任何動物，也不再有任何感覺，但是我不相信有死亡這回事。」

走進沙那斯博物館，進門左邊牆上有一排佛像，我們站在佛像前，莎拉特別喜歡其中一尊，那是佛陀端坐於蓮台，一手觸地，意思是「降魔成道」。莎拉說：「佛陀並不需要重擊土地，祂只需用一根手指輕觸即可。」

---

14 譯註：一譯窣堵波或塔。
15 譯註：印度婦女傳統服裝。

她站在佛像前雙手合十祈禱，然後轉向我說：「認識以來，你一直說要去拉達克，說你對西藏和西藏哲學十分嚮往，為何始終未成行？」

「我仍然覺得愚昧無知，所知道的還很少。」

「那不是真正的理由。」

「是的，我害怕。」

「害怕？為什麼？是什麼讓你害怕？」

「失望。改變。這兩種可能性都讓我害怕。我們想像著要改變自己和生活，但是我們真的想這麼做嗎？我是這麼想嗎？我不確定。」

「你必須去找出答案；你必須去探尋那個世界裡是否有你要的。我又老又殘，不適合與你同行，答應我，你會去。在佛陀的面前答應我。」

「我答應妳。」

我們默然佇立著。冬陽落在佛像的腿上，照在祂半邊的笑臉上。

決意前往拉達克

次年，也就是一九八一年，我在美國教學和旅行。我讀了一點拉達克的資料，莫爾克勞夫（Moorcroft）、狄溫吉（De Vigne）和《印度地名詞典》（*The Gazetteer of India*），以及一些紙質差、印刷爛的喜馬拉雅山植物與花卉書籍。我積存了部分相關資訊與註解的檔案，差點成功地扼殺了拉達克對我的誘惑。

那年夏天，我決定前往拉達克，否則此生都不會成行。雖然我對拉達克和北印度所知不多、對佛學知識背景也很少，甚至尚未準備妥當，即使已經買了機票，還是不確定該不該去。我有一本詩集和論文尚待完成；還有，這些年我熱中旅行，需要重新與朋友聯絡建立關係……這麼多不去的藉口，幾乎讓我想打退堂鼓，但是那位法國人和斯里蘭卡友人莎拉的聲音是那麼的強烈，而且內心世界尋求改變的需求也很堅定，因此，一九八一年七月，我搭上飛往德里的班機，隨身帶著《心經》和《金剛經》，以及我用抖動的黑色字體標示著「拉達克」的四本空白筆記本。

我借宿在德里朋友的公寓，隔天就要動身前往拉達克。

書架上有一本《法句經》，裡面的文字並沒有鼓舞效果。

「漫不經心的朝聖將其熱情散布得更廣。」

「無色、不編髮、無垢、不求速、不躺在地上、不沾惹塵土、不坐而無動，可以幫助毀敗的心抗拒欲望。」

「人心善惡並存，沒有人可以完全使另一個人變得單純。」

「年輕時得不到珍寶，便會衰老，一如老鶴生活在一個沒有魚的湖上。」

那個法國人曾說：「記住，你得搭巴士，從斯利那加（Srinagar）到列城要花兩天的時間。如果有人邀你搭飛機，千萬別答應。我去過亞馬遜，穿過喀拉哈里沙漠，還有一次在撒哈拉沙漠待了五週……不過，那些經驗都比不上從斯利那加到列城、上達喀什米爾河谷、再進入拉達克山區的兩日遊。找一尊守護神，對著祂祈禱；別盯著路邊瞧，不然你會暈車或想吐；祈禱你不會碰到上次我遇到的那位酒醉邋遢的喀什米爾司機，他會抱著一瓶琴酒喝個不停，在路上一邊唱歌、一邊咯咯笑著。你會沒事的，你是英國人，而且你的上唇堅毅，你會沒事的。如果可以的話，帶一點鴉片，那會有幫助的。如果你這麼做，就會發現山上一叢叢綠的、紫的、褐的，都在搖擺、震動和歌唱，你會和司機一起傻笑，而不會在意車外不到一吋就是三千呎高的斷崖。」

我真的坐巴士去，但是沒帶鴉片。我坐在一名約莫四十歲的德國胖女人旁邊，她緊抓著我的膝蓋，大聲尖叫「我不敢看！我真的不敢看！」。車子的另一邊，有個臉色鐵青的法國年輕人，正讀著齊克果（Soren Kierkegaard）[16]的作品，一邊文雅而含蓄地朝褐色塑膠袋嘔吐。

我對拉達克認識多少？其實所知的不過是——那裡是全印度最高、最偏遠、人口最稀少的地區，即使在夏天，氣候也十分穩定，晝熱夜寒，每年十一月到次年的五月，那裡會被白雪覆蓋，與世隔絕。而且具有戰略的重要性，因它剛好是占木（Jammu）省和喀什米爾省的一部分，右邊與西藏和中國相鄰，左邊是巴基斯坦。近二十年，拉達克是印度中央和地方政府在政治上衝突對立的焦點、在宗教上則是回教徒與佛教徒之間的對立。那裡的名菜是饃饃（Mok-mok）[17]和土巴（Thuk-ba）[18]；當地因為有位皇后曾經得了耳疾，因此設計了喜馬拉雅山區第一只耳罩。英國旅行家莫爾克勞夫曾經審慎地建議開墾這裡的荒原，在斜坡上種大黃，搶中國人的生意。我曾一再玩味考里・蘭伯特（Cowley Lambert）一八七七年從喀什米爾到拉達克遊記中的一段文字，「這個國家所展現的特色是，光禿禿的岩山，光禿禿的石礫坡，光禿禿的沙原，沒有半點綠，沒有樹木，沒有草叢，除了一些灰色多刺

16 譯註：齊克果，一八一三—一八五五，丹麥哲學家和神學家。
17 譯註：藏式餃子。
18 譯註：在糌粑裡加入肉和蔬菜等煮成粥。

的草，這裡找不到半片青草。」

我在德里寫下這段文字：

> 乾燥、堅硬和偏遠，氣候、緯度和高度嚴酷，是個多岩之鄉，人們給了它很多稱號，一般都叫它曼尤（Mang Yul，人口眾多之鄉）、那里斯（Naris）、卡春帕（Kha-Chum-Pa，雪鄉）。中國高僧法顯曾於西元四〇〇年造訪此地，叫它馬拉婆（Ma-La-Pho，紅地），現在這裡叫做拉達克，是從La-Tags這個字演變而來，在西藏語中，la指的是隘口，意思是高山通道之地，這是拉達克所有稱呼中最好的。

我從未來過這裡，為何我會這麼自信地寫下「是所有稱呼中最好的」？一種模糊的知識，不知不覺地讓一個詞句變成一種預知。拉達克「是」一個高山通道之鄉，對我來說，我對拉達克及其子民的體驗，是一種通道、一種進入認知真相的通道。

我所讀過或想像過的景象，都沒有行程第一天中那壯闊雄偉的山嶽讓我震懾。拉達克給我的第一件好禮，是那些岩石幻境之前的寧靜；那些由紅、黃褐和紫色岩石所構成的巨大風之殿堂；那些歷經數千年風雪、超乎想像與造型神奇的岩石，讓人不敢相信雙眼所見；那種寧靜令人嘆為觀止，也令人詫異，以致腦海中良久才能浮現出描繪它們的詞句。最初，只是一些破碎的印象——不時閃現的河川在道路下方一千呎的深谷中流動，河水在強烈的光線照耀下閃閃發亮；光禿岩石表面的小徑上有羊群移動，羊毛在陽光中閃閃發光；路旁巨石縫隙中的小野花，迎著風不住地點頭；岩石碎裂成千萬種模樣，就像分裂出這些岩石的山嶽似的。從山上四射的陽光，穿透或粉碎乍然出現的溪谷；遠方的山巔時而被移動的光神祕地藏在陰影中、時而突然照亮，讓人無法逼視。這些意象沒有理由、沒有造作或可調整的次序，由於它們在寧靜與神奇中這般完整地顯現，以致它們好像個別存在於自己的時間與沉靜中，超越人類一切的思維，兀自閃耀著，如同存在於它們的本體，一種難以言傳的純淨中。當巴士嘎吱嘎吱地沿著漫長而蜿蜒的佐治拉（Zoji-La）隘口緩慢上爬，我發現自己的思維墜入沉寂，巨大而澄明，如同兩山間的開闊，彷彿山巔上方的天空。有一會兒，我覺得好像一切已發生的事物，如孤鳥飛越溪谷的路徑；像陽光普照到遠方角落再反射回來的迴光；如風掃過凸崖上方開滿紫色小花的草原；我的心靈變得如大地般寬廣、變得虛幻而沉靜。就是那種沉靜！文字無法傳達的沉靜，是那種持續百萬年，由雪、岩石與水，及其中所有聲音和動作所組成的沉靜。在那沉靜中，所有的事物彷彿都被閃亮的流水沖刷過。我從未感受過第一天行程中感受到的那種寧靜所形成的力量，它的特質讓所有事物回歸本性。每座山各有其獨特的扭曲形態，每塊紫岩峭壁、每條曲折黝黑的河流、每個崩落的石坡、路旁的每叢灌木林、每隻飛鳥，似乎都充滿著原有的精髓，瀕臨分解的邊緣。它們蓄滿了能量，常讓我擔心無法將其留存下來，再無法感受到它們所散發的那種危險，以及我自己的險境，這樣的感覺是如此強烈。

我的思維回到阿什莫爾博物館裡一幅喜愛的畫作——莫內的最後一件作品。畫的是一則古典神話——亞斯坎鈕士（Ascanius）在西爾維亞（Sylvia）獵殺雄鹿。前景中，亞斯坎鈕士舉弓，射向畫面右邊的一頭雄鹿，那頭鹿卻是以高貴茫然的姿態等待死亡。這幅畫的真正主題並不是那則神話故事，也不是那頭雄鹿的表情或亞斯坎鈕士的心境，而是四周的景致、遠處的湖泊及閃耀在向晚陽光中險峻蒼白的遠方山嶽。莫內似已看透死亡，他想要說的不是那些歷史或傳記的重要細節，也不是當下產生的激情——雖然那是歡樂與創造力的真實來源——而是對恆久的領悟，是那些驟然由湖風、山光帶我們進入寧靜喜樂的起始點，才是畫作真正的精神和真實的生命——唯有藝術才能隱藏的生命。到達拉達克的第一天，陽光照在山巔上，當我看向路邊河流跳躍過黑而發亮的岩石，便一再想起那幅畫，想起畫中那種受到微妙稱頌的精神，以及照亮整張畫的那股柔和寧靜。長久以來，我就像亞斯坎鈕士或那頭雄鹿般，掉入生活的陷阱中。現在這輛巴士正載著我駛進那幅畫裡的背景，遠離那座殘破的古廟、遠離牛津大學校園裡的步道和義大利樹木、遠離所有的文明嘲諷和歐洲瑣事，進入湖上的寧靜、山上的白光；進入孤舟迎風滿帆的快樂，而那船帆似乎比風重不了多少。

睡睡醒醒後，我在對面童山濯濯的山腰上，生平第一次看到瑪尼石。巨大的黑石上刻有「嗡嘛呢叭彌吽」六字大明咒（「讚頌蓮花心之寶石」），在黑色岩面上顯得十分生動。晌午時分，石塊在沙地和被風掃過的草叢間閃閃發光。

當我在那種光線下看著那個神咒，那些用西藏文書寫的經文音節、觀世音菩薩及阿彌陀佛的咒語，似乎都變得鮮活起來。那段咒文宛如是那塊岩石自己寫的，又恰似那座山的沉靜，經歷千萬年，慢慢地形成紫色和褐色的岩石、河流、灌木和荒廢沙屑所組成的雄偉山嶽，然後藉由那塊岩石訴說它們的一切，只要岩石不滅，它們就會永無止息、不受干擾地傾訴。整個景象似乎都在念著那些咒語，湍急的黃色小溪在念著它，風和被風從草叢掀起的滾滾煙塵，散布在草原上的黃花，在岩石上方靜靜盤旋的三隻鷹，甚至這輛喘咻咻行駛在彎路上的巴士，都在念著那些咒語。在那個天地裡的萬事萬物，都藉由咒語的頌音而串聯在一起；那個天地裡的萬事萬物，都是由那咒語的頌音所創造。突然，連那綿長的山脈也對著我們發聲，就像呼吸般清晰。

黃昏時刻，我看到一座農莊，約莫一小時的時間，一種黯淡的金黃光線籠罩萬物，也創造了萬物，它讓一切事物——迤邐的小河，有著奇幻包廂和由灌木形成超現實階梯的山巒，甚至巴士髒污的車窗，都為之顫動和燃燒。我曾經看過一匹野馬，沿著山中溪流一路奔騰而下，身後捲起白色煙塵，牠把頭往後甩，發出孤寂的狂亂嘶鳴。這匹小小的山馬，就像拉達克人一樣頑強，他們的性格堅毅，四肢剛強、迅捷。我曾經看到有個人沿著河的對岸走，他穿著一件棕色袍子，袍子的顏色就像他走過的石牆般。他牽著一頭驢子緩緩地走著，宛如要永遠這麼走下去，彷彿要去的地方擁有另一個永恆，與周遭彰顯他、護衛他的寧靜氛圍完全合而為一。巴士停了，距離要過夜的卡吉爾（Kargil）不到一小時車程。不過司機想喝杯茶，所有乘客也希望下車舒展筋骨，並且靜靜地在岩石與黃昏所構成的荒野裡待一陣子。一棟小小的山間農莊坐落在遠處的山谷彼端，面向著我們；那是一間石屋，用石塊堆疊起來，三個缺口就是窗戶，有三匹馬文風不動地站在昏黃的光線裡，鬃毛被風撩起，還有罩在石屋上方及四周微微焦黑的小麥般新月。我之所以寫「小麥」，是因為缺乏好字眼能形容那種金黃的光輝，整個景觀、溪流、岩石和寧靜的力量，似乎在頃刻間集中，在那片金黃中變成火焰，和黑黝黝的山形成對比。我到拉達克所體驗的事物，有許多都藏在那座孤立的農莊於最後一道光燃燒所形成小麥般光輝的印象中，帶給我非常多的勇氣、歡樂和啟示。即使到現在，一想起拉達克，首先浮現腦海的就是那座農莊、那些窗戶、那些馬，還有那彎金黃的新月。

拉達克帶給我的還有：在兩塊耳形岩石間看到綻放的龍膽根花叢；佐治拉隘口一處平原上瞧見的黃色冰島罌粟花；路旁泥土中盛開的紫色蘭花；從佐治拉隘口一路迤邐、覆蓋在岩石上的亮麗小雛菊；以及在巴士進入卡吉爾前，我在一座小山丘上看到的大片玫瑰花叢，兀自在風中搖擺，花蕊如大紅蝴蝶。

拉達克的二大城市

卡吉爾僅次於列城，是拉達克的第二大城，如果搭巴士前往，就必須在那裡過夜。那是座充滿傳奇的救贖與苦修之城。我住的旅館房間牆壁看起來像被糞土塗過般，沒有床，只有一張滿是跳蚤的破舊床墊放在牆角。房間裡貼著三張海報，不是一角已經翻起，就是被人用筆胡亂塗些看不懂的文字；三張都是拳王阿里的海報，一張是他露出白牙微笑，另一張他對著攝影師的臉揮舞拳頭，還有一張他穿著黑西裝，看起來雄壯而冷酷。天房（Ka'aba）[19]被塞在右手邊的角落，而海報四邊都是阿拉伯文字和小幅的油井圖片。卡吉爾是個回教城，到處都可看到「回教拳擊手先知」的照片。後來有位拉達克的佛教徒朋友告訴我，不管何時，如果他討厭某人，就會祈禱那人下輩子投胎轉世到卡吉爾。

即使我還能忍受那張床墊，但仍因太興奮而睡不著覺。我在街上漫步，絲毫未察覺因光線晦暗，有可能會被車子輾過。我走到小鎮尾端，再過去就到月光照耀的平原上，渴望地看著明天巴士就會走到的山谷。我向那名整天抓住我膝蓋的德國胖女人買了一瓶琴酒（她的皮箱裡有八瓶琴酒，還有三本《法句經》的譯本），然後早晚在我房間那盞搖晃無燈罩的電燈泡底下，讀著狄溫吉所寫的《喀什米爾與拉達克之旅》（*Travels in Kashmir and Ladakh*）。

> 這裡的商品是從新疆莎車經拉達克，到達印度中部印度斯坦，裡面有黃金，有俄羅斯來的金銀幣、布卡拉來的古錢幣，還有少許產自巴提斯坦（Bultistan）的商品，來自中國的銀器、絲綢、瓷器，還有麝香、毛皮……而從印度斯坦運到莎車的有染料、珍珠、英國印花布、達卡的薄紗、印花棉布、貝那拉斯（Benares）[20]的金布（Kimbal），盾牌、靛青、指甲油、香料、蔗糖、竹黃（tabashir）[21]……

我不曾看過列城的市場像狄溫吉所說的那樣，充斥金布、靛青、印花布和竹黃。我遲了半個世紀來到此地，不過沒關係，那天早晨我的旅程進入了一個新的境界。巴士在黑暗中出發，司機輕聲低吟一首柔緩的情歌。我問他歌詞的意思。

我失去所愛，四處找尋他。
到山丘上，到海邊，
最後我找到他，
就在我的屋子的一角。

歷史上首次談到拉達克的，似乎是希臘歷史學家希羅多德，在其歷史著作中，曾描述一個神奇的螞蟻王國。當那裡的螞蟻從地上扒土，走出牠們的家，就會吐出黃金。那裡的螞蟻長得和狗一樣大，甚至比狗還凶，動作快速，嗅覺靈敏。印度人

19 譯註：麥加大清真寺廣場中央供有神聖黑石的著名方形石殿。
20 譯註：印度城市，今之瓦拉納西。
21 譯註：一種取自竹節的含硅凝結物，可用作藥物。

很難拿到黃金，必須趁著白天螞蟻入睡時拿，然後用快馬載走。

西藏的遊牧民族屬於苯教（Bon）[22]，是拉達克最早的居民，他們帶著成群的綿羊、山羊和犛牛，在喜馬拉雅的高原台地上逐水草而居，從一處牧場遷移到另一處牧場。今天殘存的石雕上，有些還鐫刻有遊牧民族追逐西藏野羊（kiang）的圖案。

如今拉達克有三支主要的民族——孟人（Mon）、達爾德人（Dard）和從西藏起源的蒙古人。孟人是最早的移民，在大乘佛經中，有段參考文字指出，西藏金砂曾經被卡薩人或孟人當作禮物帶走；孟人過去是佛教徒，迄今還是。

達爾德人來自巴基斯坦，他們比孟人更好戰，占據著已開發區，孟人被迫接受較低的社會地位，而原來屬於蒙古—西藏裔的遊牧民族，並未反抗孟人和達爾德人在拉達克的殖民統治。蒙古人最後一次遷徙，發生在西元十世紀末。

在列城沒有人能告訴我，那些金子後來都到哪裡去了。此處且先讓我們回到牛津。我曾經查過一八四五年梭頓所著的《印度地名詞典》。

在什約克河（Shy-yok）的沙子裡曾經找到黃金，不過當地政府不鼓勵採集金子的行為，顯然這有政策與接管的雙重動機。有些喇嘛預言，除非停止採集，否則農作會歉收；另一種說法是，相信埋在沙裡的黃金屬於土地之神，如果褻瀆神靈，拿走金子，將遭到不可避免的嚴苛處罰。

在巴士上，那名德國女士變得狂喜，不斷地看著岩石上的那些臉孔，「你看，在那邊……那個石頭看起來像慕尼黑紅衣主教！我討厭他！他是個笨蛋，他認為婚前性行為罪大惡極。你沒看到嗎？……鼻子……嘴巴……眼睛……」

然後在拉瑪優魯（Lamayuru）上方隘口的那段路，她凝視窗外成群的花崗石，看到了貝多芬。「是的，我保證那就是貝多芬，年少狂野的貝多芬！貝多芬早年的肖像。」

十二世紀初，住在拉達克的赫伯斯人（Hebers），也曾經看過這些岩石上的臉孔。「我們經常從另一面凝視這些石頭的奇特造型。那裡有一座極為寫實的柯克彭大法官雕像，還有一處岩石的外形酷似伍斯里紅衣主教。」

那個德國女人說：「我想你是個理性主義者！你甚至沒看到像火焰般的岩石。」

「我一直沒有看到火焰造型的岩石。」我說。

如果她再看到任何臉孔，就留給她自己好了。

---

22 譯註：西藏當地宗教，借用了許多藏傳佛教的概念及思想。

旅程的啟示

佛教原從印度傳入拉達克，而非西藏。事實上，拉達克在西藏接受佛教洗禮前八個世紀，就已經開始信奉小乘佛教了。

佛教約在西元前三世紀，由印度最偉大的佛教徒皇帝阿育王，派遣傳道師傳入拉達克。阿育王朝的疆域涵蓋塔米爾外的整個印度地區，也包括大部分的阿富汗地區、喀什米爾河谷和尼泊爾。西元四〇〇年，中國高僧法顯前往拉達克，在那裡發現當地教徒使用法輪，並且記錄了拉達克兩大佛教至寶：一只缽和一顆佛牙。

後來，拉達克因受到西藏的影響，才改信奉大乘佛教。

法蘭西斯在德里說過，「拉達克的山脈在耶穌誕生前三個世紀，就被佛教徒視為冥想沉思的標的。」

過了卡吉爾，那名法國人奇蹟似地復原，又開始讀齊克果的作品，但沒過多久，斷斷續續地又對著塑膠袋嘔吐。儘管他在讀齊克果，不過他今天看起來年輕了十歲，獨自一人咯咯地笑了好久。

接近拉瑪優魯時，他轉頭對我說：「我非常害怕，我的性情很不穩定，沒錯，我是個數學家，但是個非常善變的數學家。你讀過雷斯蒂夫（Restif de la

Bretonne）[23]嗎？沒有？你應該讀的。你最喜歡波特萊爾（Charles Baudelaire）[24]作品的哪一段？我有種既不穩定又柔弱的性情，什麼都信！更糟的是——我什麼都相信，相信飛翔的喇嘛，相信空中飄浮，相信死人復生，相信每件事情，這種欲望是個很大的困擾。或許我該去爬興都庫什山，或許我該回巴黎，整個夏天忙著解決數學上的問題就好。你喜歡數學嗎？那真是一門冷靜的學問。

「我想要在空中飄浮，不只是飄浮個幾吋，而是飄上屋頂。我想飄去拜訪住在普羅旺斯的母親。她正坐在窗邊做女紅，臉上帶著那慣有的乖戾又委屈服從的表情。我飄浮到她身邊對她說：嗨，媽媽，希望妳一切安好，鄰居像平常一樣惡劣，妳的股票價格還在漲。接著，我們坐在沙發上……然後，在毫無預警下……我飄到天花板上，極輕柔地飄著，我媽開始尖叫，抓住胸口，終於在她一直喊著心臟不好的多年後，真的得了心臟病。」

這次旅行是如此緩慢又枯燥，真好。你失去——而且必定會失去——對時間和壓力的感受，失去所有的算計，失去所有對過去和未來的感覺。兩天後，你會到列

---

23 譯註：雷斯蒂夫，本名Nicolas-Edme Restif，十八世紀法國小說家。

24 譯註：波特萊爾，一八二一—一八六七，法國象徵派詩人。

城，可能在下午或深夜到達，如果搭乘的巴士半路拋錨，後面來的巴士很可能客滿，你或許花三天或更多天都到不了那裡；你不曉得何時會到列城，也許再過一陣子，甚至根本就不知道列城這地方是否還存在；一個肥沃的河谷和處在狂野巨石間的小鎮，讓人難以相信列城的存在。列城就像馬可孛羅筆下描述的神祕戈爾孔達（Golconda）[25]，一個你願意用餘生前往旅行，並搭乘這輛巴士，和那名德國女人與法國年輕人同行。列城應該是神祕傳奇的，這點絕不會讓你失望。我明白自己花了好多年的時間，仍未準備好，也不急於前往列城；儘管拉達克可能已經變成狄溫吉的小說和莫爾克勞夫筆下的虛幻地點，或是《印度地名詞典》中的地名，只是個充斥著當地土產劣質威士忌與流浪漢的窮山惡水，不過拉達克帶給我的應該就是這趟旅程的經歷。

旅程本身就是一種啟蒙的儀式。你經由綠油油的喀什米爾河谷，一路向上，沿著山邊七轉八折的花崗岩壁，攀爬到佐治拉；然後從喀喇崑崙山（Karakorums）的心臟地帶，再繞著一圈又一圈的山路走，每走一圈，景色就變得更壯觀、更崎嶇、更亮麗，最後在你對這些奇觀驚嘆不已而感到精疲力竭時，改以平緩的角度，進入被印度河包圍和孕育的拉達克中央高原，然後從那裡踏進綿長而肥沃的列城山谷及周邊的村落與僧院。這趟旅程是一種荒野教育，是一種從光禿禿的景觀，在最後一刻變成麥田與信徒旗幡所組成的火焰般景象。這行程就像穿透一張巨大的曼陀羅（Mandala）[26]圖像，其間經過喀什米爾翠綠而險峻的河谷、喀喇崑崙山的峭壁，以及神端坐其中冥想、神佛顯像、被焦黑的岩石和皓雪屏障，遠離世俗諷刺眼光的列城綿長河谷。

終於到列城了。

那名法國人說：「如果夜色降臨了，那一定是有理由的；如果我們沒有獲得前往列城的許可，那也一定是有理由的。」

兩天來，我一直在懷疑自己第一眼見到的列城會是什麼樣子，而現在所見的是：四處漆黑，僅少許光線，還有一座大型山丘，朦朧間看到上頭有一座「城堡」……大街……低矮陰暗的商店……都在山丘下向左轉……

我下了巴士，這趟旅程讓我們感到昏亂。時間是晚上九點，沒有人知道該到哪裡休息，這座小鎮如此漆黑，什麼都看不到，唯獨可聽見那座巨大醜陋發電機的聲音。混亂中，一隻手臂抓住我，我看到一名回教年輕人，離我的臉約莫四吋，露齒

25 譯註：印度海德拉巴市的一個古城堡和廢墟，歷史記載附近丘陵曾以產鑽石著稱。

26 譯註：印度教和佛教藝術中的圓形圖案，代表宇宙或其信仰的諸神的淨土。

微笑的臉上長了些痘子。

「歡迎光臨，親愛的先生。非常歡迎，我在這裡，您在那裡，這裡是列城，我的名字叫阿米，我絕對靠得住，我來自最棒的旅館，就在河邊，很安靜，旅館的職員很好。親愛的先生，那裡都是最好的好人。一個晚上只要三十盧比，很棒的房間，都有玻璃窗。先生，還可以看山景，而且浴室離得很近。」

我接受了那家旅館。他把我那骯髒的塑膠皮箱扛上肩，然後走下山丘，邁步向河邊。「你想抽菸嗎？先生。」阿米問我。當我告訴他，我沒有菸時，他變得有點洩氣。

列城在等待黎明的來臨。當我們沿著河走到旅館，一名拉達克老婦人橫過我們的面前，她的頭髮在月光下顯得格外蒼白，牙都掉光了，微笑地看著我。我在拉達克聽到的第一個字「朱來依」（Jullay），在接下來的每一天和每一次與人見面都會聽得到，意思是「你好」、「歡迎」、「神明保祐」。

第二章

發現之旅

佛教教喻我們凡事都是稍縱即逝，都是一種發自他人或自身的平靜超然。我們被教喻不要過於嚴苛地對待自我，並且要相信存在苦難中幾乎沒有完整的真理，真正的智慧就是歡樂。真正的智慧就是喜悅。真正的智慧就是經常以平和的姿態與萬物並存的佛陀。

對於列城，阿米可說是無事不知。他認識鎮上所有的中盤商、賣喀什米爾披肩的小販、饃饃製造商、餐館老闆、導遊、雲遊四海的喇嘛、修燈的人、失業的民歌手。他露齒微笑說：「先生，不是我臭蓋，親愛的先生，只要你說得出來，我全都知道。這是真的，先生。

「你知道的，親愛的先生，我是個德里來的回教徒孩子，夏天旅遊旺季時，我在這裡打工，上有高齡的老爸、老媽。先生，他們年紀真的很大了，而我又是獨子，所以我一定要無事不知，對不？」

他咧著嘴笑，並且用手指撥了撥我的睡袋問：「這東西你要賣多少錢？」我說我需要睡袋，因此他看起來有點洩氣。

「既然你是包打聽，阿米，告訴我到哪裡找吃的？」

接下來，我對列城就不再抱有任何幻想。

「吃早餐嗎？『潘波斯』最棒，回教兄弟開的，在大街左邊的木屋。那裡賣蛋、印度薄煎餅（Chapatis）和咖啡。所有的歐洲客人都會到那裡去。先生，他們有些人真有趣，不管是男是女。吃午餐嗎？大家都到『西藏餐館』，從『潘波斯』沿著大街往下走，餐館就在街角，裡面有很棒的姑娘、很漂亮的女人；我不喜歡西藏菜，它讓我想吐，可是你會喜歡的。吃晚餐嗎？我總是說，去『夢土』吧！就在發電廠的隔壁，很好的餐館，賣西藏和西洋料理，店裡有個很美的西藏年輕女孩，還有她長得很瘦弱的弟弟。一成不變的食物，饃饃、拉薩炒麵。聽了就想吐，不過你是基督徒，你會喜歡的。」

列城的魅力所在

潘波斯根本就不能算是咖啡店，不過是間破爛的小木屋，三面向著大街，咖啡糟透了，又焦又淡，除非你已經對咖啡因上癮了，才有辦法喝完它。店主人是個心不在焉的人，他把鹽當成糖，倒進我的咖啡裡。就像阿米說的，列城人都跑到這裡來了，它就像是穿印花衫的義大利人或澳洲來的托缽僧舞台……有一面牆上掛著卡特總統的肖像、三張拳王阿里的微笑畫像（又來了！）、兩張歌手唐娜．蘇瑪斯的海報（有一張被畫上了鬍子），還有文藝復興時期畫家波提且利的〈維納斯的誕生〉複製畫（沒被畫上鬍子）；另一面牆貼了幾張海報——一名穿著滾金邊長褲的肥胖印度電影男星，在泰姬瑪哈陵的花園裡散步；如同時母（Kali）[1]的甘地夫人肖

1 譯註：印度教的毀滅女神。

像；有著澄黃、透紅千隻手的觀世音菩薩像；運動家尼維爾騎著超級摩托車在科羅拉多州表演飛越火圈的海報；克拉納赫（Lucas Cranach）[2]畫的馬丁路德像，畫的一角還有義大利名人彼得羅夫人簽名。

雖然此地讓人瘋狂，卻令我恍若回到老家，有一種被取悅而振奮的感覺。一名德國卡車司機熱烈地與我討論法國詩人蘭波（Arthur Rimbaud），而在我的左邊，一名喀什米爾小販正努力向一名義大利女孩強迫推銷紅色的印花絲巾；牆角坐著一個一看便知是拉達克人的老頭子，大聲啜飲著他的茶；一名長了幾顆青春痘的年輕女孩，穿著深色裙子，頭戴黑帽，從街道對面專注地盯視著我們，不過神情中不帶任何的惡意或恐懼。阿米說過，「到潘波斯去吧，在那裡，你什麼都看得到。你可以看到女孩子、可以看到喀什米爾人、可以看到喇嘛、也可以看到外國人，還可以聽到各種語言。親愛的先生，你還可以聞到各個城市的味道。我現在告訴你的，你都會看到。」

「你對列城有什麼觀感？」那名義大利女孩問我。

「我感到迷醉……」

「迷醉！你真傻，列城什麼都沒有。看看那座宮殿，它已經荒廢了；看看那座西藏寺院（gompa），那是新蓋的；你看那條大街，只不過是條街道而已，真醜！

看看那些商店，它們賣什麼？西藏人的店裡賣的都是仿冒品；喀什米爾人的店裡賣的是假貨，而且貴得嚇死人。列城只是個敲外國人竹槓的地方！就是這樣！」

她杏眼圓睜，狠狠地說：「明天我就回果亞（Goa）[3]，至少那裡還有海。」

她錯了。其實列城不再只是狄溫吉所描述的，是個充斥中國人、莎車人、西藏人或俄羅斯商人的異國小鎮。鎮上只有一條大街——有一間外觀醜陋沒效率的郵局，一間醜得要命的文化學院，兩排看似要倒不倒、東西賣得其貴無比且總是缺貨的破爛商店，街道或商店排列得一點也不美觀，而且還參差不齊。不過，列城還是有其魅力。

無所事事，才是列城的魅力。鎮上有座戲院，不過是在山腳下，離鎮上大約一哩遠，演的戲不值一看。鎮上有座西藏寺院，繞著寺院的外牆走，撥動嵌在牆上的法輪，會發現這座寺院既沒有古老的壁畫，也看不到一尊古老的雕像。文化學院什麼活動也沒有，沒有舞蹈研習營，沒有拉達克歌謠之夜，沒有唐卡（tanka，）[4]文

2 譯註：克拉納赫，一四七二—一五五三，德國畫家。
3 譯註：印度西南部地區。
4 譯註：西藏宗教畫。

物展覽，也沒有潛修的人在討論佛陀和菩薩。沿著大街，有座賣蔬果的黃昏市場，市場裡販賣著銅鈴、唐卡和土耳其玉，也賣一些廉價的毛衣、睡袋、鍋子和月曆。但是沒有一樣足以吸引人，或色彩鮮豔到讓人想再看一眼。你只能無所事事，放慢步調、閒散、慵懶，讓自己變成一面大型的透視鏡。

在列城真正的樂趣是，從不同的角度，在不同的光線中，欣賞那座宮殿。晨曦中，宮殿教人眩目。午后，從我的旅館屋頂望著宮殿側面，就像其中一側緩緩地在黃昏中著了火似的；從列城往桑卡（Sankar）的路上，看著宮殿背影，它的身影在月光中如鬼魅般升起，很難將它與下面那塊巨大黑岩加以區分。踩著夕陽餘暉，到市集買菜，猛一抬頭會驚見最後一道陽光射上宮殿露台的頂端；傍晚你和友人閒話，信步走在大街上，言談之際，看見月亮已出現在宮殿上方，襯得宮殿就像掛著一枚巨大耳環。走進列城眾多如迷宮般的小巷弄，整個宮殿的側影就聳立在你面前，赤裸而露骨的如同環繞在它周圍童山濯濯的山丘。皇后和她的家人目前住在十哩外的史托克（Stok）較小的宮殿裡，列城皇宮空蕩而傾圮。穿過大而空曠的房間，肥胖膽小的老鼠從黑暗的角落跑出來覓食。

每天早上，我會行經橋下那些正在做事的屠夫身旁。那裡有四名年輕屠夫，其中年紀較小的兩位，臉色紅潤，臂膀粗壯，是拉達克回教徒；另外兩個年紀較大，其中一個戴著一條髒透了的紅色頭巾，是個獨眼人。他們吹著口哨、閒談，還唱著歌。今天早上，年紀最輕的那名屠夫唱了一首情歌（ghazal）[5]，一種柔緩、憂鬱的情歌。我想起多年前在尼泊爾的波哈拉（Pokhara）湖上的一名伊朗青年，他曾遭受國王的刑求折磨，囚禁在一間無法直立的小房間，以馬毛緊綁著他的下體。他變得佝僂，而且患了失眠症，他的歌聲和那些年輕屠夫一樣優美；屠夫和受盡折磨的伊朗青年歌聲，在晨光中交錯著。

那名伊朗青年曾經為我唱過一首魯米（Jalal ud-din Rumi）[6]寫的情詩：

蘇菲（sufi）[7]，為何佇立門前？
你在找什麼？
我的朋友，我在找不可能尋獲的東西：
我在找一個男人。

5 譯註：烏爾都語或波斯語所寫成的抒情詩。
6 譯註：魯米，一二〇七—一二七三，波斯詩人。
7 譯註：蘇菲，回教聖人或被傳授祕義者。

他一邊輕划著小艇、一邊唱著：

所有的東西都沾上了血腥味，在河畔的花叢中，在溪河的水流裡，在山巔吹向河畔的風中。

羊群在橋對岸的一間小木屋裡擠成一團，牠們不作聲，用空茫的雙眼望著劊子手，當牠們的喉嚨被割斷時，甚至無力抽搐。

總是會有旁觀者。一兩名老婦人，幾個衣著襤褸的孩童，一名老者抽著菸沉思，不斷地轉動他的法輪。

心如流水無掛礙

「拉達克所有的事物背後，似乎都蘊藏著某種無限，所有的事物——即使是最卑微的——似乎都停留在其實相中。」

我一邊走、一邊想起法蘭西斯的聲音和他說過的話，同時在向晚的光線裡，朝著小鎮外圍的舍利塔，並且在舍利塔溫暖的陰影中坐了下來。舍利塔是一種由石灰和磚塊砌成的四層建築：有大型的方形基座，向上逐漸縮小的立方體支撐著像小麵包似的建築中段，而中段又支撐著新月護衛著太陽的圖騰。舍利塔內安放著聖哲、國王及法師的遺骨，每一層建築分別代表不同的意識形態。整個拉達克地區有著各式各樣造型和大小不一的舍利塔，它們散布在山間小徑、通往僧院的長坡上、河畔、或是一座與世隔絕的小村莊入口。有的舍利塔旁會有一間小廟，如同桑卡村口的舍利塔——有著油彩塗得很糟、雙手合十祈福的微笑佛陀像。不管你在舍利塔下層的哪個方位，緩緩上升的磚紅色塔尖總是離你不遠，浸淫在光線中的塔頂新月和太陽，而位在新月和太陽組合中心、代表宇宙觀與涅槃的法眼（Bindu）也同樣在你眼前。不論你走到哪裡，精心規畫的舍利塔不同塔層，總會讓你記得它們隱含的解脫真諦；舍利塔的每個部分各自代表不同的真理、某一尊神佛，或是某種無我的境界。以岩石和穹蒼為背景的舍利塔，只是一座用石灰粉飾、紅磚堆砌的簡單建築，不過它卻代表了一種完整的哲理、一種純明的教義。

列城外緣的舍利塔孤獨地坐落在一座小山丘上。我發現，當我走上小丘，來到塔邊，看著它面對著綿延廣闊的喀喇崑崙山脈，塔身正是一種以山為背景的放肆冥想，塔與山互動著。這世上的萬事萬物本來就是相互關聯的。

到了晚上十點，萬物俱寂，列城在無雲遼闊的月華與星光中，向黑夜臣服。銀河在高山冷冽的空氣裡顯得更燦爛，每個星團、每個漩渦似的星雲都是如此細密、如此眩目……走上大街，仰望那座白晝時看來荒蕪的宮殿。起初，你很難分辨宮殿和宮殿所矗立的巨大岩盤，接著，宮牆慢慢浮現，夜晚讓它恢復昔日的壯麗，星光使宮殿變得亮麗……

街上難得看到人影，幾個喀什米爾人坐在熄滅的街燈下低聲交談、抽菸，一名老婦人與你擦身而過，並盯著你，當她在光中微笑時，她的臉龐顯得神祕而性感。一隻你沒瞧見的小狗埋伏在身邊暗處，在你經過時倏忽地跳出來，膽怯地吠唁。

鎮上有一間總是最晚打烊的咖啡館，就在大街頭，我走到那裡時，通常是在九點鐘，店裡只有一名包著骯髒黃頭巾的年輕錫克教徒（Sikh），坐在桌旁準備隔天要用的五香三角餃（Samosa）。我們是朋友。他曾經教我如何做五香三角餃、如何揉麵、如何把蔬菜塞進去，不過我為自己的遲鈍和不專業感到汗顏。他可以坐在那兒說笑閒談，同時雙手本能似的動著，把一個個的五香三角餃塑形、裝填、念咒，直到裝滿麵糰和蔬菜的缺角白碗見底，而我卻必須全神貫注，可五香三角餃還是做得一團糟，不過他只是優雅地嘲笑我。

偶爾我回列城太晚，經過他的店時，從窗戶看到他獨自坐在店裡，在燈光下做五香三角餃，和善而認真的臉於昏黃的燈光中散發出光彩，他的雙手有如鋼琴師的手，近乎魔術般靈敏和精準。他抬起頭，叫我進去，然後我們打開話匣子。一、兩個小時後，我走回旅館。輾轉無法立刻入睡，但腦子裡又有太多東西而無法閱讀。我躺在屋頂上，望著夜空，在星斗間呼吸著。

在列城到處可以看得到、聽得到流水，不管是交談或沉默不語的時刻，都可以聽到和緩的流水，感受到流水的低語和閃耀。每條街道流淌著耀眼的雪水，雪水是從高山奔流而下，由破陋的石造水道流經小鎮，再流到下方的田野中。

起床後，我走到小鎮上，首先看到的就是，在圓石間跳躍的晨間溪流。我走向潘波斯餐廳，喧鬧而明亮的溪水自山丘流下，流過街道兩側。我坐在潘波斯裡面，看到店外一個老喇嘛走過、一名婦人坐在街角賣包心菜，還有一個喀什米爾青年蹲在他的店門口唱歌，而我所看到的人事物中，都泛著河水的浮光掠影。傍晚，我沿著潘波斯再往下走，來到西藏餐館，在那裡等我的朋友，並且試著寫點東西。每次我從木窗往外望時，就會看到一個小孩在流動的小溪裡拍打溪水，小狗涉水過溪，或是看到兩、三位回教老人坐在河畔的樹下，抽著水菸袋。夜裡，我獨自一人或呼朋引伴走在路上，穿過列城，置身小巷或繞著大街漫步，或是走到幾百碼外的桑卡村或章斯帕村（Changspa），依然可以聽到水聲嘩嘩，可以看到它在星光月色下搖曳、在不規則的水道裡咒罵，流過昏暗的玉米田，穿梭在如月亮般皎潔的白楊木和柳樹林間，為兩岸矗立著小廟和舍利塔的小路帶來生命律動。月光下，小廟和舍利塔似乎還不及河流真實。

身旁圍繞著這麼多的流水，我的心思也隨之幻化成流水；心中了無掛礙，沒有離棄，僅存喜悅。

前往史托克的路上，離列城大約十哩，有座跨越印度河的吊橋。從遠處看，吊橋有點像馬戲團的帳棚，因為它被善男信女五顏六色的旗幡遮蔽。我坐在司機旁，他是拉達克青年，我問他「為何這裡有這麼多旗幡？」，他望著我，好像我的腦袋有問題。他說：「如果沒有旗幡，河神會生氣。」接著，他又補充，「那座橋剛好靠近河谷中央，風很強，信徒會被風吹往全國各地。」橋的鋼索上綁上了絲巾、咒語和神龍，這景象讓我想引吭高歌。當巴士通過橋上時，旗幡飄向巴士，這時司機轉頭，對著我微笑，「每次經過這座橋，我都會祈禱，這是一座神聖的橋。」這座橋有多老？他不清楚，不過它好像一直都在那裡，就像山上的石堆，也像舍利塔和路旁的小廟。拉達克的精神已經把這座橋變成一座廟，一種膜拜的目標。這座橋有守護神嗎？司機笑而不答。

我到史托克是為了參觀當地的太子妃皇宮（Palace of the Rani），但是我一站到宮門前，卻不想進去，只想離開那裡。整個白天待在天光之下，我只想走進那些小房間……我只想漫步，漫步在山間小徑，獨自與群山及山谷中的夏日溪流共處。

我每天爬山，愈爬愈高。奇怪的是，我不再凝視那些橫跨河谷、映襯著亮麗天空的山丘，只是走在山裡，最後被群山包圍，深入林間小徑。小徑旁的岩石上綻放著藍色小花，一種討厭的野草盤據在岩石之間。每過一刻鐘，溫度就開始上升，岩石也出現變化，變得愈來愈迷人，像大教堂的邊廂、有如流向低處的河水、如同有槽的柱子，也像卡帕多西亞（Cappadocia）[8]的胡桃樹幹。金黃的青苔從這些石塊的高處灑下……這些岩石已不再只是岩石，那令人眩目的各種造型讓我深深感動；它們散布各處，那景象就像是人類呼朋引伴般。兩個人與我擦身而過，他們牽著馱負柴枝的驢子走在小徑上，對我咧嘴而笑，然後離去。他們一直在高山上工作，從山谷中長在大樹下方的粗硬小樹叢，撿拾過冬用的木頭。每條小徑上都可看到被刻上六字大明咒「嗡嘛呢叭彌吽」的真言石，在岩石間、溪畔或覆滿青苔的花床上，靜靜地透露出神聖的禪機。那裡有岩石和空氣之神的寺院，犏牛（dzo）[9]的角和骨頭在上面疊成白色一堆。此地的寺院比佛教的神祇更古老，但它們已經歸於佛教，風暴和雪崩的神、溪流的神為這山谷帶來財富。在我頭頂上方的岩石頂端也有一些

8　譯註：古羅馬的一省，位於小亞細亞東部。
9　譯註：犛牛和母牛的雜交種。

旗幡，孤獨、殘破卻屹立不墜；它們迎風飄揚，把佛的教喻傳向四方。岩石與光的狂野並未被佛陀馴服，它們依然我行我素，時而令人害怕。這裡沒有南極或撒哈拉沙漠無人的孤絕，到處都是代表人類大愛與祈福的小記號。我在山頂的隘口小憩，發現我坐著的石頭已露出一圈白色，顯然多年來，到此地的遊客都曾坐在上頭。我一直往隘口最高處走，然後發覺自己已累得無法再往前走時，看到一間廢棄的牧羊人小屋，屋頂被風吹得破爛，一側的屋簷下有叢玫瑰花。我坐在小屋內，吃著麵包夾乳酪。屋內的牆上，牧羊人用火堆餘燼裡的木炭，一遍又一遍地學寫著「嗡」這個字。每個字底下都有一張牧羊人畫的佛陀臉部素描。

體會山中寧靜

離開列城的第二天，我回到史托克。那天晚上，我夢到那間牧羊人小屋，阿難陀在夢裡，還有法蘭西斯和一個一年前因意外喪命的牛津大學好友，我們坐在小木屋裡談笑、吃東西。朋友開始跳舞，那是我從未看過的一種舞蹈，動作很緩慢，他閉著雙眼，手裡拿了幾朵山花。「你在跳什麼舞啊？」我問他。他看著我微笑不語。我又問他：「你在跳什麼舞啊？」他還是笑而不答。不過，當我第二次問他時，他走到我坐的地方，從袖裡拿出一顆蘋果，放進面前的空碟子。

那位司機說：「今天早上你看起來很快樂。」

我告訴他，我做的夢。

他想了想，然後說：「那是個好夢。如果我做這樣的夢，也會很快樂。在拉達克，我們偶爾會說，當你夢到已故的朋友時，他會帶給你新的喜訊，一種截然不同的生命。」

「你覺得那顆蘋果代表什麼意思？」

「我怎麼知道？」他懶洋洋地笑著說，「我又不是個喇嘛。不管它是什麼，那一定是件好事。我就知道這麼多了。」

「你昨晚有做夢嗎？」

「我夢到我太太又懷孕了，是個女兒。我已經有五個小孩了，所以那不是個好夢。」

然後，當巴士駛進史托克時，他說：「你今天要到哪裡散步？」

「我想走走通往史畢吐克（Spituk）的那條路。」

「那是條遠路。但是如果你腳力夠的話，應該可以走到那裡。不過你應該找個人陪你去，你幹嘛不找我弟弟汪祖克一起去，他知道所有的小路！」

就這樣，我找上了汪祖克，那天他就是我的遊伴。我在那樣的海拔高度上很容易疲累，但是他很有耐性地陪著，不時看看我是不是累了，然後很機靈地在小路上找一塊長苔的石頭，先坐下來。他真體貼！不會因為我這個歐洲人體力不濟而諷刺我，反倒先坐下來，讓我留點顏面。他帶了一袋糌粑，中午時分，我們來到牧羊人小屋，他把糌粑平均分給我吃。糌粑是一種磨過、煮過的青稞。我告訴他，我應該付我那一份的錢，他假裝沒聽見。我們坐在小屋溫暖的陰影中，每次我往上看，都會看到他正以熱切的眼光注視著我，就像蹲伏在角落的大型動物。他的眼睛並未流露出批判的眼神，而是深沉安靜宛如鹿眼。

吃過簡陋的午餐後，他對我說：「你應該去拜訪我叔叔一家。他們整個夏天都住在這上面，這樣放牧動物比較好。」

「沒有人能夠住到這麼高。」

他聳聳肩，「等下你就會明白。」

我們沿著迤邐和緩的峽谷，往上走了一小時，路旁長著盤根錯節的玫瑰花叢，還有一條小溪。在我們眼前，地勢險峻而凹凸不平的康格里山（Kangri）浮現在午后的陽光裡，整座山被白雪覆蓋，十分耀眼。這種海拔高度的空氣十分稀薄，但陽光普照，以致我覺得自己像是要融掉了，只是隨著陽光而移動的身影，唯獨呼吸和腦子因疲累而發出的嗡嗡聲，讓我感覺自己還是個人。環繞在我們周圍的岩石全在花海裡，經常變得如此透明，讓我感覺自己的手像是可以穿過它們。汪祖克唱著歌走在我前面，不時回頭看看我是否還安然無恙。一頭犏牛與我們擦身而過，牠巨大的身軀輕輕地拂過我們倆；在那種光與寧靜中，周遭的岩石如同著了火般。汪祖克粗嘎有力的聲音打破了四周石頭的寧靜，我失去所有的時間感與急迫感，最後直覺自己在拉達克是毫無掩飾的，並且在毫無恐懼或武裝的情形下，現身在那個世界中。

「你在唱什麼歌？」我問汪祖克。

「我沒有唱什麼歌，只是隨便哼唱而已。」

汪祖克靜靜地指著我們上方兩百碼處，一塊新月形的草地上有間小屋。那間小屋長而矮寬，是用粗糙的圓石打造而成，簡單覆蓋一塊帆布當作屋頂。有個女人坐在門口，兩個女兒分別站在她的兩側，向下俯視著我們。當她們看清楚是她們的表親汪祖克來探望時，開始大聲叫喊、跳躍。

「汪祖克！汪祖克！」

汪祖克假裝沒有聽到，不過他在微笑。在這樣的寧靜中，一個人名聽起來是何等的美麗而明朗。

「汪祖克！汪祖克！」

孩子們的母親站了起來，用手遮蔽眼前的陽光，朝下方的我們呼喊。

「她說如果我們不留下來喝杯茶，她會很生氣。」

我知道這個意思是，天黑之前，我們將無法穿過這條通道，也因此我們必須回到史托克。可是我不在意。

我們坐在小屋的陰影處喝茶，汪祖克的嬸嬸給了我一些糌粑、幾塊有蘇打和硬紙板味道的餅乾，以及兩顆風乾的甜蘋果，然後就和汪祖克交談起來。接著，她的一個女兒為我們跳舞。「多瑪是我們家族成員裡舞跳得最好的。」汪祖克說。

多瑪說她不要在屋子前面跳，我們必須移到所坐庭園旁的一塊小空地上，然後她在那裡為我們跳舞，身後是康格里山和無雲的藍天。一開始她有點害羞，而且笨拙，有幾次甚至停了下來，用袖子遮住臉，等到汪祖克溫柔地安撫她之後，才繼續跳。慢慢地，身後反光的白雪、灑在四周草地上的那一道道溫暖而明亮的陽光，襯托著她，她開始縱情地跳起舞來，頭不時向後仰，一面跳著舞，一面喊叫和拍著雙手；她光著雙腳在草地上跳躍著。我記起了我的夢，不過多瑪的舞姿比我夢中所見到的更為縱情。在她跳舞的同時，看到背後的山脈在向晚的餘暉中變成金黃，變成一大束的玉米。

當晚，汪祖克和我住在他叔叔的小屋裡，不回去史托克；大夥兒全擠在用乾牛糞當柴火的火堆前睡著了。

醒來時，其他人早已經起床了。汪祖克和兩個小女孩坐在身邊看著我。一起床，汪祖克就泡了茶遞給我。「你需要這個，」他說，「今天天氣有點冷。」

我蹣跚地走到門口，立刻了解他的意思。望見小木屋籠罩在我所見過最濃的霧靄中，那是種籠罩著一切事物的寧靜霧海，瀰漫著每座山峰、每個山谷，就連小屋旁的庭園也被濃霧所吞噬。

「這霧會持續多久？」

「有時三個小時，有時三天，誰曉得呢？」

起霧沒有關係，因為待在這裡很好。我們整個上午都待在小屋內。兩個女孩再度為我們跳舞，不過這次更沉靜，是一種柔緩的拉達克舞。她們跳完舞，便躺在我們身旁休息，汪祖克把多瑪抱在懷裡，像個母親似的搖著她。

十二點左右，晨霧散去，大地開始甦醒，天空和岩石也變得明朗，小屋四周短而茂密的如茵草地閃閃發光。在重新出現的陽光中，如巨大白刃的康格里山顯得格外險峻。由霧所形成的這個新世界，張力十分懾人，當我第一次從小屋的門口望出去時，變得有點恍惚。

汪祖克站在我身邊說：「霧散去後，山就開始年輕起來，萬事萬物也再次變年輕了。」接著，他又說，「這樣的好天氣不會持續太久。如果你想爬到通道的頂端，現在就得出發。」

我們沿著陡峭鬆滑的山側穩步向上爬，汪祖克說得沒錯：天氣開始變了。嚇人的烏雲集結在我們上方，空氣中的寒意漸升，周圍的草地也開始顫抖，而顏色加深。

「來了。」汪祖克說。

「什麼東西來了？」

「冰雹就要來了。」

他的話才說完沒多久，冰雹立刻就下起來了，起初是小而尖銳的冰雹，接著愈來愈大、愈來愈凶，震得旁邊的岩石劈哩啪啦作響。

「快點！快點！我知道有座山崖可以讓我們躲一躲。」

我們氣喘吁吁地向上狂奔，跑完最後的一百碼到通道頂端，那裡有個凸出的小山崖。我們坐在崖下，頭上撐起汪祖克的帆布外套，以便有一點遮蔽。透過眼前雨和冰雹的簾幕縫隙間，看到所有的山谷彎彎曲曲地折向廣大而綿長的拉達克河谷。這時，我們身處一萬六千呎高的山上。

汪祖克開始大笑。「真有趣，我們已經到了這麼高的地方，卻必須坐在一件帆布外套下面。我們一路走上來，卻坐在這裡像受凍的羊，這實在太有趣了。」

他的笑聲具有傳染力，於是我們兩個笑成一團。我們是群山之王，我們是山鷹……我們坐在汪祖克的外套下打哆嗦。

冰雹停止了，太陽再度露臉，我們順著漫長而多石的峽谷往下走向史托克，幾乎是每過一座峽谷就可看到一道彩虹，數了數，共有九道。

「山裡的彩虹一出現，」汪祖克說，「我們會說山在跳舞，而彩虹就是纏繞在山腰的絲巾。」

拉達克的佛理

漢斯坐在椅子上，伸展他那瘦長而羸弱的身子，一如往常，以揶揄、懷疑卻善意的眼光盯著我。他已經四十好幾，是紐約的心理學教授，也是拉達克的常客。我在潘波斯見過他的妹妹海倫娜，她笑著對我說：「來見見我哥哥吧！三年來，他每年都要來這裡一趟。他凡事都有一套理論。」初次見他，我就很喜歡這個人。他的個子很高、肩膀微彎，還有一雙猜疑卻富有智慧的眼睛，如稻草般稀薄且微白的頭髮垂落前額。

「我不是佛教徒，」他說，「我從來沒想過要拿那些信念教條來說服別人。家母以前希望我當傳教士，夢想她有個穿著黑色牧師袍、崇高地站在布道壇上講道的兒子，不過我讓她失望了。我不是佛教徒，但是由於待在這裡，開始熱愛而仰慕佛理。這聽起來會不會很奇怪？或許我該這麼說：『我是個學術的偷窺者，而且喜歡研究現象。』或許真是這樣吧。」他唐突地笑了笑。

「我的研究讓我每天到不同的村落拜訪某個人，和某個家庭交談。現在我差不多見過形形色色的人，到過最偏遠的村落，曾經和喇嘛、西化的拉達克人、老婦人及年輕的牧羊人交談過，也問過各種問題。很奇怪的是，像我這樣一個憤世嫉俗的心理學家，會把每天的時間花在那些我認為他們幾乎無意於欺騙或討好你的人身上……同時，奇怪的是，我置身在這些人之間，覺得很快樂。別誤解我的意思。這是個困苦的地方，這個山區崎嶇多岩石，農作物難以生長。冬季的孤寂和地區的荒涼，使人難以存活……我曾經在占斯卡（Zangska）見過一個沒了牙的婦人，她過著如加爾各答乞丐般的苦日子，失去了所有的孩子和財富，一個人獨居在村外的小木屋裡，成天胡言亂語……不過，這裡多數人都過著簡單而淡泊的生活，他們的生活所需不多，不傲慢，也不虛榮；他們善待老人家、小孩，和彼此。你知道僧侶如何教育他們嗎？他們被勸戒：所有活著的東西，前世都曾經是他們的母親，因此必須把它們當作母親來看待。我在此地很少看到暴行。我曾經看過一名小孩虐待一條狗，不過那是三年來唯一的一次。

「此地的萬事萬物在某種程度上都被視為信仰。我並不是說每個人都是神祕主義者。實際上，我初到這裡時，把我的問卷交給一位拉達克學者翻譯，他有很強的理解力，說得一口流利的英語，但是他的翻譯，連我的拉達克導遊都向我斷言，沒有一個拉達克人可以理解。拉達克人的宗教信仰是十分實際的——它和喇嘛那種複雜的教義沒有太大關聯。我在問卷中問了一個問題：『傲慢是件好事嗎？』毫無例外地，每個人的回答都是『不』。還有許多人附註表示，傲慢是罪惡的根源。根據每一個問題所得到的答案來看，沒有人認為競爭與奮鬥是生活的重心，也沒有人認同從別人身上奪取。一個十歲大的孩子可能會很嚴肅地告訴你，傷害別的人事物是不對的，如果你這麼做，將會付出代價。終其一生都是妻子和農夫的老婦人可能會告訴你，『萬事萬物都是空，都有關聯，所以為什麼要傷害別人呢？』這種對傲慢的戒慎恐懼和缺乏競爭意識，並未讓拉達克人變得柔弱，或是沒有效率——你只要從這扇窗望向窗外的山谷，所有的農地都被岩石阻隔而支離破碎，就會明白他們的工作有多麼辛苦……

「拉達克人因為對大喇嘛仁波切的信仰而連結在一起，你很容易會把這種信仰視為一種迷信，或是一種思想枷鎖的赦免。不過，他們的確相信所推崇的聖人具備的力量，且不只是在超自然方面而已；有人生病，有家族紛爭，或是為一塊農地發生爭執時，他們就會去找仁波切，而且往往會接受仁波切的意見。在我可以理解的所有個案中，仁波切的意見通常相當明智；這種信仰帶給他們平靜。在你說『這種信仰帶給他們平靜』的同時，很難不採取施恩或懷疑的態度……但是，日復一日，在最尋常的生活中，在一名老婦人為你泡茶、在田間對你微笑，或是在她坦白回答你問題的方式裡，可以感受到這種寧靜、這種尊嚴……」他揮舞手，聳聳肩說，「我不了解，但是深受感動。」

我們沉默地坐著，然後漢斯說：「我明白，不管他們回答我的問題的『答案』是什麼，工業社會所產生的恐懼和紛爭傾軋，和這個與現代世界隔絕幾個世紀的優雅農村社會所要面對的問題，是不可能相同的。不過，這裡有一種生活之美。或許有些人因為看到這些人『能夠』很理智地活著，便以西方世界的觀點來推演他們的信仰。我愛這裡的人，想用點什麼來紀念我對他們的觀察與感受。我不知道這樣對哪個人或自己是否有任何幫助；我也不知道這樣做是否有助於他們抗拒那個可能威脅其人格與生存的外來世界。或許拉達克人無法像目前這樣生存下去，或許他們必須毀滅既有的古老佛教文化，被迫接受現今世界的那種分裂與競爭……」他感傷地把臉轉過去看別的地方。

那天下午，我和漢斯一起去見住在桑卡一間小屋的當地小孩，那個男孩大約十二歲。我們坐在一間煙霧瀰漫的廚房裡，聆聽男孩述說他所聽過的關於一名喀什米爾商人的故事。故事中，喀什米爾商人以高價把一條廉價的披肩賣給一個拉達克婦人。然後那男孩被問到「婦人和商人，哪一個該受罰？」，男孩回答：「那名婦人，因為她應該心裡有數。」每個人都為之大笑，男孩用一種全世界漫畫中都有的寬容眼光打量我們。那不僅是一個很尖銳的答案，而且富有啟示性。漢斯說：「拉達克人是很精明、很實際的民族。他們必須如此，因為生活使然。他們重視知識，這種知識讓他們知道何時該到田裡播種、如何保護水源、如何分辨一隻羊或一條披肩的品質；他們容忍自己的缺點，而且會毫不掩飾地表現出來。

「想要讓拉達克在面對許多危險和不便的社會，得以完整地保留下來，沒有人可以太嚴苛地看待他們。即使是僧侶，也無法免於被拿來當作諷刺和模仿的對象——在拉達克連環圖似的舞蹈間奏中，對權力和聖靈的主張充滿諷刺性，有時甚至很尖銳。在拉達克，人們並不被視為有權力實現自我的獨立個體，而是被視為整體的一部分，他們對整體負有責任——不能逃避，也不能太過彰顯個人自主意識。」

走回列城的路上，漢斯繼續說：「拉達克式的幽默，不只是一種在社交緊要關頭時的產物，也是深植於佛教中的哲理與實踐。佛教中的幽默往往被叔本華

（Schopenhauer）[10]之輩的西方作家和學者忽略或曲解，他們把佛陀視為在絕望抑鬱中，普渡眾生而超然的犧牲者，並且把佛教當成一種消除傷痛的哲學。事實上，佛陀過得很積極，同時完全投入這個世界。佛陀甚至在其臨終的床上開玩笑：當一名門徒來到他面前，問這個世界該怎麼紀念他時，經常教喻人們名譽為虛和無我的佛陀，拿了兩只木碗疊在一起，意思是：如果紀念一個人是用名聲的空虛填補人格的空虛，等於是將空虛加諸在另一種空虛之上。佛陀無所不知，他已經知道人們會以那兩個碗的形狀來建造佛教的舍利塔……

「基本上，佛教最高境界的哲理，就像『連環圖』的意識。佛陀從一種『全然的』觀點和沒有實體的『空』來教喻人們——所有的現象都只是欲望的投射，是一種精神病式的虛構自我，如果了悟那是不存在的，所有精神的、情緒的和靈性的架構都是錯誤的，其本質就是『空』，那麼便能治癒這種心魔。所有的事物與行為稱為『苦』（Dukkha），意思是苦難或不滿足——明白了悟所有的現象皆空，即可獲得佛陀所說的『空』（Sunyata），從苦難中解脫自在。此生的目標是從所有的苦難中解脫自在，就是佛教的哲理與實踐。佛陀並不想要人們對這世界的空虛與所有知覺抱持一種悲傷的覺悟，他要的是人們『覺醒』成為佛陀（Buddha這個字在梵文中的意思是已覺醒的人），要免於企盼與恐懼，遠離所有的欲望與欲望的構建。這樣的洞察力就存在於最深沉的意識連環圖中，因為它否定任何小我的抗拒或悲觀意識的最終意義、否定自我意識的煩惱與變化的根本重要性。」

「你說你不是佛教徒，漢斯。」

「我不是。」

「你說話像佛教徒。」

「拉達克也會讓你如此，你會明白的。」

拉達克的茶與酒

我一直在期待對拉達克人無所不知的阿米發表長篇大論，結果真的發生了。

「很好的民族，先生。我不了解所有的神明，先生。在回教信仰中，真神只有一個，就是阿拉，祂就是一切。拉達克有太多的佛陀，這裡也有，那裡也有。人們已經搞不清楚哪一個才是佛陀，先生。他們微笑祈禱，但什麼也不懂，不過他們是好人，先生。我是回教徒，我要說：『我不喜歡這些人，他們是佛教徒。』不過，

10 譯註：叔本華，一七八八—一八六〇，德國悲觀主義哲學家。

這樣說是不好的，先生，我是個傻瓜。他們是好人，他們不像喀什米爾人會騙人，他們的生活很單純，先生。他們吃些什麼？喝很多茶，先生。酥油茶。早上喝，中午、晚上也喝。這種茶有茶葉、鹽和蘇打。很難喝，可是他們很喜歡。他們偶爾吃一點蔬菜、吃一點肉，有時候則吃一些加了麵條、番茄和包心菜的湯，他們叫它土巴，一直吃土巴、土巴。這就是為什麼我這麼瘦，因為我不吃土巴，我必須去市場吃五香三角餃。看看這家人，先生。他們是有錢人，有大房子，有田地，不過他們不是壞人。他們會說：『阿米是個好人，他工作勤勞，他應該休個假。』可是有時候他們很貪心，會說，『你應該做這個，你應該做那個。』但這不是經常發生。我在德里工作時，每個人都會大吼大叫著錢！錢！錢！有時候拉達克人也想要錢，不過要得不多。他們愛家、愛說話、愛喝茶，他們只愛閒坐，先生，愛喝茶，喜歡閒坐。他們也會工作，先生，可是這裡的土地很硬。工作，工作，然後整個冬天都閒坐著、閒坐著。他們也喝酒，先生，我是回教徒，所以我不喝酒，但是這些人很愛喝酒，他們喝酯[11]，整個冬天就一直喝喝喝，還有玩牌。酯是用青稞做的，先生，顏色白白的，很難喝。可是他們很喜歡喝。他們喝酒的時候會唱歌、唱歌、唱歌，還會跳舞、跳舞、跳舞。我不喜歡唱歌，也不喜歡跳舞，我只喜歡女人和鈔票。我是個窮鬼，先生，我的女人在德里。」

那個晚上，阿米對我露齒微笑。「你是基督徒，你喝酒，你很幸運，隔壁就是晚上喝醅最好的地方。」

隔天晚上，我去了，而且待在列城期間，幾乎每個晚上都去——為了去看那間酒館，為了去看經營那家店、有張長得貴氣圓臉的西藏老婦，還為了看那些喝醉了就會跳舞，唱西藏人、拉祜族（lahu）和斯皮蒂族（spiti）[12]歌的西藏年輕人，當然也為了喝醅。那種酒喝起來像檸檬水，一杯接著一杯，然後突然就……不過，這種酒的味道不重，不會讓你嘔吐。

有時拉達克和西藏的男孩子會變得很粗暴；他們開始在這間掛著菩薩和達賴喇嘛圖像、既窄小又骯髒的屋子裡跳舞。他們彼此勾著手，手臂搖擺彎曲，用拉達克人扭動臀部的舞姿跳舞，敲遍每一張桌子……然後店門被推開，那名老婦人莊嚴而蔑然地站在那裡。她抬起一隻手，就像中國皇帝似的不發一語。

昨天她邀請我和她喝一杯，告訴我她是西藏人，住在達蘭莎拉（Dharmsala）[13]，

11 譯註：即青稞酒。
12 譯註：西藏中部民族。
13 譯註：西藏流亡政府所在地，並有號稱「小拉薩」的市集。

夏天才到拉達克。她告訴我，她來自康區（Kham）一個富裕的貴族家庭。她說：「我們曾經擁有四百塊田地、三座山頭。」她告訴我，她有個弟弟曾經是大仁波切，中國人把他關進牢裡，想要餓死他。「二十年後，就是去年，我聽說他還活著。」她開始痛哭。「經過了二十年，仁波切還活著。」房外傳來聲音，「老媽，再給我們一些酯。現在就要！我們渴死了！」她沉默地站起來，聳聳肩，從銀壺裡把一些酯倒進一個黃色的塑膠瓶，然後走出房間。

我坐在廚房裡，看著旅館的老闆娘，用一個雕有龍和佛像的銀質大圓缸調製酥油茶。她告訴我，那是全世界最棒的飲品，比土巴還好，隨時都可以喝，早上、睡前、半夜；它會讓小孩子的臉色紅潤。如果你去爬山健行，會特別想喝它。拉達克婦女，特別是年紀大的，會像她們的公婆一樣成天喝，這就是為什麼他們可以常保健康、延年益壽，度過整個寒冷的冬天。喇嘛們也整天喝這種茶，所以他們看起來福態而神聖。我很緊張，眼見老闆娘向我走來，她已經調好茶，倒了一些到一只有缺口的白杯子裡。她說：「如果你不愛我們的茶，就不可能愛拉達克。」我接過杯子，她很靠近地盯著我，我喝了它，也很喜歡它。茶喝起來鹹鹹的，很微妙的味道，濃郁且可口。我又要了一杯，她高興地拍著手。

黎明時刻，清真寺的叫拜者開始吟禱。列城所有的狗也群起嗚吠，牠們在黎明時都會狂吠，像鐘聲而各不相同的狗吠聲，從山丘、河谷和河邊傳來。我住在這家旅館的「玻璃屋」，「玻璃屋」可以俯瞰花園。打開窗戶，那株豐腴且盛開的向日葵緊貼著我的窗子。空氣如此清新，讓我感到微醺。我摸索著我的襯衫。

當天稍晚，我和旅館老闆坐下來聊天，他邀請我到他的花園裡喝酥油茶。我們坐在四周長滿向日葵、大鬱金香和矢車菊的摺疊式躺椅上，看著遠山的落日，陽光緩緩地從一座山頭移到另一座山頭。

「當我年紀還小時，人們告訴我，神就住在山上，如果有人站在任何一座山的山頂上，他就會死掉。」

我告訴他，幾年前我在尼泊爾的波哈拉，有人告訴我，尼泊爾官方仍然不准任何人爬上馬徹布加勒峰（Machepuchare）的山頂，也就是魚尾峰的峰頂。

「那只是時間問題，只是時間和錢的問題。有什麼是用錢買不到的，親愛的先生？我年輕時，這裡有許多東西是金錢買不到的，現在什麼都可以買，連山頂也可以買下來。」

我說他似乎賺了不少錢，他馬上眉飛色舞。「是的，親愛的先生，我開始變得富裕了，那真讓我開心。去年我生了一個女兒，她到現在還沒有取名字，巴庫拉仁波切將為她選名字，而且我們會舉辦一場慶典。我的旅館很棒，是家父在我結婚時交給我的，他年紀大了，和我們住在一起，在花園裡工作。依照我們的風俗，孩子成婚時，父親就得把房子交出來。」

我問他還做什麼工作，他說：「我不用工作，我很快樂，我在下水道部門上班，不過那不算工作。早上七點鐘起床，到列城巡視那些清潔工打掃……然後回家。一天工作兩小時，有時更少。我一年有五個月在經營這家旅館，可是我做了些什麼？我太太打理一切，我只是看著而已。」

他笑了起來。他身材瘦削，長得很英俊，但是臉色蒼白。他告訴我，他從小就有胃潰瘍，只要一開口說話，就開始絞著手。

「很多事都已經改變了，我們添加了歐式的衛浴設備。我買了兩套歐式禮服給我太太，我們有時會聽英語新聞。我們有收音機，列城有一個廣播站，去年我買了一捲卡帶，裡面有滾石合唱團、比吉斯兄弟合唱團、披頭四和印度電影配樂。這可真令我愉快。要三千盧比，很貴，不過讓我很快樂。今年我打算買一台新力牌的隨身聽，你們是叫『隨身聽』吧？我希望早上工作時可以有台隨身聽。我喜歡聽錄音帶，我喜歡穿長褲，我喜歡外國人，我喜歡我的旅館，我喜歡賺錢，我很快樂。」

不過，他看起來沒有那麼快樂。

「你能告訴我那座山的名字嗎？」我問他。

他的臉色變了，用一種截然不同但虔誠的語氣說：「康格里……康格里拉（Kangri-La）……」這座山的舊名。

他的父親站在花園盡頭的一小片麥田裡，轉頭對著我們微笑。老闆的兩個兒子南傑爾和林城在牆角繞圈子跑，站到我們面前，吃吃地笑著，然後開始唱歌，「叭，叭，黑羊，你有羊毛嗎？」接下來他們拉高聲調唱著，「是，先生，是，先生，像茶包那麼多。」

旅館老闆回頭對我說：「什麼事都在改變，誰能說這樣究竟好不好？」

除了康格里山巔，所有的山脈都已黯淡下來，康格里的顏色變得像火焰燃燒一般，不久，也開始罩下暗幕。

不同的童年

當我在工作時，旅館老闆的母親偶爾會到我房裡，坐在我身旁，看著我閱讀或打字。

這天早上醒來，就看到她在窗外注視著我，手裡拿了幾個蘋果。過了一會兒，她走進來，手上拿著一個裝了小顆青蘋果的老舊銀托盤，而且等著我拿起來吃。

我們有時會在花園盡頭的小溪旁一起洗衣服，她把衣物放在石頭上用力捶打，我懷疑那些衣服怎麼承受得了。我們一邊洗衣服，她會一邊說話。

「我這輩子都待在列城。年輕時，鎮上的市集有阿富汗和俄羅斯的商人。你應該見過他們！很瘋狂的人！

「那時，每個家庭通常會把一個孩子送去當比丘；現在每個家庭都希望他們的孩子當導遊。如果可以選擇生活，我希望當一名比丘尼。不過，我可能無法成為一名好的比丘尼，因為我喜歡隨心所欲地吃飯睡覺。

「為什麼你要讀這麼多東西？讀太多並不好。而且你有太多朋友了，朋友總是會向你要點什麼。我只有兩個朋友。」

有次我問她多大年紀了，她搔首弄姿地笑著（她少了三顆門牙）。「你認為我幾歲？」「二十五歲。」我說。她尖叫大笑，告訴每個人，「那個英國人猜我只有二十五歲。」

她在田裡工作或洗鍋碗瓢盆時，她的一個孫子就會坐在身邊；她為自己和先生煮飯，他們經常坐在河邊的樹下用餐。

她隨處睡覺，沒有固定的地方，我曾經看過她夜裡併了兩口印度舊衣箱，躺在廚房裡睡；午休有時見她睡在大廳的走道上，身體蜷曲得就像大牧羊犬。

有次，我們在河邊洗衣服，我禁不住問她：「難道妳沒有特定的睡房？」她笑著說：「睡覺真是件無聊的事，為什麼一定要有特定的房間？」

旅館老闆家的孩子當中，南傑爾是我最喜歡的一個。還有一個紮著馬尾、素淨且嚴肅的女孩。孩子裡也有個名叫汪祖克，八歲，老是幫他的某位兄弟包紮傷口、跑跑腿，或到河邊的石頭上洗衣服。林城則是個懶惰的孩子，經常笑嘻嘻的，有雙性感的眼睛，成天無所事事，總是一個人在泥地裡玩耍。而四歲大的南傑爾最得我喜愛，沒什麼教養，而且很自私。每次遇到挫折，就會尖叫，真正的尖叫，很難想像這麼小的孩子可以發出那麼大的聲音；只要他得到想要的東西，就會像個演員般地笑逐顏開。他很清楚如何哄騙、誘惑、指使、奉承，以及操控別人。他的母親老是抱著他親，祖父也常把他扛在肩上到處走；祖母則是不時拿杏子給他吃，或是在走廊上陪他玩耍。他過著我夢寐以求的生活——優閒、嬌寵、蠻橫且放縱。

他了解我對他的情感，並且懂得利用它。他每次到我房裡，就坐在書桌旁，玩我的打字機，玩上好幾個小時，用一種畏懼卻嚮往的眼神盯著那些小小的黑色字母看。他在我的衣服和書堆裡東翻西找，找出我的小刀，用刀子在斑駁的牆壁上，一次又一次地刻出他的名字。他常常站在窗外的花園望著我讀書、寫字，直到我抬頭，然後咯咯地笑著問：「我可以玩嗎？」接著就從窗子爬進屋來，開始打字，他透過牙縫吸進空氣，嘖嘖地像個自以為是的銀行行員。

他和汪祖克幾乎每晚都會到我房裡，要我教他們英文歌曲。他們只認得幾個英文字，但他們最大的企圖是想唱幾首英文歌曲。到目前為止，我已經教他們第一首歌〈雄知更鳥〉（Cock Robin）。在我孩提時代，母親常在夜裡唱給我聽，這首歌老是讓我哭。他們沒有哭，因為不懂曲中的含意；他們唱得很難聽，可是很快活，而且會拿一碗杏子和一朵向日葵給我，當作「報酬」。

拉達克人與喀什米爾人

古代的拉達克人習慣拿安息香和檜木枝到每一個街角薰香街道。或許冬天他們仍然這麼做。

在整個西藏西部，人們會把田裡收割的乾草堆在屋頂上。堆放的方式讓重量只落在屋子的外牆上，而不會施壓到下面的天花板。你會發現，拉達克堆積在屋簷下的乾草，排列的既整齊又有秩序，連稻草和牧草也是很規則地排放在屋子四周。即使是堆疊在屋頂上的乾草，都有一種勻稱的美感。

每座西藏寺院、每座廟宇、每棟民宅，都有一堵以枝幹和細枝編成的外牆，牆上塗抹成紅色或不上色的泥土，然後再畫上一個白色不勻稱的圓形，這個圓是佛教「覺」（enlightenment）的象徵。

每年這個時節，拉達克人的屋頂因圓形、方形和菱形的鮮橙色杏子而變得亮麗，我把這種印象保留下來，因它有別於我在暗無天日的日子裡，坐在巴士上、坐在山中通道的頂端或站在寺院的牆上所見到的影像：那是一種狂野色彩所散發出的野性吶喊。

今天，我和一位牛津的朋友在商場裡找到一支湯匙，它有長長的銅柄，尾端粗糙地敲平了，銅把的裝飾全是些歪斜而不均衡的三角形，可能是埃及人、馬雅人、北美原住民或愛斯基摩人的作品，也可能是出自當代義大利設計師的創作，它的簡單沒有時間的界限。

我在史畢吐克看到一把銀號角，外表鍍上大量的銀，綴有龍、孔雀和各種異獸的圖案（有一隻怪物長了個獅子頭、一隻則有王鷹的喙和銳利的眼睛），是以水晶玻璃、紫水晶、土耳其玉及三種紅珊瑚為材料所製成。它極具規律的多樣性與幻想……我把它拿起來，對著遠山的岩石和萬里無雲的天空，獅子的尾巴和銀鷹的雙翼突然變成火焰。

在我寫作的書桌上，有一雙拉達克人的古董筷，是向一位朋友的孩子買來的，我無法讓小孩與筷子分離，最後拿了一只舊鐘與他交換。筷子很小，是用類似土巴或饃饃那種罕見的淡黃色老象牙做成的，然後鑲進銀匕首的劍鞘裡。食物與死亡、歡樂與戒慎、喜悅與警戒……這雙筷子所呈現的就像是對立與矛盾並存的一種歡樂之舞。如果這雙筷子曾經用於密宗的祭典中，那麼其所代表的便是一種極為細密的象徵——劍代表斬除迷惑，筷子代表對進食的一種冥想，筷子柄和劍柄都是用粗銀製造，每一把各有一種裝飾——一支有扇形尾巴的吐火龍。那種力量每每讓我拿起筷子時，都會期待它灼燒我的雙手。

海倫娜、漢斯和我在潘波斯茶館聊天，海倫娜說：「我到列城已經三週了，在這裡沒有看到任何醜陋的東西。」

實際上，列城還是有醜陋之處——郵局外立著兩幅綠色大看板；進入小鎮，沿著車站和回教徒紀念碑牆的路上，有兩間無遮蔽的廁所；潘波斯門口有幾個大洞，堆滿馬鈴薯皮、廚餘和報紙；癩痢狗在排水溝嗅找食物；橋下有四肢攤開、皮膚起皺的死羊，血淋淋地發出惡臭。還有許多貧窮景象——牆壁的破洞、半盲者顫抖的雙手、跌倒的老婦人用透明膠帶黏著眼鏡及只剩幾顆黑牙的老頭子，腿脛上有潰爛的傷口。

我們又在夢土餐廳碰面，這是小鎮上唯一還差強人意的餐館。我告訴他們，自己在狄溫吉的作品中看到三種反喀什米爾的景象描述，「屋裡的傻瓜會把屋子弄髒，城內的喀什米爾人會大肆破壞。」「如果你看到一條蛇，千萬別把牠弄死，但也別留給喀什米爾人。」「別向喀什米爾人表現出你的友善，否則就在你的門口掛一把斧頭。」

漢斯笑著說：「那倒是真的。他們一點也不好玩。從一九四七年起，拉達克被喀什米爾人『統治』。這說明了拉達克為什麼同時是占木省與喀什米爾的一部分。喀什米爾人在這個國家擁有各種權力——所有的行政權。你可知道，在斯利那加的省政府裡，連一個拉達克首長都沒有？我可以告訴你，最令人毛骨悚然的貪污、從拉達克企業搞錢的故事。長久以來，拉達克人一直很有耐性，多數人都相信印度政府的保證，保證他們在印度共和國裡會有一個穩定而進步的未來。不過，現在所有的拉達克人都開始感到憤怒，他們氣憤喀什米爾的官員、氣憤他們的生活各方面受到控制，官員對他們的宗教一點都不認同，甚至認為拉達克是個不毛之地。他們生氣的是，拉達克進步得太緩慢了、農業貸款太少、灌溉計畫緩不濟急、缺乏現代化設備和工作機會。他們也生氣喀什米爾人在夏季租走所有的店面，然後向觀光客敲竹槓。多年來，此地時有暴動，今年最大的暴動發生在一月，六月也有一次，下一次預定在下個月的『反對運動紀念日』（Protest Day），預料將會有暴力行動出現。

許多拉達克人祕密非法武裝，而且每個人都知道這件事，也都知道隸屬印度邊界部隊的『拉達克偵察隊』，不會允許他們的人民被陸軍射殺，如果陸軍集結，他們勢必展開反擊。」

「拉達克人看起很友善……你認為他們真的會作戰嗎？」

「當然，」漢斯說，「你想他們能消極地忍受多久？」

「他們會贏嗎？」

「我懷疑。他們唯一的希望就是中央政府會想辦法處理喀什米爾人。但那只是可能，畢竟此地是極為敏感的邊界地帶。不過，事實是印度政府也不想惹惱喀什米爾人，所以他們很有可能睜一隻眼、閉一隻眼。沒有人知道將來會發生什麼事。」

這裡發生過一次斷電事件，配電廠持續不斷的噪音突然消失，那名瘦小的西藏女孩經營的餐廳只好全部改以蠟燭照明。

「喀什米爾人幾乎把拉達克語當成學校的一門語文課，限定五年級以上才能學；用來維護僧院或資助佛學院的基金也很少。拉達克人已經失去太多東西……」漢斯說。

我們走出餐廳，站在星光下。漢斯說：「我希望這些人還能保有他們的性格，但這是烏托邦式的理想。此外，我只能表達出我的希望，而不必付出任何代價。」

西藏人羅帝

列城到處是西藏人，他們趁著六月到九月的短暫夏日旅遊旺季，從大吉嶺（Darjeeling）、邁所（Mysore）等遙遠的地方來到這裡，然後付出高得離譜的租金，租到一間只有一盞沒有燈罩的電燈泡和一張李小龍海報的房間，或者就住在田間或路邊攤旁自己搭的破爛帳棚裡。有個瘦弱穿著褪色法國牛仔裝的西藏女孩，在此地經營夢土餐廳。她帶著年幼的弟弟，每天工作十六個小時；弟弟年約十四、五歲，飢餓蒼白的模樣好似吸食鴉片。有個年約四十、體形豐腴的西藏女人，大家都叫她「媽媽」，經營一家名叫「餐廳」的餐館，那是間位在鎮中心的簡陋小木屋，現在我每天都到那裡用餐。狹長而零落的露天市集，幾乎是由各式各樣不同年紀的西藏人經營，其中有肥胖的老人、小心翼翼學抽菸的瘦小女孩，還有自詡為大眾情人的年輕人，他們留著油亮髮型、穿著美國T恤（上頭印著「我愛史努比」、「普林斯頓大學」、「讓我快樂」之類的字眼）、膠鞋、戴著大大的日本手表，總是播放刺耳的〈週末狂熱〉或滾石合唱團的歌曲。另外，有些賣珠串、高聲和客人討價還價的中年婦女。他們成天繃著一張僵硬且曬得焦黑的臉孔，坐在堆得高高的紀念品後，諸如銀鐘、捲軸、象牙製小粉盒，以及印有阿彌陀佛、觀世音菩薩、無量光佛等佛像的旗幡和藍綠紅色的玉鍊，還有成小堆或正方形或長形或圓形的松綠石。他們不時大聲吆喝、聊天或喝酥油茶，打量著路過的外國客人，就像馬場裡觀察賽馬的莊家。

我和其中一個大眾情人交上朋友，他喜歡鮑伯・霍伯（Bob Hope）[14]和保羅・麥卡尼（Paul McCartney）[15]，希望住在美國加州。「我聽說那裡的女孩子熱情且快樂。」他閉上眼睛輕聲地呻吟著。他夢想可以無所事事，開著紅色跑車，過著美國式的生活。他說，「如果你肯教我怎麼跳迪斯可，我可以當你永遠的朋友。」他十八歲，長得英俊黝黑，不過當發現沒有人在看他時，就會露出疲態。「我不喜歡這個國家……為什麼我應該喜歡它？這裡沒有電影、沒有好的咖啡館，也沒有女孩子。我怎麼和拉達克女孩交往？我連牽她們的手都不可以。拉達克女孩不快樂（又一次呻吟）。我喜歡城市，有高樓的城市……這是什麼樣的生活？我花了整天的時間等一些德國老女人上當，有時候得等上兩天，第三天就會有個德國女人對我微笑，然後我把鐘和項鍊以進價的十五倍賣給她們。我會開心好久，這樣過了三個月，再把錢交給年老的爸媽、還在念書的妹妹、在德里上學的弟弟，以及另一個也在德里上學的弟弟。冬天我就到庫魯村（Kulu）和史畢杜村（Spitu）遊蕩，那裡的人比這裡的人還惡劣。整個冬天我必須待在庫魯村，忍受嚴寒，試著騙那些村民把家裡的鐘、碗、湯匙和綠松石鍊拿出來，然後再拿到這裡騙那些德國女人！在美國沒有人會這樣過日子的，對不對？」

「西藏人真是堅忍的民族，」漢斯說，「他們必須在高冷的地方求生存，現在被放逐了，還是得繼續求生與適應。為什麼那個男孩子不應該穿膠鞋、不該夢想到美國去？對他們來說，那是個悲慘的夢想，但是對他們而言，科技就意謂著奇蹟……」

他又說：「不過年長的西藏人還待在這裡，他們有些是僧侶、有些是為了家庭……拉達克用古老的方式保存了西藏人的文化片段，留在兒童身上，留在山脈上，留在老婦人身上……。」

「你見過羅帝嗎？你應該見見他。他是西藏人，比你年輕一點，非常聰明的人……」

第二天，我見到了羅帝。我和一些朋友在河邊洗澡，剛好他也在，他不洗澡，只是半裸地坐在岩石上看著我們。他很瘦，看起來很熱情，肩膀向前拱著坐在那兒。

「看看你，總是沒把身體全部浸到水裡。」

---

14 譯註：美國諧星。
15 譯註：披頭四主唱之一。

「可是天氣好冷，」我說，「河水有點冰。」

「噢！你這個英國人，」他說，「我以為你們應該是地球上最勇敢的民族。」

「那麼你像個佛陀般坐在那兒做什麼？」

他笑了，我們因而成了好朋友。

「過來和我一起吃晚餐吧！我要做些土巴，我們聊聊。明天我就要南下到斯利那加，所以今晚一定要好好聊聊，不然就再也見不到你了！」

我們坐在他的小屋，合抽一管菸。

「我在我的家鄉做了兩件令大家震驚的事。現在我在這裡和你一起抽菸，用你的語言和你交談。我從西藏來到印度，不久前，我離開了從小就進住的僧院。而且還和一名美國女孩生了一個孩子。」

羅帝說得戲劇效果十足，所以我看起來也很投入。

「以前我是在貝那拉斯的僧院。我喜歡那裡，因為那裡有著許多僧侶生涯中的美好事物，如友誼、歡笑，甚至戒律。有時候，有戒律是相當美好的，但是我想離去，我知道自己必須離開。如果一直待在僧院，那麼永遠沒辦法看到這世界，也不會知道這世界是什麼樣子。我沒辦法待在僧院裡，因為它讓我太安逸了，你懂嗎？」

我說我很清楚，畢竟我二十幾歲的時光都待在牛津大學。

「我沒告訴別人，我想離開僧院，甚至是最親近的朋友。當我離開時，什麼都沒帶走，留下了所有的衣服、書，甚至筆。我不希望任何人知道。即使到現在，都還不明瞭自己這麼做的理由。或許我感到慚愧。因為對西藏僧侶來說，離開僧院是一件大事。

「我去找我叔叔，他是個喇嘛，也是另一間僧院的住持。他人很好，也很喜歡我，他對我說：『啊，你已經選擇生活的地方、選擇了輪迴（samsara）[16]，不要為了離開僧院而感到沮喪。帶著不偏不倚和理解的態度活下去吧。』你知道的，我們西藏人是很實際的……」

他又深深地吸了一口菸，將頭往後一仰，然後閉上眼睛。等他再度張開時，眼中充滿了淘氣與亮光。

「離開僧院不久，我就碰到那個美國女孩。你說是不是很可笑？我離開僧院，投向一個美國女孩的懷抱。我可以告訴你，我們這一代的西藏人已經改變了很多。」

他乾澀地笑了笑。

「我在達蘭莎拉附近的故鄉遇到那個女孩，她年紀比我大。起初真的很肉慾，

16 譯註：眾生輾轉生活於三界六道之中，如車輪般旋轉。

每天和她一起過夜。你看起來很驚訝……你知道的，我們西藏人對性是十分開放的，特別是我的家鄉，康區……那裡有一種風俗，呃，就是當某家的先生不在家時，妻子可以和其他人睡覺……我常常和朋友一起去探險，有人會說：『某某人不在！我們去看看他太太會不會讓我進屋。』然後，他會從臥室的窗戶爬進屋裡。多數時，某人的妻子都會答應。偶爾碰巧這個丈夫回來了，不過他很少會生氣，頂多只會挨一頓打。偶爾那女人的丈夫也可能剛好在別人家做同樣的事。有次，我和朋友一起，他爬過朋友家的窗戶去找朋友的太太，出來時眉飛色舞。緊接著又到另一個朋友家，居然巧遇前一個女人的丈夫在這家過夜。我們當場笑個半死。

「我要告訴你有關那名美國女孩的事。在我去找叔叔向他全盤托出後，他把我們倆找去，告訴我們『如果你們是認真的，就應該住在一起，一輩子愛護對方。你們應該向對方發誓』。當時想，我喜歡這女孩，如果能安定下來，母親也會很高興，所以為什麼不這麼做？於是我們宣誓，並且定居下來。」羅帝又深深地吸了一口菸。「可是日子真難過，我的天啊！她從來不開口說話，從來不開口。永遠是沉默、沉默。我喜歡說話、喜歡笑；每次我說一個笑話，她就用很難看的臉色看著我。美國人到底是怎麼啦？難道他們都不喜歡笑嗎？有天，她說：『你的朋友一無是處。』之後，我若和朋友一起喝酒，她就會跑來，把我像狗似的拖回去。最後我的朋友都不敢再上我家，因為她真的會大發雷霆。最糟的一件事是她沒有朋友，連一個朋友都沒有，只有我，所以我是她的一切，但是要當另一個人的一切是很困難的。而且她還要我百依百順——做她最好的情人、最好的丈夫、最好的兄弟及最好的朋友，你懂吧！你曉得她是個西方人，她認為只要我們生活在一起，就可以獲得絕對的涅槃，永遠處於忘我的境界。不過，我們東方人可不是這麼想的。是的，我是想娶她，但我並不期待極樂，只是想和她在一起，而不要其他的女人，如此而已。她經常對我吼叫，『你自私！』『你不浪漫！』然後我會回她一句，『是的，我不浪漫，但是我愛妳。』她聽了開始哭，拉扯自己的頭髮！『你是個騙子！你討厭我！』於是我變得抓狂，所以就離開家到外頭喝酒。後來她要我煮飯，你知道的，東方男人沒受過這種訓練。我的母親會料理一切，煮飯，洗衣服。有天，我太太說：『我再也不煮飯了。』逼得我必須學煮飯，我學得很快，卻讓她更惱火。結果是我變成一個很棒的廚子，菜做得美味可口，這樣反讓她更生氣。認為我使她蒙羞。後來我也學著洗衣服，洗得很乾淨……」

羅帝看著我，「你知道她最大的麻煩是什麼嗎？她很聖潔。她想要放棄一切，不喝酒，不發誓言，不說笑話，不縱慾過度。她總是說不要這個、不要那個。你知道有些西方人，比最聖潔的仁波切還要糟。他們放棄一切，覺得自己如此優越……

嗯，我們有個孩子。她想要個孩子，於是我說，為什麼不呢？我們因為孩子更形親密了。懷孕期間，我煮飯，照顧她。我堅持孩子出生後應該跟父母一起睡。西藏家庭，小孩一般跟父母睡，這樣他們才會幸福，因為可以感覺到父母的身體靠著他們，感受到父母永恆的愛。後來，她從一名澳洲人那兒買了張搖籃，我問她：『這是什麼？』她說：『這是給孩子睡覺用的。』『我的孩子不能睡搖籃，他要跟我們睡在一起。』我們吵了好幾星期，結果我贏了……孩子出生後，我很開心，因為她要照顧孩子，所以我自由了。我又開始生龍活虎。過了一段時間，我對她說：『妳為什麼不回美國住幾個月，回去教書？孩子在那裡可以吃得比較好。夏天我要待在拉達克，那裡的地勢高，很不舒服。』她哭了許久，不過還是同意了——真高興我又可以獨自一人。不過我即將出門，十一月要到洛杉磯與她會面。」

真難想像羅帝在洛杉磯的樣子。

「你太太會從洛杉磯寫信給你嗎？」

「常常。」

「她都寫些什麼？」

「她說她愛我，想要回印度過西藏式的生活。她說她討厭美國，那裡已經不是她的家。她形容那裡『太具象了』。盡是錢、錢、錢，性愛、性愛、性愛。沒有靈性，對其他的事物沒有信仰。她說每次看到雷根的臉，就會頭疼。她說她的母親很霸道，老是教她該怎麼做：孩子應該睡在搖籃裡、孩子不能餵母乳。她說她沒有朋友，我是她唯一的朋友……」

羅帝停頓了頓，看來有點傷感。

「你愛她嗎？」我問。

他臉紅了。「我不知道，我從來沒想過……」然後他說，「你知道的，我們是一輩子的夫妻，我們發過誓要和彼此在一起過一輩子的。有時候我想，和她在一起，只是依戀而不是愛情；有時我會認為，和她在一起，只是因為她的兒子。但是你知道嗎，她懷孕的時候變得比較可愛。她讓我的朋友到家裡來，也不在乎我們有沒有喝酒，也不再說『你聞起來真令我噁心，你的口氣像酒廠』，甚至也會喝一點，她可能已經變成十足的西藏人了。還有其他的事——她在離開前說：『我想去看看你的母親，我想認識她。』她以前從來沒有提過有關我家的事，也從來沒說過想要見我家的任何一個人，這點曾讓我很難過。因為我愛他們，所以希望我的兒子長大後也會愛他們。但是她終於說『我想認識你的母親』。因此現在我覺得可以愛她了。」

然後他轉頭看著我說：「我在兩歲那年離開西藏，後來離開僧院，然後娶了一個美國女孩。如果我不和家人在一起、不愛他們、不幫助他們，那麼我再也不是西藏人，就會變成無家可歸。要愛我的家人並不難，他們都很勇敢，也很親切。我很愛我的母親。所有的西藏人都和他們的母親有很深的連結，即使再現代化的西藏人，一旦聽到有人說他們母親的壞話，必定會討厭那個人。以前我有個法國朋友，他對西藏佛教興趣濃厚。你知道我們曾經發過誓，要愛我們的母親，把一切都歸功給我們的母親。我們相信所有的事物都有可能曾經是母親的某一個化身。呃，我那位法國朋友說，他可以發各種佛教的誓約，只有一個例外。『我能夠愛每一種有知覺的生物，』他說，『除了我的母親。』聽了之後，我十分震驚。」

還俗的僧侶詹陽

羅帝在分別前，說：「我希望你明天能和詹陽碰個面。我要出發到斯利那加，不過詹陽就住在隔壁。我會向他提到你。如果你晚上到這裡來，他會在家。」

「詹陽是誰？」

「他是我最好的朋友。西藏人，和我在同一家旅行社工作。他也是酒鬼，還是個祖古（Tulku）。」

「祖古？」

「祖古就是轉世活佛。早年，詹陽被『發現』後，送到錫金的噶瑪巴（Karmapa）[17]的僧院住了好多年。後來他和我一樣也離開僧院，理由相同：他想看看這個世界。但是詹陽比我更悲觀。我認為這世界傷害他的程度，遠大於對我的。」

第二天晚上，我回到約定的地方，詹陽正等著我，他帶點醉意，坐在他房裡的地板上，地上有滿滿的三瓶酩和兩根細心捲好的菸捲。房裡別無長物，只有一張床和牆上一張巨幅的達賴喇嘛照片。甫進房裡，他面無笑容地抬起頭看我。

「坐下，」他說，「我心情不好，因為今天過得很糟。我碰到一些愚蠢的法國人，現在想靜靜地坐一會兒。」

他閉上眼睛，毫無生氣地坐了一刻鐘，我看著他那傷感、纖瘦而英俊的臉龐慢慢地放鬆，雙手攤開在大腿上。他和羅帝很不一樣——他比較黑、比較狂暴、皺紋比較多。他應該不到二十六歲，看起來卻比實際年齡蒼老。羅帝說過，「我認為這世界傷害他的程度，遠大於對我的。」然而呈現在他臉上的挫折，還帶著凶暴、傲慢、自大及一種尚未被擊潰的決心。

他睜開雙眼。「羅帝說他喜歡你，我想我也會。我是很直率的人。」

17 譯註：指藏傳佛教四大教派中白教大寶法王的尊稱。

「我也很直率。」我說，「我想我也會喜歡你。」

他喜歡我那樣的回答，開始微笑，一種突如其來、燦爛如孩子般的微笑。我們握手。

「很抱歉用這種方式迎接你，」他說，「我度過了非常難熬的一天。我必須帶隊的新團，是一支非常笨的旅行團。今天我嘗試向他們解釋輪迴轉世的理論，雖然已經盡可能用簡單又平靜的解釋，但是他們反應冷淡。他們說：『那是個美好的想法。』聽了這話，我很火大。輪迴轉世不是『美好』的想法，在許多方面，它是一種令人驚訝的想法。不斷地輪迴又輪迴，直到你解決了靈魂的難題，才能獲得平靜。這算是『美好』嗎？而且我告訴他們，那不是一種『想法』，我相信那是一種事實。然後我告訴他們一個故事，一個真實的故事，才讓他們住嘴。」詹陽哈哈大笑，朝大腿上拍了下。「我知道，『我想讓他們閉嘴』這樣的說法不太好，不過有時……

「我想羅帝告訴過你，我曾在噶瑪巴的僧院待過。噶瑪巴是個偉大又有權威的人。我不想談我在僧院的日子，所以也希望你不要問。或許我根本就不該離開那裡。我，一個祖古，在這裡做什麼，帶人逛拉達克？收入是不少，也可以稍稍開化人們的心智，同時我也得養活我的家人……

「我可以把告訴他們的故事說給你聽。我不認為你會想聽。我在噶瑪巴僧院時，有人宣稱噶瑪巴做過一個夢，夢中清楚顯現有個高階喇嘛即將投胎轉世，他並且在夢裡被告知，轉世將發生在美國。美國！我們在僧院裡哈哈大笑。發生在美國！於是僧院派遣三名喇嘛前往，他們到處旅行，終於找到了祖古發生的地方。我想那是亞利桑納州的一個小鎮。一名喇嘛去敲年輕祖古的家門。想像那情景！三個喇嘛在一個美國小鎮去敲一間屋子的門。敲門後，祖古的母親開了門，他們很有耐性地用破破的英語解釋此行目的。起初她不屑一顧，但是當他們詳細說出她和丈夫間不為人知的事，還有她兒子出生和成長過程的一些事，她完全信服了。她和丈夫變賣了所有家當，帶著兒子住在干托（Gangtok）市外的噶瑪巴僧院。我認識那個男孩，他長得既俊秀又優雅，會說多種語言，也會說流利的藏語，那是他在極短的時間內學成的。而他的母親又是另一則故事了：她很樂於當祖古的母親，並且極驕傲蠻橫地對待他人，因為她認為是自己把這樣特殊的人帶到這個世界，理當受人景仰。我們不想傷害她，所以依然尊重她，我偶爾還會和她一起去看電影。她只喜歡看喜劇，總是笑得像個男人。」

「你的旅行團被你說服了嗎？他們是不是也想趕快皈依呢？」

他大笑，「當然沒有，有幾個人點頭說：『很有趣，真的很有趣。』其中有個女人說：『即使我的兒子是祖古——或是任何的稱呼，我也絕不會像那個女人一樣，把兒子交給喇嘛，去過清苦的僧侶生活。』對於接下來所說的事，我很害怕，我說：『夫人，如果妳很幸運有個兒子是祖古，那麼妳應該有大智慧，知道該如何對待他。』這句話令她火冒三丈。」詹陽笑了起來，「我現在覺得好多了。」

「你不能期待人們的觀念改變得如此快。」我說。

「我不期待改變，」詹陽說，「我不期待轉化，我是什麼人，可以知道一個人該信仰什麼？我是什麼人，可以告訴他人該怎麼想、該怎麼做？我想我是在期待一種尊重。如果人們對你所言不表示尊重，是很難把所知的傳授給他們。」

「這樣一來，你的工作不是讓你很痛苦嗎？」

「不，只不過今天不好過罷了。或許是我的錯，我對這個旅行團的要求太高、太快。也許是我沒有向他們解說得很恰當。我帶過的旅行團大多數都很尊重人，而且投入、開放。我發現許多西方人開始想要了解東方，而且不只是他們的思維，還有他們的心和靈。我知道那對他們來說很艱難，所以我應該要更有耐性。因為這個國度的藝術、風俗和生活觀有太多是對人們有益，而且豐富的西藏之道是如此的強而有力並美好。」

他又笑了起來，「我說起話來真像個西方人，正在向你推銷我的工作，如果我是個優秀的佛教徒，應該要有耐性，知道人心終究是可以被開化的，只是時間問題而已。我們喝一杯吧！」

我們喝了酒、抽了菸。詹陽接著提到他的家庭、兒子、太太，還有養育孩子成長的種種困難。「我希望他接受現代教育，」他說，「別像我，所學的一無用處。但是我又不希望他忘本，希望他也能學經文，盼望長大後成為一名好的佛教徒。給他適切的協助真的很難。」他讓我看他妻小的照片，當他看著他兒子的那一刻，表情瞬間柔和了起來，「我非常想念他，幾乎無法忍受與他分開一個禮拜。有時我會想，我所帶領的眾生既壞且笨，真不該離開僧院，但一想到我的兒子，就會想『如果我一直待在僧院裡，就不會有他，那我將錯失人生最大的歡樂』。把一個孩子帶大也是一種『法』（Dharma）[18]。你覺得呢？要做好還真不容易。」

「你有小孩嗎？」他問我。

「沒有。」

「你有妻子嗎？」

「沒有。」

「那麼你一定很寂寞。」

18 譯註：意為秩序，即決定所有事物的法則。

「我有朋友，也有工作。」

「你說話的模樣像個喇嘛。」

「我離當個喇嘛還遠得很呢！」

「你信奉什麼？」他突然問我。

「我不知道。」

「你的意思是？」

「我的意思是，我在黑暗中，我在等待。」

「你在等待什麼？」

「我怎麼知道？如果我知道自己在等待什麼，就會採取行動了。」

「或許來這裡就是你的行動。」

「但願如此。」

分手時，他擁抱著我說：「你笑得很多，聽得很專注，但是我看得出你有點悲傷。我了解沒有東西可以滿足你……」

我抗議。

「不，」他說，「沒有什麼東西可以滿足你。你的工作不能，你的朋友也不能，你的所學和旅行也不能。不過這是好事。你已經準備好要學習新的事物，你的悲傷讓你空虛，你的悲傷也讓你開放！」

我說：「詹陽，你真好，但是我不覺得我已經開放。」

詹陽笑著說：「朋友，你已經遠遠比自己所知的開放了。」

人生的欲求與歡樂

第二天，我搭巴士到雷松（Rde-Zong），在離僧院三哩外的地方下車，然後走上一條平緩卻曲折的小徑。

我爬過的每個山谷都是陽光普照，懷疑那些岩石怎能承受這種如火般的強光。一陣微風吹動那些青綠與金黃的葉子，四周的山丘已經下過雪，看起來很美，那股冰冷讓我想起昨夜光華遍灑山丘的巨大明月。透過「明月」與「冰冷」的體驗，這種光線中也存在著某種意義：我從未見過如此強烈的陽光、如此緻密優雅。無雲的藍天呈現出多種藍，每種藍各勾起不同的記憶：在希臘桑托里尼（Santorini）外海見到海豚跳躍的午后；在印度的童年時代，坐在花園望著天空的靛藍愈變愈深的傍晚；以及春天在牛津獨自漫步。這麼多的藍，如此多的差異，散發的光輝組合為一種光輝。生命中從未像此刻感覺如此澄明的事物，不過旋即又離我而去；我的想像力在這種景致中，開始自然地流洩出來，不是因為那些石頭，而是那陽光。我感覺那種純淨並非我的成就，完全不是我的作為，因此我無法感到驕傲或擁有它。那純淨在河流上的陽光中交錯著，就像岩石目前的狀態，就像兩顆石頭的對話。

在這個國度裡，思維和光一樣廣大無邊、自我歡愉，能夠歡喜地碰觸到每個物體、每面峭壁、每片青苔、每塊零落的青草地。要寫下這些，手很難不顫抖、很難不害怕如此豐富的美感與寧靜會從這被奪走，但我努力學著不要顫抖，嘗試活在這種歡愉中而沒有恐懼。那會很困難。我發現，對這種歡愉的恐懼，遠超越承受過的痛苦。我已經學會如何應付痛苦，但是歡樂卻讓我止步，帶走常掛嘴邊的抱怨和生活形態。當陽光讓我蛻變之後，得到的是什麼？陽光又帶給我什麼啟示？當我思考並寫下這些字句之際，它們似乎並無關聯。別無選擇，我一定會意識到這景致和陽光的存在；別無選擇，我必須讓這光成為我的靈感和我的文字；由於我沒有其他的選擇，發現自己走得很輕快，幾乎腳不著地。

我始終沒去僧院，午后的岩石、杏樹和溪流之美，每每讓我駐足而流連忘返。這好比我和汪祖克沒有爬到史托克的通道，反而在附近山上過夜。因此我沒有去僧院拜訪也同樣無所謂。從第一天抵達此地，就感覺到什麼事都得留點機會，在這個國度裡，我必須平靜，同時讓自己保持空白。沿溪邊走，看著流水中顏色變深的卵石便已足夠；可以坐在杏樹下便已足夠；可以坐在紅色的巨岩圍成的圓圈中央，注視它們緩慢的悸動與舞蹈，一如寧靜深植我心，如此便已足夠。我不認為還能再容納或感受更多的事物。雷松已經給了所有它能給的，我來回走了兩趟，淚水奪眶而出，但那不是我的淚水——我不能說那是我的，那只是一種純淨的反應，反應的是——那種讓我深深感動的靜謐亮麗。溪流的聲音，從岩石間清晰傳出的鳥鳴，滌淨了我的思想，只留下平靜。

第二天，我又和詹陽見面，那是我們最後一次見面。他正要前往斯利那加和羅帝會合。

「詹陽，你皺著眉頭，又生氣了。這次你帶的是哪種旅行團？」

他笑了。「這個團差點把我逼瘋了。我是個很壞的佛教徒。」

「發生什麼事了？」

「我們到謝伊（Shey）僧院。團裡有個旅客開始對著僧侶拍照，僧侶不在意，他們認為，既然這些人大老遠地跑到拉達克來，若是拍照可以為他們帶來快樂，為什麼不讓他們拍？況且許多僧侶喜歡小孩，也愛被拍照。不過團裡有位女士對拍照的人很不高興，她罵他是剝削者、偷窺者、盲目的愛國主義傻瓜，所有你能想到的她都罵了。我把她拉到一旁，對她說：『妳生氣是不是因為他光明正大地做妳偷偷做的事嗎？』她瞪著我，好像我瘋了似的。『你這是什麼意思？我根本就沒拍照。』我說：『我的意思是，這裡的每個人，包括我自己，都在收集一些東西、囤積一些我們看到和感受到的東西。不管喜不喜歡，我們每個人都在拍照，內心式的拍照……我們都有罪。只要不是純正地去領受事物，我們就有罪。除了已經覺悟的人，還有誰能全然地認知事物，就像那些事物的原貌，能夠不帶欲望和判斷，只有喜悅？除非他們永遠「不拍照」，除非他們不囤積、竊取，除非他們不論如何都不會「著迷」。』這番話讓她十分生氣，她生氣的是她被認為不完美的這種想法。我又說：『在某一方面，喀什米爾人比我們都強。他們對於自己的欲求很誠實，不會故作神聖、假裝有文化或純潔無瑕。他們想要錢，就會說出來。觀光客想要找一些非法的唐卡，喀什米爾人就用勒索價賣給他們，你說哪種人的罪比較大？』她說：『嗯，我不想要唐卡。我什麼都不想要。』我問她：『妳確定嗎？昨天妳才說想找尋些什麼來充實自己的生命，妳在巴士上說自己不快樂，在尋找生命的新方向，這不就是要求些什麼嗎？妳不是偷偷地希望拉達克給妳一種偉大的體驗嗎？妳不是要拉達克改造妳嗎？如果妳不想要，而且不覺得可以在這裡找到的話，為什麼會千里迢迢地跑來？也許這種需求比單純地想要一尊菩薩銅像、一幅古老的卷軸畫，更危險、更腐敗……』她走開了，不想再聽我說下去。」

「但是要再繼續聽你說下去確實很難。」

「不會，如果是誠摯地尋求，那麼你會無情地對待自己！」

「要學會無情得花時間，要敢於無情也要花時間。」

「不，你錯了。根據我的經驗，那並不需要花時間。你就有那種真誠，或者你沒有，我不知道，也許那就是一種業力（karma）。多數人並不想知道，他們探知與判斷的方法根本就是錯誤的。為什麼他們不想？因為那會很不舒服，會讓人別無選擇，唯有跳脫到知識和判斷之外……」

詹陽回頭看著我，「你是作家，一直在世界各地拍照。你拍照的目的是什麼？」

「我試著不要扯謊，竭力保持鏡頭的乾淨。此外，我還能做什麼？」

詹陽說：「你一定要寫作，而我也一定要當導遊。這就是薩婆訶（svaha），我們的本性（nature）。也許下回我們會幸運些，比較不會因為各自的虛榮而受責難。我會少說點話，你也可以不用帶大本的黑色筆記簿，寫滿非法的筆記。」

「沒有了虛榮，我們會做些什麼？」

「我們可以喝酒，也可以看奇景。我們的疾病會痊癒，可以把愛和平靜帶給那些瘋狂和邪惡的人。我們可以整夜玩牌而不需要睡覺；我們可以在成千上萬部相機前走在水上，以便永遠駁倒那些物質主義者。」

馬索僧院

警察局長（喀什米爾人）說：「親愛的先生，你來找我申請新的簽證，我無法同意，很抱歉。不過我有個計畫，很好的計畫，這個計畫總是可以奏效。」

漢斯說：「什麼計畫？我會很感謝你。」

「如果你寫信到德里要求延長簽證，親愛的先生，他們當然會拒絕。不過，他們的拒絕函件要三十天後才會送到這裡。如此一來，你待在拉達克不是很好嗎？親愛的先生。」

「謝謝你，我非常感激。」

「我想我這樣幫忙應該得到一點回報吧，畢竟我真的幫忙了。」

「可是我是個貧窮的美國學者。」

「但是你有一台錄音機。」

「不過，我答應回家時要把它還給我母親。她既瘸又瞎，病得很厲害。」

「令堂的事我很難過。你知道的，我一個人在拉達克也很孤單。我有一台收音機，但是不夠，還是很孤單，只有錄音機才能拯救我。」

我們開了一輛吉普車，前往距離列城大約三十哩的馬索（Matho）。

「昨天我們不在時，警察署長派手下到我屋子裡搜索那台錄音機，對我的翻譯汪祖克說：『警察署長只是想看看那台錄音機。』汪祖克說：『如果署長想看，請他下午四點鐘過來喝杯茶，我會親自拿給他看。』」

吉普車上的每個人都哈哈大笑。

「如果沒有貪污，拉達克會變成什麼樣子？」漢斯說。

我們的司機林城說：「自由。」

我們站在馬索的大門前，望向對面的河谷，一名胖胖的小沙彌跑過來，遞給我們一張黃紙，「馬索僧院，或者稱為馬克托（Mangkto）僧院，以土登・謝林僧院這個名稱聞名於世。它是古代北印度薩迦族（Sakya）[19]學者多傑帕爾桑（Dorje Parlsang）所建……」

不過是站在那裡，望向對面的河谷，望過那些扇形的田野、青草地與麥田，還有馬索村的白楊木與溪流，這些帶給我的感受比馬索僧院的文字介紹更為強烈。在我腳下，馬和驢子三五成群在河邊或獨自於陽光下吃草，民宅屋頂上的黃、紅、藍旗幡，在晨風中飄揚。我們站在僧院的中心，僧院就像整片田野的領袖，也是整個

19 譯註：印度世襲階級剎帝利的一族。

拉達克世界天與地、溪流與岩石及空氣與山之間的仲裁者。右邊的廟宇中有喇嘛在交談，從打開的大門朝漆黑的廟裡看，看到兩個年輕的拉達克喇嘛被陽光照耀著的臉龐，正望向窗外的我們。

漢斯說：「僧院依然是拉達克人的生活重心。他們會告訴你僧侶很窮，沒有錢……事實上，他們擁有多數的土地，農民還得依收成繳交一定比例的稅。當然，這話的意思是，他們通常不會有太多錢……許多都是以物品來支付；也就是說，他們擁有的資源非常沒彈性——所有的東西都和土地有關……」

漢斯笑笑說：「僧院的管理者稱為夏克佐（Chakkzod），多半是死硬派人士，非常保守，不願意求新求變……只是保持原狀。他們讓秀繼續演出、讓油燈繼續亮著——然後看著這個可怕的現代世界持續向前進。我帶你去看這裡的一間寺院，錢一定是從某處取得。」

我們進入那間比較古老的寺院，喇嘛正在做早課。寺院闃黑，唯有高高的窗子射進讓人眼花撩亂的光線；在看過空曠的岩石景觀及呈銀灰色與蘭花紅的岩石，再看到寺院內深暗如火焰般的色彩，使人頓感震撼。吊掛在柱子上的唐卡，把佛陀和喇嘛的肖像細密地畫在方形絲絹上，有些早已褪色，有些仍維持原來的光輝；黃色與紅色的緞子捲繞著柱子，一把黃傘飄在屋內半空中。雖然在幽黯中僅能看個大概，卻可看到所有的牆上都是畫，畫的是西藏佛教裡憤怒與寂靜的護法神像——死神閻魔德迦（Yamântaka）與觀世音菩薩，色調採用強烈的紅色、白色與綠色，祂們柔和或恐怖的臉瞪視仰望的人，讓人彷佛身處夢境中。

漢斯說：「我每次進入這些地方，都會感到陣陣恐懼。」

「可是這些顏色十分溫暖，」我說，「木頭和神壇上木碗的顏色、裡頭佛陀的金色及壁畫上的各種紅色與棕色，都是溫暖的顏色，大地的顏色。」

一名最年輕的喇嘛走向我們，請我們坐在他旁邊的墊子上，然後從衣服的褶子裡拿出一只小杯子，讓另一個喇嘛倒滿奶茶。我們置身在火焰般的色彩和藏語的誦經聲中，約莫一個小時，坐在墊子上觀察和聆聽。

「這是我所知最奇怪的音樂。不能算是音樂，那是悠長而迴旋的東西……在祈禱中，鼓聲咚咚的方式……拉長且不斷迴旋的鐃鈸聲，讓一切達到高潮。那真的算不上是音樂，它就像岩石在唱歌、像風和雨在唱歌。那不是音樂，那是一種聲音，不可或缺的聲音。」

我從來不曾聽過漢斯說話這麼富有詩意，我看著他，他不懷好意地笑著——他在嘲笑我。接著他說：「我們應該去看看祭司屋。」

「那是什麼？」

「出來，我才告訴你。」我們走到陽光下，在門口穿上鞋子，然後在光線中跌跌撞撞。

聖靈與祭司

「馬索從建僧院以來，就有兩個守護神，雙祭司。他們原是一對兄弟，住在西藏東部康區一個叫卡瓦卡波（Kawa Karpo）的地方，加入多傑帕爾桑學派，當多傑帕爾桑來到此地，他們便追隨他，因為他們很喜歡他的祭祀糕餅。由於他們強壯又粗暴，因此能夠安頓的地方只剩河谷較高的地帶。這就是他們在這裡的原因。祭司每五年改選。僧侶們的名條會放在一只缽裡，然後轉圈圈地搖著缽，直到有兩張名條掉出來。選祭司的日子是十月的第十五天，一輪大約是五年。」漢斯說。

「之後他們就要『受訓』嗎？」

「是的，他們必須進行為期一年的靜思苦修。把奉獻的糕餅獻給『守護神』，在修行過程中，必須進行一種特別的禪修，保持高度的潔淨；每週淨身沐浴一次，由僧院負責冥想的上師為他們進行香浴淨俗身，然後會進入恍惚狀態，並被眾所周知的守護神龍臣卡瑪（Rongtsen Karmar）附身。」

「我喜歡保持乾淨、每週沐浴一次那一點。」

「當他們經過日復一日、極為繁複的儀式——宣示神諭、回答回題、祈禱未來的豐收等等，還要快速地上下爬牆，不能掉下來；他們用刀砍自己砍到流血，但是隔天卻沒有任何疤痕。第十五天，祭司戴上一個沒有留眼洞的面具。他們的胸前和背後各畫著凶暴的神像，所以被認為應該能透過這些神的眼睛看穿面具。最後一天，兩名祭司騎馬到兩哩外龍臣卡瑪的廟宇。他們抵達時，要檢查放在一個容器裡的穀子，顯然這是用來預知來年農作物的收成情形。然後守護神就會離開這兩名祭司的身體。你可以猜出他們後來到哪裡了嗎？」

「到石頭裡去了？」

「更好……好太多了……祂們跑到檜木林去了。」

「這項儀式會進行到一月。」漢斯說，「有可能成為祭司的僧侶們已經在進行祕密修行，所以我們見不到他們，但是可以到保存其衣物和面具的小房間。」

漢斯帶路走上石階，穿過一道有霉味的長廊，最後來到一個有頂蓋的大庭院，牆上釘著顆犏牛的頭。「向右轉。」漢斯說。我們穿過一扇老舊的矮木門，進入祭司屋。

祭司屋約十五平方呎大，空氣不流通，只有一扇小窗戶，屋內散發出濃厚的舊衣服和油燈氣味。地板上覆滿穀子，靠窗處有座祭壇，上頭有一堆穀子，穀子中央放置一大把用兩條紅帶捆綁起的玉米穗。漢斯指著兩塊五呎長的破爛布幕。「那後面藏著兩尊祭司像，一年只拿出來一次。祂們很神聖，所以不宜在其他場合出現，留在布幕後集聚力量。」周圍的牆上釘了長鐵釘，上面掛著破舊不堪的絲質祭司服，有些已經褪色到難以想像它們原有的顏色。到處是面具——猙獰微笑的面具，面具上的眼球暴凸、舌頭伸出，面頰有紅有綠，頭上頂著骷髏。

漢斯說：「這間屋子的力量來自一種比佛教更古老的宗教，也有些源自於內涵豐富而我們一無所知的宗教。幾年前，有個喇嘛走進來，看到這間屋子很髒，便動手將它打掃乾淨，並把所有的穀子掃起丟掉，結果那年所有喇嘛的田地都歉收，而且那位喇嘛也病了。喇嘛回來後說：『把那些穀子放回地板上，不然村子裡所有的農田都會變成不毛之地。』你曉得，按照傳統，這個地區每塊田地上收成的第一批農作物，都必須拿一些穀子灑在這裡，不然就不會有收穫。」

隔天，我在列城的市集和漢斯碰面，他皺著眉，看起來心事重重。

「我剛經歷生命中最奇怪的一個下午。」漢斯說。

我們走到潘波斯坐下來，角落坐著一對義大利情侶，我猜他們大概快三十歲了。一個綠髮，一個紅髮，彈著吉他，唱著披頭四的老歌。

「我的天啊！」漢斯說，「我受不了這個，我們走吧！」

我們慢慢地踱到河邊。

「我剛見過一個祭司。汪祖克向我提起她，所以他也去了。她住在十哩開外的斯卡拉（Skara）……今年六十七歲，看起來像有兩千歲。此地的空氣讓人長滿皺紋。她有一張僵硬冰冷的臉、一對銳利的黑眼睛。說起話來滔滔不絕，聲調尖銳。我們坐在她家那窄小又無窗的主臥室，屋內的每樣東西聞起來都像刺鼻發臭的奶油。她告訴我，她的第一次危機發生在二十九歲。從那之後，她就明白自己注定要當一名比丘尼或祭司。『我昏死了九天，離開我的肉身，飄到雷松，在那裡遇見三名喇嘛，他們坐在黑暗的角落裡瞪著我。然後我見到佛，祂說：『愈來愈少人相信聖靈，妳必須回到人世間，繼續活下去，這樣人們才會受引領而再度相信聖靈。』一開始真的很難過：聖靈會突然控制我，我不知道該怎麼辦，祂會在很奇怪的時刻降臨。不過，現在我已經可以知道祂什麼時候降臨：祂降臨時，我會覺得手臂一陣搔癢，而且可以控制祂。』」

漢斯停了下來。我們來到河邊的一間小小的老磨坊。那是間簡陋的小屋，裡頭有個轉輪。我們走進磨坊。

「她說了件感人的事。」漢斯說，「當我問她：『死後是什麼樣子？』她靜靜地看著我，回答『我不知道』。通常我在這裡問任何問題，都會得到很有自信的答案。」

「她還記得靈魂出竅時所發生的任何事情嗎？」

「她什麼都不記得。她說她不是祭司，是祭司降臨並附在她身上。她說，當祭司附在她身上，屬於自己的一切便會全部消失。」

漢斯說：「拉薩祭司曾經收到一封來自西藏政府的信，信中的內容是『有個羊年出生的人現在病得很嚴重，應該怎麼處置呢？請給一個明確的答覆』。祭司回信說：『如果可能的話，買新的；如果不買，就把它們送去修理，那樣你就可以再使用一段時間。』原來『有個羊年出生的人』，意思是指在拉薩的官方辦公室裡，最近故障的一組風箱。

「通常祭司在青春期便展開他們的『事業』，遠比斯卡拉的祭司早，而第一批適任的人幾乎是『同步』產生，往往造成身歷其境之人的極大恐慌。只有少數的西藏人和拉達克人願意成為專業祭司，因為那會有精神和肉體上的雙重負擔。那些適任者不是一般的癲癇症病患：拉達克人能輕易區別癲癇症和那些被『附身』男女有何不同。

「確定聖靈是否已降臨在祭司身上的儀式十分詭異。有人會把普通信徒或僧侶雙手的拇指和食指交叉綁在一起，再用一根繩子綁住雙腳，帽冠以上的頭髮也會綁成一束，聖靈會被請求停駐在『病人』身上，明確地回答有關其身分的問題……直到繩子鬆開為止。神靈或護法（Dharmapa-la）經常會透露自己的身分，如果某人被遊魂或下層的惡靈附身，那麼就得進一步執行驅魔儀式，有時也可宣讀咒語，把它們交到其他神佛手上。」

「拉達克人相信祭司嗎？」我問他。

「有些受過較多教育和比較西化的拉達克人會假裝不信，不過他們還是會去向祭司請益。明天我們要去拜訪沙布（Sabu）的祭司。你自己看吧。」

那天晚上，我問旅館老闆對聖靈的看法。

他眼神銳利地看著我，想知道我是不是在嘲弄他，發現我並無此意後，他說：「他們做好事，這是我想告訴你的。我母親的脖子旁曾經長一個大腫瘤，沙布祭司把她治好了。她撫摸我母親的頭，第二天腫瘤就消失了。有一次，我兒子南傑爾生病了，我帶他去找另一名祭司，她對著他念了些祝文，一個星期內，他就恢復健康。」

「或許他自己就會好轉也不一定。」

他聳聳肩，沒有說什麼，然後笑著說：「你知道我在列城很出名嗎？」

「為什麼？」

「我可以從夢境知道未來。」

他走進我房裡，坐在床上。

「我可以教你很簡單的方法，讓你也可以預知未來，這樣你在英國也會成為名人，而樂意每年寄錢給我。」他在笑。「是的，你會像我一樣，變得非常有名。方法很簡單。如果有人對你說：『我在夢中穿了一件金縷衣。』你可以對他說：『你會得到極大的榮耀。』如果有人對你說：『我夢到正要渡河、爬山或騎著一條龍。』你可以說：『這是很好的徵兆，你會做一些極具靈性的事。』如果有人對你說：『我夢到太陽升起，萬里無雲，而且還聽到鼓號聲。』你可以對他說：『你很快就會得到一筆錢。』這會使他很快樂，並且給你一筆錢。如果有人告訴你：『我在夢裡沒有戴帽子，還看著鏡子。』你就可以說：『你會受苦。』」

可怕的儀式

我沒有夢見我沒戴帽子、看著鏡子或騎一條龍。我睡得很沉，醒得很早且神清氣爽。我在早上和漢斯、海倫娜一起搭巴士去沙布。那是個星期天，巴士空盪盪的，只有我們和三名農婦。

漢斯說：「我有沒有告訴你，上週日我也去了沙布？在祭司的屋子裡，有個老婦人坐在我旁邊。她突然站起來大叫，『我也是祭司！』接著她在屋內跳來跳去。『我也是祭司，仁波切說我是個偉大的祭司！你們都是傻瓜！你們什麼都不懂！』兩名年輕人抓住她，把她帶出去。不久，她又出現在窗口，大叫『有一天你們會明白！我才是真正的祭司！我才是真正的祭司！』。汪祖克和我在一起，我問他這種事是不是經常發生。他聳聳肩說：『當然。』」

沙布是個狀如巨鷹展翅的小村子，位於田野和溪流間，距離列城約十哩遠。我們抵達時，太陽已經出來了，天空幾乎沒半朵雲，陽光把道路兩旁的玉米曬得火紅。下了巴士後，我們必須站一下，讓眼睛適應強光，才能繼續往前走。幾個村童從左側的屋子跑出來，繞著我們喊叫：「一枝筆，給一枝筆；一盧比，給一盧比。」一發現我們什麼也不給時，馬上掉頭走開。

海倫娜說：「他們並不是真的乞丐，只是玩玩罷了。」

「他們還不是真正的乞丐，」漢斯說，「只是不知道再過多久，他們恐怕就學會當乞丐了。」

漢斯知道往祭司家的路，於是由他帶路。我們經過一條小溪、幾間窗口很深的平房。我不知道自己期待的是什麼，但是在我們到達那間房子後，感到很失望。這間房子再普通不過了——窄小的屋子，門外長著凌亂的向日葵，一道水泥走廊，還有與村裡其他房舍一樣的棕色牆壁和小窗戶。唯有屋頂上插著七、八支旗幡，顯示出這間屋子有點特別，不過那些旗幡都已破爛而了無生氣。雜亂叢生的向日葵旁，有兩個小孩在泥地上玩耍。

漢斯說：「你看起來很失望，你什麼都還沒見到呢！」

我聽到誦經聲。我們走進一條低矮而陰暗的走廊，脫掉鞋子，鑽進右邊的小房間裡。這是個窄小、四面牆都漆成綠色的房間，房裡大概有六十個人——六十個人的年紀、種族互不相同。他們全都跪著。有穿著沾滿灰塵的巴惹克（Perak）[20]的老婦人，有穿著骯髒紅袍子的老男人，有年幼的孩子，也有穿著假日最好服飾的喀什米爾官員；另有兩個一身美國牛仔裝和敞開到腰際的襯衫、看起來像貴族的拉達克青年。他們全都跪著，連信回教的喀什米爾人也一樣，大家都在祈禱，並且注視著角落的祭司。我們是僅有的歐洲人，但似乎沒有人注意到。

儀式開始前，我們很勉強地坐在冰涼的石頭地板上。坐在角落裡、穿著藍綠橙三色錦緞的祭司，開始搖晃身體，尖叫和呻吟。她戴著一頂很大且寬邊的頭盔，幾乎看不到她的臉，但是我逐漸辨識出一雙凶暴的眼睛和抿成一條線的嘴巴。祭司在搖晃、顫抖和拍手，她的身體在地板上碰撞著、扭動著，還不時發出呻吟。半藏在那件彩虹般錦緞下，看起來顯得虛弱瘦小，然而從她身上散發出來的力量卻出奇的強，她喊叫著「走近一點！走近一點！」。在每句話的最後，都會朝地板吐口水，並發出嘲諷的笑聲。

四周人群的祈禱聲愈來愈大，有些老婦人甚至跟著發出呻吟聲，兩個撲克臉孔的年輕女性站在祭司身邊，留意著一切，或許是她的女兒吧。慢慢地，跪著的人在祭司前面形成一條長龍，一名左眼上方長了顆腫瘤的老婦人跪行至祭司面前，祭司突然大叫一聲，挺胸向前，撕開老婦人的上衣，然後將婦人發出呻吟的頭埋進自己的胸前。我覺得自己快昏倒了。那名老婦人嘶聲尖叫著，不過並沒有移動，祭司還是把婦人的頭埋在自己胸前。我一度以為祭司在吸她的血，所以很想離開。大約十五秒過後，一位撲克臉的年輕女孩拿了個小銀碗走到祭司前面。祭司抬起頭，咕嚕地把一種藍綠色的液體吐到碗裡。

「那是什麼？」我問漢斯。

「他們說那是一種邪惡的力量，祭司把惡靈從婦人的身上吸出來。」

---

20 譯註：以毛料、皮革及珍貴的綠松石和珊瑚鑲成，最能代表拉達克人財產的一種服飾。

此時，周圍的人開始呻吟搖擺。他們一個接一個踉蹌地跪行到祭司前面，一再重複這個過程：她會狠狠地瞪視，或笑或罵地尖叫，然後挺胸向前。有時見她把頭埋在病人的胸前後，會用一支長長的銀管對著她吸過的地方吹。每個人都是一臉懼怕。那個喀什米爾人解下他的手表和領帶，鬆開領口露出胸部，同時眼睛緊緊閉著；那兩名拉達克青年夢想當武士，但輪到他們時，卻雙手緊握，不住顫抖；一名小男孩被母親帶到祭司前面，宛如祭典的犧牲品，他不安地扭動，因恐懼而嗚咽，讓我無法再看下去。

祭司所做的一切都很凶暴——她的動作粗野，有如抽筋，她搖頭的樣子、她向前挺胸的樣子……有次，她很用力地打一名老婦人，以致老婦人輕聲哀號。她敲打一個年輕人的頭，大叫說：「你是個騙子！你是個騙子！你是邪惡的！」她抓住一名老頭子的領子死命地搖，讓我覺得像是要殺了他似的；她一邊搖、一邊發出咯咯聲和尖叫聲，結束時，還對著他的臉啐了一口。

海倫娜說：「我想走了，我受不了。」

「你還不能走，」漢斯說，「儀式尚未結束，而且安德魯有事要問她。」

「我不問了，我也想離開了。」

漢斯依舊堅持，他抓著我的袖子，把我推向前去。我在顫抖。現在我離祭司僅一呎遠。她正在吸吮一名呻吟中老婦人的胸部。她的頭向後仰起，怒視著我，然後對著我腳邊的一只碗吐口水。

「你想做什麼？」她高聲叫著。

「他想問你一個問題。」漢斯說。

她嘰哩呱啦地問：「什麼問題？」頭不住地在空中搖晃。「什麼問題？」她瞪著我，然後又很傲慢地吐了口水在那碗裡。

「他是外國人，他根本就不信。他是來測試我的。他是個傻瓜……我不會回答他的任何問題。」她尖叫著，聲調愈拉愈高，手在空中也愈搖愈厲害。

接著，我找回了自己的聲音，我說：「我相信佛陀的力量。我很虔誠，並非來測試妳的。」

她聒噪一番後，安靜了下來，然後用一種比較柔和的語氣說：「如果我回答你的問題，你會怎麼做？你不會做我告訴你的儀式，你不會念祝禱文，而你的國家也沒有喇嘛。」

我說：「我的國家『有』喇嘛，我會去找一個來，而且我也會念祝禱文。」

她嘰哩呱啦地又亂叫一會兒，然後說：「問你的問題吧，我會簡單回答。你也不必念祝禱文或找僧侶，我會教你最簡單的方法。」

「我有個朋友，」我說，「她家中有多人亡故，讓她傷痛不已。她非常不快樂，經常告訴我她想死……」

沒等我把話說完，祭司就大叫：「伸出你的手！」我照做了。她把米灑到我手裡。「把這些米灑在你朋友屋子的四個角落！」我謝謝她。她再次尖叫，「伸出你的手！」她摸著身體的右側，拿出一條骯髒的哈達[21]。「把這條哈達交給你朋友。告訴她要一直戴著，它會保護她。她的處境危險，需要保護。」然後再度尖叫，說著我聽不懂的話，然後揮手叫我走開。

我走回角落的位置，全身顫抖；我決定暫時不離開，要等到儀式結束。呻吟而跪倒的長龍慢慢散去，在最後一名婦人被「治癒」之後，祭司粗聲尖叫，那是一種長而頻率頗高的尖叫，然後她拍拍手，突然轉向牆壁。原來角落裡有座我未曾注意到的小神壇，壇上有個鈴和一支金剛杵，還有兩只銀碗。她拿起鈴和金剛杵，轉向我們，接著開始大聲地祈禱，一手搖鈴，一手搖著那支金剛杵。然後那些被「治癒」的人開始朝她走去，這次不是為了治療，而是為了祈福。祭司用她的前額碰觸某些人，再用金剛杵碰觸某些人的頸子或背部。許多人當眾大聲哭泣，在每個人都接受過祈福後，祭司又開始尖叫著走回祭壇。她從袍子裡拿出一面鼓，搖著它；她顫抖、喃喃自語，同時搖晃著身體，不停地搖響那面鼓，愈搖愈響，愈搖愈快。她突然再一次大聲尖叫，發出最後一聲長叫，陡地整個屋子彷彿靜止般；她向後倒，整個身體近乎僵直地向後倒下，倒在那兩個撲克臉的年輕女人臂彎裡，躺在她們的臂彎裡發抖、呻吟，接著又向前倒，用手拍打地板，然後冷不防地坐了起來，向後靠著，並且交疊著雙手，恍惚狀態已結束。

我看著她，附身已完全結束。剛才近一個小時內，她歇斯底里且頤指氣使，甚至讓人覺得恐怖，現在卻累得縮成一團，只是個帶著虛弱微笑的老婦人，正用塊白布擦拭額頭上的汗水。她低聲對其中一名女孩說話，與剛才尖叫的祭司判若兩人。我趨前向她道謝。她曚曨地微笑看著我，卻不認得我。有名年輕女孩在我面前搖動一個木盒，我放了五盧比進去。

在屋外正午的驕陽下，感覺雙腳都站不穩，漢斯說他想要自己一個人走走，海倫娜和我則靜靜地走到來時經過的河邊，坐在河邊的石頭上。更上游一點的河裡有兩個孩子脫光衣服在洗澡和打水仗。

「我剛才很害怕，」海倫娜說，「你會嗎？」

「我會。」

21 譯註：藏人象徵吉祥如意的一種白絲巾。

「我不相信靈異，但是我無法否認剛才那名婦人所擁有的力量。你感受到了嗎？」

「是的。」

那兩名男孩看到我們，高聲尖叫著在水裡跳上跳下，一邊互相潑水。「給一枝筆！給一盧比！」他們赤裸而濕答答的身體泛著亮光，我袋子裡剛好有些蘋果，拿出兩顆丟給他們，他們接住了，站在石頭上邊吃邊笑。

「你會把那條哈達交給你朋友嗎？」海倫娜問。

「我很願意，但是她可能會認為我瘋了。她會以為我才到了第一站拉達克，就已經瘋了。要是我帶一條骯髒的哈達和一些米回去給她，還說這些東西可以拯救她的生命，我想她可能永遠都不會再跟我說話。」

「那麼你要如何處理它們？」

「我會趁她不注意的時候，把這些東西藏在她家裡。」

那天下午我和海倫娜談話，總是刻意迴避某些話題。我們倆都還沒準備好要更深入談論今天在聖靈降臨時所經歷的事情。海倫娜說話時，臉色蒼白且雙眼疲憊。

回到列城，我恍然明瞭是祭司的凶暴讓我驚嚇。她的靈光乍現和粗暴行徑，遠勝過她擁有的任何力量。她那種殘暴的智慧和能量，讓深埋內心的恐懼——對我祖母和母親的害怕、對隱藏著男人對女性不可壓制的凶暴之恐懼，以及對女性那種深沉瘋狂、與常理判斷無關、並可遠離被摧毀之智慧的憂慮——都一一復活了。我也明白，目睹祭司的凶暴，加上探索內心被喚醒的恐懼有多深，是一個很特別、得以澄清某些事情的好機會，包括：了解那種暴力而不從其間尋求庇護，了解那種暴力無法從知識去判斷，也了解它在我內心所造成的苦痛是無法治癒和檢視出來的。多年來，我因為害怕面對隱藏內心的恐懼，而一直在壓抑知其來自對祖母和母親暴力的恐懼；也因為壓抑那些恐懼，連帶也壓抑了潛藏在那些怒火中的智慧。同時了解我對東方哲學的熱愛，有部分或全部與內心亟欲處理那些暴力，想要生活在一種沒有傷害的穩定中的欲望有關。不過，心靈層次的全面拒絕，並無法達到真正的轉型，直到我不再利用自己對東方的熱愛，把它當成一種偽裝自己不暴力、也不具破壞性的方法，才有可能進步。那天晚上，我第一次明白，西藏寺院的牆上那些供人冥想之面貌猙獰的神祇，對內在世界的用處和心理層面的價值。我看到了他們對於憤怒、欲望、貪婪和渴求權力之恐懼的赤裸表白，不只讓旁觀者害怕，也給旁觀者有機會去面對自身所壓抑的能量，並且可以去面對、體會和運用轉變它們，就像祭司把她的歇斯底里轉化成一種治療的力量。

塔塔舞蹈節

「明天一大早就得起床，」海倫娜宣布。「往塔塔（Tak-Tak）舞蹈節的巴士八點鐘發車。」我六點鐘起床，就著冷水刮鬍子，穿過列城，走到漢斯和海倫娜的旅館。因為我們是跑著去趕搭巴士，所以一路上話說得很吃力。太令人驚訝的巴士！拉達克的巴士是從平地送來的老古董，又舊又破，相形之下，從斯利那加爬到列城來的鳥籠車廂好像臥車似的。這些巴士沒什麼特別的，它們一點也不像那些車體彩繪著龍形、老虎和凸眼象的阿富汗卡車；只能從車齡的老舊和不舒適來區分它們。再看看搭車的人。有回，一個戴著用透明膠帶修補過眼鏡的慈祥老喇嘛，踢到我的腳脛，結果害我整個早上都沒辦法走路；還有一回，我誤以為站在我後面一個駝背的老婦人應該比我先上巴士，結果她只因為某些理由，誤會我要搶她的位子，就大聲尖叫，還很凶狠地撞我肋骨。

有人告訴過我們，往塔塔的巴士八點鐘發車。到了九點鐘，才見到年輕的喀什米爾司機坐進駕駛座，邊打呵欠、邊揉去雙眼的睡意，微笑地看著每個人，顯然很滿意於他可能已造成大家極度的不舒適。除此外，毫無動靜。那名喀什米爾司機一坐進車內，就伸展四肢、剔牙，散漫地和幾個朋友閒聊。他戴著一只巨大且色彩如棒棒糖的手表——那是我見過最大的手表，他把手表拿下來向周遭的人炫耀，至少有八、九次。

慢慢地你上了第一課，可能也是最重要的一課；搭乘拉達克的巴士會讓你學到——讓步和屈服。你不能沒耐性，不能咬牙切齒，不能祈禱巴士開動，不能詛咒司機，不能幻想你回到英國、美國或南印度（當地的巴士偶爾還真的會準時發車），也不能和同行的歐洲人竊竊私語，交換充滿仇恨的陰謀——你只能讓步，不抱希望、毫無保留地接受所有。除了抓狂之外，什麼也不能做。一旦你讓步了，就會開始完全享受它。清晨搭乘擠滿乘客的拉達克巴士，去參加一場舞蹈節，有太多可以讓你得到樂趣的事，即使像我這樣被擠來擠去，夾在一位老婦人和一名喀什米爾官員之間，而且老婦人乾瘦的肩膀一路重重地捅著我的胃，官員的肩膀上坐著他的女兒，很快樂地拿著塑膠娃娃，不斷地打我的頭。車上還有些老先生，穿著他們最乾淨的袍子和尖長的羊皮靴，一隻耳朵上掛著土耳其玉或小珍珠；也有幾位矮小而厚臉皮的小孩，坐在車前的麥糧袋上，吃著杏子，把果核丟向彼此，或者丟向司機。也有拉達克婦女，在屬於她們的舞蹈節裡，坐在車內有如帝王般尊貴。她們披著綴有龍形的錦緞披風、頭上佩戴松綠石的頭飾，披風內是羊毛製的黑長袍；她們油亮的黑髮通常與一條羊毛織帶編結在一起，並讓它垂至腰際，而耳環是用當地相當珍貴的印度或中國珍珠做成的扇形珠串，珠串襯著拉達克人深紅棕色的皮膚，十分耀眼亮麗。

車內融合著汗水、油脂、塵土和舊布的氣味，奇怪的是，聞起來很舒服，就像童年記憶中某間小閣樓或櫥櫃的味道。

終於，約莫十點鐘時，那名喀什米爾司機好像要發車了。他戴上手表，回頭向所有人微笑，對著窗外吐了三次口水（這是某種宗教儀式嗎？），然後才開車。巴士氣喘吁吁地駛著，車身嘎吱作響。海倫娜、漢斯和我高聲歡呼。拉達克人認為這樣很好玩，所以也跟著歡呼，一邊歡呼，一邊還跺腳。接著，連車頂上的人也開始跺腳、敲擊和歡呼（在拉達克，乘客不僅坐在巴士裡，有的還坐在巴士頂上）。我覺得巴士好像快要解體了。喀什米爾司機看起來很開心，彷彿這一切都是他設計好的，因此開得特別慢，好讓我們更痛苦。我想到那些坐在車頂上的人：他們如何躲開橫跨在馬路上低垂的電線，而頭不被砍下來？無疑地，一定有位巴士菩薩，特別來保護所有搭上破爛且充滿死亡陷阱之舊巴士的人。如果我碰到喇嘛，一定要記得問問是哪位菩薩和祂的真言。

有個男孩站在河岸，打著一匹馬的側腹；兩名老頭子在田裡倚著他們的鋤頭，四周堆放著新收割的麥子；兩個女孩挑著一大綑柴枝，一前一後地彎身行走；一名老婦人雙眼無神的站在屋外，稀疏灰白的頭髮隨風飄揚；一大群穿著破爛、臉頰紅咚咚的孩童繞著一座舍利塔互相追逐，接著又追著我們的巴士跑，邊笑邊朝著車子丟樹枝。每幅畫面似乎都恆久地停了格，畫面被拉達克午后的陽光照亮，就像某些夢裡的情景。

塔塔僧院的天井太過窄小，無法容納所有的訪客，因此舞蹈是在僧院後方的田野上、一頂破爛大帆布帳棚下舉行。達賴喇嘛的造雨師也來了，他胡椒色的直髮梳成一個髻；附近各僧院穿戴不同袍子和帽子的喇嘛也來了；整個塔塔村的人都來了。淘氣愛惡作劇的孩子們坐在離舞台最近的空地上聊天或爭吵，我和他們一起坐在靠近樂團的位置；樂團的成員都是面無表情、穿著破舊褪色袍子的年長喇嘛，他們配合舞者的動作敲擊鼓和鐃鈸。

最初吸引我的是這裡的人群，而非舞者緩慢且單調的身段及臉上戴著畫有鬼臉和火紅般彩繪的面具。我期待的是中間穿插的喜劇：兩名最年輕的小沙彌穿得像骷髏，頭上插著乾草，對著群眾長篇大論、翻筋斗，或是彼此踢來踢去、相互追逐。不過，我漸漸被舞蹈的神祕旋律和那種奇異而陌生的時空感所吸引。開始明瞭在舞台上進行得如此緩慢的舞蹈，代表的是所有觀察者的內在世界；舞蹈就是一種心智，有它不同的莊嚴和力量，展現的是邁向轉化的一種過程；而外在的力量，就是那些舞者所扮演的佛陀與諸神，和心靈所散發的那種內在力量並無二致，那種心智正是舞者生命之所依存，在其生命中的各種舞蹈都包含在這種心智之中。我不再當個枯坐的旁觀者，加入了舞蹈，讓這種舞蹈在我內心以自己的旋律演出。

在舞蹈的最後一節，一名喇嘛戴著象徵「覺悟」（Awareness）的鹿頭面具，繞著一尊擺在地上的泥像跳舞，那是尊屍骸的泥像，代表自我、醜陋，且被灑上代表欲望的紅綠藍黃各種油彩。午后金黃色的陽光灑在每個觀眾身上、灑在附近的田野和山丘上，也灑在舞者的面具和他緩慢轉動的擇法覺分之劍（區辨之劍）上；此刻他正配合鐃鈸與鼓的敲擊聲，在傾斜的泥像上方揮舞著劍。當舞蹈的張力達到最高點時，舞者雙膝跪下、手舉起劍，對著代表自我的泥像快速而凶殘地砍去，將其砍成四等分。鼓聲戛然而止，然後是一陣靜肅。那是我聽過最昂揚、最能產生肅靜效果的寧靜。鹿舞者跳過已被支解、代表自我的泥像，同時忽前忽後地搖擺身體，張開他的雙臂，模擬一種可以擁抱全世界的巨大笑聲。

法國人培瑞克的論調

「我是培瑞克，喬治．培瑞克，我在絕望之中。另外，我今年三十五歲，未婚，相當愉快。請看看接下來的笑容。」

接著，他很開朗地笑，露出一口老菸槍的黃板牙。「每天早晨我都會練習這種微笑。我想要笑得更開朗、更有朝氣。夢想有一天可以笑開得像我的臉一樣大。

「我賣古董家具，一年只做五個月的生意，不然我會因為太有錢而死掉。其他時間我都在旅行。我喜歡置身滅絕邊緣的原始人，和他們在一起，讓我有回家的感覺。當不得不這麼做時，我會笑得比以前更開朗。我討厭女人和貓。我一直非常勇敢，而且善辯。你是誰？」

我告訴他我能告訴他的。他個子小、皺紋很深。說話時，習慣拱著肩膀，向前坐得很近。他弄出來的聲音實在很驚人！舔牙，噴出的鼻息聲，說話的聲調時高時低。

我問他是否去過前法屬印度（French India），他狂喜地說起當地的龐地雪莉餐廳。「龐地雪莉的麵包！美妙的麵包！棒極了！即使是巴黎人，也沒吃過這麼棒的麵包！只是那些聚會所（ashram）[22]、那樣的白鴿……全都極端的令人厭惡！為什麼人們會相信各種事情？我們應該設立一些收容所，收容那些相信事物的人。你知

22 譯註：引導單純生活與宗教冥想的社區。

道錫漢（Cioran）嗎？你應該知道的。他什麼都不信。我很喜歡他。每天早上我告訴自己「Je songe à un Eleusis des coeurs dètrompès, à un mystère net, sans dieux et sans les vèhemènces de l'illusion.」，意思是我夢到一位沒有欺瞞之心、有純淨的神祕性、沒有神靈和幻覺的狂熱的伊洛西斯。用英文說也很棒，不是嗎？你也應該試著在早晨念一遍，很能讓人放鬆。

「我喜歡你，我讓你看看我最珍貴的財產，你很幸運的，我甚至不給我媽看。她是猶太人，她會閉上眼睛說：『喬治，啊，喬治，我到底造了什麼孽？』」他模仿母親站起身來擺動、然後遮住眼睛的樣子。接著，他跑出房間，回來時，手裡拿著一件用綠色圍巾包著的東西。

「你永遠也猜不到這是什麼東西！這是——」他很得意地打開它——「是一個骷髏頭！一個加了裝飾的西藏人頭顱！三百五十盧比，每一分錢都花得很有價值……看這手工做得多精細！看看上頭一排小小的牙齒！啊，頭顱，我愛它……你看眼睛！那麼沒有活力，就像略微燒焦的葡萄！再看看鼻孔，像是生氣的豬鼻孔！太美妙了！這就是我喜愛這裡和這些甜蜜微笑之人的理由，再往下看……這個，這個感覺就像是生與死喜劇裡的恐怖和離奇。很棒的詞彙，對不？恐怖和離奇……我將寫信給錫漢，希望他到今年夏天還活著。就像那些真正罹患憂鬱症的人，他比大家更能存活下去。哈哈！比每個人更能存活下去。忘了那些乏味的、牛奶凍般的佛陀吧！當你看過一尊，就等於看過全部！那些慈眉善目的神佛端坐在那裡，好像祂們需要好好地『解放』一樣……原諒我……我是法國人，我很絕望，我喜歡唐卡中的人物，他媽的死亡，讓她們尖叫，真令人喜愛，他像水壺的肚子上裝飾著骷髏頭！我喜愛那些女人死亡時那種痛苦的表情！如此奧妙！別跟我長篇大論說佛教經典中沒有性愛。我讀過所有的書。我懂得書上所有的知識。

「不，先生（他往前靠，並且狂野地望著我的眼睛），不，有關這個西藏的事業，真正讓我感到有趣的不是那種平靜、泰然……因為神的緣故，我母親非常相信這種事。可憐的白癡！信仰這些瘋狂的智慧，可憐的傻瓜……這種瘋狂的智慧才是我想要的！你看那些喇嘛！他們是墮落的天使！你還沒有搞清楚嗎？在這些庇護者的想像中，聖靈是白色的、是汗水、是在河畔的樹底下讀經典。全是胡說八道，先生。聖靈除了存在於那些學童的幻想中，根本就是不存在的！聖靈是一種完美的夢想，聖靈是離不開媽媽的小孩希望美化後的媽媽回來的一種幻想（如果她換了衣服，變成神佛也無所謂）。瘋狂的老佛陀，我愛祂！祂知道整件事情毫無意義，祂全身在舞動，先生，祂在全世界的人臉上撒尿！

「我是否應該告訴你，佛教最棒的部分是什麼？不是自我約束，不是群魔打鬥的小細節……不是，最棒的是密勒日巴（Milarepa）[23]重回舊地，並找到母親腐爛的屍體。記得嗎？他做了什麼？他在七天的冥想中，把那具屍體當成枕頭使用！那種風格！然後他進入昏迷狀態。我喜歡思考關於死亡的事情，目前我的收藏裡有三個骷髏頭，而且還在擴充當中。現在看看這具美麗的西藏骷髏——看著它讓我覺得性感，或者可能是非常性感。我把骷髏放在巴黎的臥房，女孩子們愛死了，骷髏讓她們性欲高漲。你不信我說的？

「『渴望信仰的意志是一種美化的、會污染我們的靈魂的痲瘋病。』哈，錫漢這樣說過，『任何時刻都有一位先知在睡覺……先知醒來時，這世界就多了一點邪惡……每個人都在期待他開口預言的那一刻……不管預言內容為何……只要他出聲，那就夠了，他只要開口說點什麼就成了。』哈哈！只要能編出一套信仰，誰不能當先知？但那也是最困難的部分。朋友，任何一種絕對性，怎麼也比不上意識上的驚恐！設定戒律是對心靈既輕率又沉重的一種誘惑！如果把一個人渴望信仰的那種瘋狂飢渴和詭異的期望予以摧毀，天曉得！」他戲劇性地停頓下來，轉動著眼珠說，「人類的生命可能……才『開始』。」

早餐前，培瑞克跑進我房裡。「我是來道別的！我要走了，可能要到明年再來！誰曉得？如果幸運的話，我可能會死。

「我來道別，順便送你兩句迴文（palindrome）[24]和四句話！你太容易相信別人了，我的朋友。我要保護你免於落入相信的邪惡陷阱！」

他坐在我的床上，屏住呼吸。「這裡有兩句迴文，把它們抄下來！ELU PAR CETTE CAPULE。多完美啊！去年夏天我抄了四十頁的迴文！這是第二篇，或許也是我的傑作。——ESOPE RESTE ICI ET SE REPOSE。」

他對著自己的傑作嘆氣，然後把窗子打開，似乎想讓晨光瀉進來，使他的讚嘆能照亮整個屋子。他的雙手顫抖著。

「接下來是四句話！我已經抄在衛生紙上。我們應該用其他紙來寫嗎？把它們記起來；它們可以保護你，遠離肝炎、蛇吻、佛教和女人！『討厭期盼，但我們繼續等待；生命在等待變成本質。』哈，太美妙了！這是第一句！第二句『我們只能開始活在哲學的終點……當我們已經明瞭哲學的毫無意義，那麼迎向它就沒有益處，它一點用處也沒有』。現在，我親愛的詩人，我要給你一句特別的話，『救贖是歌曲的死亡！』聽清楚，『救贖是歌曲的死亡。』你懂嗎？不要接受救贖，繼續唱

---

23 譯註：密勒日巴，一〇五二—一一三五，西藏密宗大修行者。

24 譯註：正反讀都相同的語句。

下去。你必須讓自己因所有的病而病、因所有的傷痛而傷痛，不然你怎能夠再寫作？嗯？嗯？現在是最後一句……這是古代送給旅行者的一句話！錫漢說的！那是一種相當棒的壓抑！你會需要它！它會保護你！你準備好了嗎？『所有回首過去滅亡的人，想像他們能免於滅亡再度來臨，想像他們能夠得到力量，重新展開一些嶄新的事物和生命。他們發了一個莊嚴的誓言，對自己承諾要跳脫他們深陷其中的平凡地獄與噩運。』噢！我多麼喜歡那句『平凡地獄與噩運』。不過什麼也沒有發生，一切照舊。我們只看見周遭的人靈性的墮落，白費心力……我從未見過一個新生命的本質是虛幻且妥協的。」

他站在晨光中，伸展手臂的二頭肌（很小）。他說：「我要走了。我們也許不會再見面了。小心點！你太熱情了，你是個大傻瓜，如果你不小心點，會被人生吞活剝。祝你有一種憂鬱的智慧，並且早日解脫地死亡！哈！這就對啦！」然後他走進晨光中大笑，並且拍拍了他的大腿。「憂鬱的智慧！早日解脫的死亡！多棒的韻律！多棒的風格！」

我最後一次看到培瑞克，是在我搭乘巴士準備前往亞奇（Alchi）途中。巴士顛簸行駛，經過河邊的一個小巴士站，那兒有兩名和尚蹲在塵土中，而培瑞克站得離他們遠遠的，看向遠處。我探頭伸出巴士窗外，大聲叫他。他轉頭哀傷地看著我，然後舉起一隻手。

那個早晨，他把一張信箋放在我的房門下，「這個世界並不存在。我們周遭所見和我們所稱呼的世界，都只是由我們的欲望和直覺所構成。當這些都消失了，世界也就隨之消失。叫人難過的是，剩下的只有我們，而且只有一會兒，那『短暫的時光』不能稱為生命。」

巴士上有個老人在唱歌，一邊用手打著拍子。

獨自一人的體驗

我一個人在亞奇待了五天。

第一天：

晚上六點鐘，我看到兩隻鳥站在河對岸一塊橘色巨岩上，相互追逐的從一個岩棚跳到另一塊岩棚，然後偶會從岩石往下掉一百呎；我真替牠們擔心，但牠們總是會再出現，接著又從另一處岩洞口消失，一會兒再出現。星光下，牠們身上閃動著紅色與深藍的光澤。

一個小時前，我抬頭仰望，望見對面巨大而光溜溜的山丘，發現它並非靜止的，它在移動，而且充滿生氣。有一剎那，還以為那塊巨岩是活的，後來看到與岩石同一顏色的山羊，背對著岩石在走。

七點鐘，我轉頭，最後一次向下俯望印度河。那裡有個白色的小河灣，一道祥和的淡紫色光芒照著它。此時石塊、沙和風中的深綠色草地完全靜止，而且沒有變化。萬物以其最完美的姿態存在著。

第二天：

為什麼人們會談論這些山峰的「堅固」和「不可動搖的尊榮」？沒有什麼比它們更具戲劇效果、更不安定。每一道光的移動都會改變它們。你抬頭仰望，它們似乎遙不可及，就要消失在地平線的彼端，但當你再度抬頭，光又將它們拉近，近到你以為呼吸都可以碰觸到它們。

有六個人坐在河畔的岩石上，對面的山脈彷彿薄紙上的圖畫，我好似伸手就可以撕裂它。

第三天：

我坐在一堆石頭上，呼吸逐漸平穩，腦子也變得空盪盪的。我的腳下是一條河流、頭上則是高懸在河面上的巨大橙色岩壁。

我可以聽得到收割的人唱著歌，隨風飄到河邊，有時也可以聽見鳥兒鳴囀。

此刻我腦中浮現新的影像，發現每一樣東西——河流的怒吼、鳥鳴、收割者的歌聲——都是同樣的聲調、同樣的環繞回響，只是發者和聲音本身的張力不同。甚至那些岩石也跟著回響，連我僅能在水邊看到那些微微閃著光的小石頭也會，即使是右方的苔蘚叢和羊群亦然。我的呼吸聲、心跳聲及走動時身體拂動的嘎吱聲也跟著回響。

我害怕自己可能無法承受這麼多的感覺。每一聲鳥鳴都像把利刃穿透我，那些岩石的每一次扭曲，都會讓我掉淚。我害怕自己即將死去，然而我知道，如果我是這些回響能量的一部分，那麼就不可能在當下面對死亡。但是要如何靠這種認知來撫慰我的心靈呢？有好長一段時間，真的平靜下來了。恐懼消失了，河流依舊流淌著，它的怒吼還是穿透我的心；在夜晚的光線中，岩石的舞步也跟著變慢，並且由金黃轉成黑暗。

第四天：

為了要把河流、岩石、光線和浸淫於光線變化的山脈「視為理所當然」，並沉溺其中——我在此地慢慢學習體會。我正在體認這些事物，而非說出它們的名字。甚至當我很單純地書寫或想到岩石、河流、光線和山，已然能穿透這些文字來看待，如岩石、手上的光線，同時能夠與這些事物獨處，而不再感到害怕或需要開口說話。

這些事物的存在是難以言喻的。有時我可以從這些景致中解脫出來，自由地看待它們目前的狀態，而不希望說出它們的名稱。偶爾，岩石在夕陽中發光，流淌於大圓石間的河流突然閃耀著金光，或是兩隻鳥躲藏在四射的陽光中，我明白所有會閃亮發光的事物都沒有名稱。而那種體認若能持續存在，就是一種平靜。

第五天：

不管村子裡或那間僧院發生什麼事，迤邐於黑暗峽谷的那彎河流，始終不曾歇止其怒吼和呼吸，這樣真好。不理會我們的事物，最終會來解救我們。它們的出現喚醒我們內心的寧靜，從其中分離出來的純淨，振奮了我們的勇氣。

這些日子，我在這裡領悟到，自己需要的不僅是這種平靜和孤寂，更不只是這些岩石、河流和鳥。我需要學習的是，如何善用自己在此地開始清明的觀念。需要找個已經學會最初和最簡單字句的男人或女人，來教我此刻很難順利說出的字句。

我從未如此自我坦承，當這麼做時，讓我驚訝的是，某種囚禁內心多年的東西開始瓦解。我不再害怕喜悅，不知為何，感覺到那是一種主宰，比我所知的各種傷痛，更清楚，也更強而有力。

錫克斯僧院

回到列城。隔天，漢斯、海倫娜和我一道前往錫克斯（Thikse）僧院。

錫克斯離列城不遠，約莫只有二十五哩。我們搭上一輛軍用大卡車，車上還有三名澳洲人和五個百無聊賴的士兵。我的天啊，那些感到無聊的士兵來到這裡，沒碰過女人，一星期只能看一部電影。一名士官硬要和我說話，「拉達克是非常重要的戰略據點，是的，但也是非常無聊的地方，親愛的先生。我親愛的弟兄們經常抓狂。戰鬥和宣誓都不是很好的事情。他們很寂寞，他們在這裡快要瘋掉了，我非常擔心。冬天更容易讓人發瘋，因為只有雪和風。真是糟透了。我告訴我的手下，『除非是和朋友一起出去，否則你會發瘋。』結果只要是單獨出門，就真的瘋了。」

他靠近我，把一隻戴著婚戒的手放在我膝蓋上，說，「親愛的先生，我呢？有時我也會抓狂。親愛的先生，我太太很可愛，健康又福態。她住在馬德拉斯，還有我的兒子和女兒。我該怎麼辦？」

我們抵達錫克斯然後，在握手道別的混亂中爬出大卡車。漢斯說了五次「錫克斯僧院是仿拉薩的布達拉宮建的」。

海倫娜說：「我不想爬上去。」

我說：「我也不想。我去過了，今天我只想坐在這裡仰望它。」

漢斯就像電視劇中的德國人，非常氣憤地邁開大步往山上走。

海倫娜和我坐在石頭上，笑而不語。日正當中，我們坐在圍繞著錫克斯僧院、並向赫米斯（Hemis）延伸數哩的岩石堆和沙漠中。我記得當時海倫娜的手放在石頭上，閃閃發亮，好像她的手是長在石頭裡，熠熠生光似的。她穿著一件簡單的紅白相間洋裝，顯得年輕。

我們仰望那座僧院，對我們兩人來說，它似乎變得鮮活起來。在我們面前發生的種種——每面旗幡飄揚起來；喇嘛慢慢走到陽台，有的搔耳朵，有的剔牙；每一條狗漫無目標地在陰影、岩石和黑白相間的殘破建築物中遊蕩，這些都是巨大、光亮、透明且鮮活器官的一部分。我們注視的並非是一座在不同年代與不同高度的建築所組成的僧院，也不是一座仿布達拉宮的建築；我們注視的是一種由光、岩石和空氣所構成的生物，依照自己既有的規律呼吸和移動。我們眼中所見，並不是一種偶然的現象。有個喇嘛彎著身為天竺葵澆水，在他腳下一百呎處有一隻狗，沿著小徑漫步往上爬，這情景彷彿二者間具有某種以緩慢、奇異又十分簡單之旋律行進的關聯。當風搖動所有窗緣和紅、綠、橙的絲簾，好像連它們所處岩壁和岩石也跟著活了起來，同時在烈日的熱風中搖擺。僧院四周有些枯黃的樹木，然而錫克斯數以百計的鳥類都不在樹上，全擠到僧院右邊高高的牆角，那裡有尊巨大的阿彌陀佛像，靜靜地矗立在紅磚疊成的盒子裡。當鳥兒展喉，牆也跟著哼唱起來，連小徑及陽台上四、五位胖喇嘛，岩石間嗅來嗅去的狗，剎時都跟著唱和起來，歌聲填滿了荒野的每處角落和它的寧靜，而這種不可缺的聲音，支撐著巨岩、石塊和光線組成那種搖搖欲墜的壯麗景觀。

我們於向晚時分離開錫克斯，踏上歸途。黃昏的薄暮籠罩著山谷萬物——粗短而幼小的白楊木、田野、與馬路並行的小溪、廣闊呈棕色且狂亂奔流的河流。沿途有幾部軍用卡車停下要讓我們搭便車，我們揮手請它們繼續走，因為我們想步行。

「我喜歡拉達克、喜歡許多我見過的拉達克人，」漢斯說，「但是那又怎樣？我對拉達克人的熱愛有什麼用？他們給我的如此之多，而我能回報他們什麼？除了錢，我還能給他們什麼？」

又有一輛大卡車經過，這輛並沒有停下來，因為它已經客滿，上面載滿年輕的拉達克工人，他們從位於通往赫米斯的公路上的「灌溉計畫」下班，正要回家。他們看起來疲憊、滿身塵土，他們向我們招手，我們盡可能以不帶諷刺意味的方式向其回禮。

「我從待在這裡的時光中獲得許多，還有滿滿的記憶，甚至這本可讓我永垂不朽的書……但是拉達克人將來會得到什麼？事實上，我在這裡問問題，用錄音機錄下他們的回答，內容幾乎都是他們生存的世界正要結束。」漢斯停頓片刻。「不過最糟的是，我們知道這件事，他們卻不知道，或者說多數人都不知道。他們是如此容易信賴別人，有時會讓你難過，為何他們這麼信任別人。」

我們靜靜地走著，望著漸漸變暗的馬路，以及山上開始沉落的夕陽。

我說：「我們所能做的，就是把我們對這個國度及其子民的愛留下見證，盡可能清楚又有智慧地承擔這種見證。」

漢斯有點諷刺地鼓掌，「棒極了！但這算是另一種剝削，不是嗎？我的意思是，如果你能忠實地表達你的『承擔見證』，而且是『清楚地』，那麼除了你，還有誰能得到獎賞？當然，還有你的讀者，可以得到一點點，那麼你不是正在邀請他們來參加一個極為腐敗的宴會嗎？『對一個命運已注定的文化進行一次動人的研究』、『對東方世界如詩般的另一種沉迷』。」

「我知道我們在此地所做的事模稜兩可，」我說，「如果我們是醫生、工程師，甚或影像記錄者，對我們、對拉達克或許都會好一些。好很多。我所不能接受的是，我們的所作所為根本毫無價值。如果拉達克注定要滅亡，那麼它的一些生活片段，或許能經由我們的感受和寫作，而留存下來。」

漢斯回答，「我每天刷牙和聽著前天的錄音時，也會對自己說著相同的話。」

翻譯拉達克民歌

當天晚上，我和納旺．徹林（Nawang Tsering）碰面。漢斯經常用欽羨的語氣提及這個人，告訴我這個人是全拉達克那一代人中，最傑出的學者（納旺三十歲）。

我很快就發現，他和我見過的拉達克人大不相同。他比較好動、不安和焦慮，當他說話時，手就會很不安分——用指甲摳手掌。他的雙眼憔悴，眼下有黑眼袋，輪廓分明卻飽含憂鬱的臉龐非常削瘦，而且帶點神經質。他無法安穩地坐著，每次甫坐下，又會馬上起身，在房裡走來走去。

我們三人說著話，不久漢斯說他累了，想上床睡覺。我問納旺是否想走一走。

「為何不？」他說，「反正我從來就沒有睡好過。」

我們沿著河走回旅館，我告訴他漢斯和我當天下午的談話內容，並問納旺是否也認為我們所能做的很少？

「那是真的，不過不只是你們外國人，對我來說也一樣，我能為我的同胞做的事也少得可憐。他們相信擁有更多的錢、更多的收音機及更多的藥物就會更好。他們是對的。我們的生活腳步是倒退著走，我們一直自外於這個世界，而現在才剛加入，但是他們不知道要付出多少代價。我知道。我在貝那拉斯住過五年，目睹了西化讓印度付出的代價，西化帶來多少的悲傷和痛苦，西化讓精神變得廉價，以及多少的醜陋。我還不至於說：『拉達克絕對不能西化，』我怎麼能這麼說呢？我們的人民很窮，他們有眼疾、有皮膚病，他們需要好的農業設備，他們需要這麼多東西……」接著他說，「漢斯告訴我，你是作家。」

「是，我是。」

「你可以幫助我們。」

「怎麼幫？」

「你可以寫我們的事。」

「那會有什麼幫助？我所寫的東西在某種層面根本就不對。我所寫的，某些對你來說很恰當，但某些觀點可能是錯誤的。我對拉達克懂得愈多、愛得愈多，愈感覺到自己能把在這裡的見聞分毫無差地寫出來的，愈來愈少。即使我真的寫了一本關於拉達克的書，你想會有什麼人讀它？教授、詩人，還是旅行者……絕對不是那些可以讓拉達克有所變革或能幫助拉達克的人。不是政治家，也不會是政府在上位者。」

「你是對的。」納旺說，「但是我們的處境之差，可能遠比你想像的還要嚴重。幾乎可以肯定的是，我們文化將會被摧毀，如今已無什麼可以讓我們免於被摧殘的命運。唯一的機會就是透過『被占用』和『耗盡』而被人們記憶，如同你所言，被西方世界記住，被那些造訪我們國度、因他們的發現而受到感動的西方人記住。我不是要求我們的人民得到拯救，或是突如其來的政治及心靈改造，那已為時太晚。我要求的是我們的某些東西不要被遺忘。你一定要寫我們的事。你可能會弄錯很多事情，你可能只拍到一些極有限或特定主題的照片，但只要你充滿愛心，並親力親為，那麼對我們就多少有點幫助。你等於是在為我們付出，就像和我一樣，致力於保存我們的文化，並對抗那些認為我們生命已無希望的人。機會或許十分渺茫，不過全世界都有朋友認同我們的觀點。」

他用很感傷的語氣說話。接著他轉向我說：「你對民歌有興趣嗎？」

我微笑不答。

「你在笑什麼？」他問我。

「過去三年間，我翻譯了許多本不同語言的民歌。最近的一本是……」

「意思就是說你有興趣嘍。很好，這樣我們可以一起工作。我們明天就可以開始動手。明天就開始，是因為後天我要到德里去拜訪我的兄弟。我們明天一整天都可以在一起工作。」

「納旺，你在說什麼？」

「我是說，翻譯拉達克的民歌。我們的民歌很少被人翻譯，但翻譯得都很糟。還有很多很多的民歌，而且都很美。你我都在這裡，幹嘛不一起工作？我們明天就可以開始，等你回英國，我還可以把剩下的部分寄給你。」

「你會唱歌嗎？」

「我會。」

「我們一起工作時，你可以唱給我聽嗎？」

「可以。」

「那麼我們可以一起工作。」

隔天，我們坐在旅館的花園裡，一直工作到深夜。

納旺說：「我們的民歌傳承正在消失中，就像我們在歷史上的許多事物，也正在逐步消失。在我童年時，大夥兒經常和朋友一起唱歌，平時和節慶都會唱。即使唱得不好，但都知道該怎麼唱。現在人們聽廣播，但拉達克還有些唱得很不錯的民歌手，終身唱民歌。像我表弟就是，他偶爾會在廣播電台演出……只是歌唱的傳統已經式微。在一些沒有幾台收音機的村子裡，人們還是會唱，相對地，在列城……

「我們的民歌蘊含豐富的歷史和特色，有為國王唱的，有為拉達克僧院及其上師唱的，還有慶豐收的歌謠……如果民歌失落了，伴隨的舞蹈也會跟著衰敗。將來怎能知道我們是什麼人，怎麼還有力量保住自己？我曾把這些想法告訴同齡的朋友，他們都認為我瘋了，甚至還說：『你總是想著過去，但我們感興趣的是未來。』但如果我們不記得過去，不加以珍惜，那我們的未來會在哪裡？

「好長一段時間，我一直認為古老的文化會再復興，但是當第一次感覺希望渺茫的那一刻，受到極大的傷害。我陷入絕望，幾乎要放棄一切，甚至想去當喇嘛。現在我知道自己必須更努力，竭盡所能，不管用什麼方法，能保存一點也好。我們一起翻譯五十首民歌，並且出版它們，實際上，我們也無法完成更多了，而完成的部分也不算什麼。但是會有少數英國和美國的詩人讀到我們的作品，並且說：『這些作品真美。』這對於我們正在凋零的文化雖無太大的幫助，但至少是抗拒死亡的一種表現。」

說完，他開始唱歌，他唱得真好，歌聲充滿了整座花園。

在古老的日子裡
在謝伊的古老日子裡
人人都穿著龍袍
跳起舞來像孔雀

在古老的日子裡
在謝伊的古老日子裡
人人都戴著絲巾
還有純羊毛的腰帶
跳起舞來像孔雀

「這首歌反映某個時代，」納旺說，「當年拉達克的國王們都住在謝伊，你一定看過西藏寺院旁的謝伊城堡廢墟，那些指向天際的城牆是拉達克最淒涼的景象。而『龍袍』指的是中國的袍子，過去在列城的市集裡販售；從莎車或和闐進來。如今你能買到什麼？喀什米爾布料、牛仔裝、舊棉布衣和一些簡陋的拉達克戲服，真正的古裝已經很少見了。每個人唱起這首歌，卻不知歌曲的內容在說什麼，不知道穿戴絲巾和羊皮腰帶的古代舞者長什麼模樣。假若他們知道，也只是博物館所提供的一種知識，或是知道舞蹈團是由旅行社贊助的。」

他又開始唱了起來。

我昨夜做了一個夢
做了一個美夢
我做了一個夢
夢裡所有的希望都已實現
我看到一座雄偉的鐵橋
建在大海之上
我看見一個寶石綴成的花圈

漂在水面上

捲起你的袖子，我的朋友
優雅地向右轉
揮動你的羊毛披肩
優雅地向左轉

願村裡的年輕人
長得如虎一般強壯
願桑卡拉村的男人
自在地生活，如虎一般強壯

願村裡的少女
長得如夏天的農作物
願桑卡拉村的女人
長得如在陽光中閃耀的農作物

「現在唱起這首歌，想要不感到痛苦也難。唱起第一段歌詞，怎能不氣憤我同胞所受的待遇？對於他們的未來，我能有什麼樣的夢，能讓所有的希望都得到實現嗎？建在海面上的雄偉鐵橋，代表著佛教徒的信念，海指的是輪迴之海……佛教還能繼續存在這些山區嗎？在喀什米爾人的統治下，年輕人還能長得如虎般強壯嗎？失去純真的少女，還能像閃耀的農作物嗎？」

我們靜靜地坐著，納旺的悲傷太深也太鮮明，所以除了沉默，他的悲傷極容易就被任何事物觸發。

納旺遙指對面在午后陽光中閃耀的遠山說：「在拉達克有很多提到陽光的民歌，陽光才是我們真正的王，沒有陽光，日復一日，我想我早就消失了。」

「是陽光，」我說，「是它讓我在拉達克備感驚喜，帶給我歡樂。它不像我曾經看過的陽光——更絕對，更強烈，更純淨。有幾個早晨，我幾乎要害怕此地的陽光，害怕在它的監視下生活。」

「有時候，」納旺說，「我們會說陽光就是佛眼，可以穿透所有的面具，揭露事物真實的本質。」接著他唱道。

有千顆星子
在靛藍的穹蒼中
有千顆星子

當金星升起
我感到高興
當金星升起
銀色星光照著皇宮

在高山的冰雪中
有數千隻獅子
當代表眾獅之父的太陽升起時
金黃的陽光照著皇宮

在高高的湖泊裡
有數千隻野雁

當代表野雁之母的太陽升起時
金黃的陽光照著皇宮

納旺說：「陽光是喀什米爾人無法從我們身上奪走的其中一種東西。」他稍事停頓，「另外，還有一首關於陽光的歌，我一定要唱給你聽。那是一首宗教歌曲，名為〈巴斯哥村之歌〉，你看過巴斯哥嗎？」

「是的，」我說，「許多次。」

「所以你一定也繞著當地的古堡廢墟漫步過？」

「沒錯。」

「古堡已經被寫入歌曲中，不過歌曲裡的古堡完好，沒有半顆石頭掉落。」

日升東方
何等溫暖
陽光射往三方
何其溫暖而美麗

陽光下的大地是神聖的
陽光射在皇宮的屋頂上
偉大的佛陀銅像
在陽光下發燙

在高山頂上
喇嘛端坐冥想
在巴斯哥山丘頂端
喇嘛端坐在陽光之中

「真是一首動人的歌謠。」我說。

「不只是首動人的歌而已，」納旺說，「它還表現出整個幾近消失的世界，一種已在拉達克消失的完整生活哲學——『陽光下的大地是神聖的』。哪一首現代歌曲會這麼唱？」

我們所坐的花園，正對著河谷對面的史畢吐克僧院。聳立於峭壁上的史畢吐克僧院，在陽光下閃閃發亮。

「是不是有一首關於史畢吐克僧院的歌？」

「有很多。」

「為我唱一首你最喜歡的吧。」

納旺站起來，面向著僧院，雙手合十祈禱，然後唱著。

看那太陽升起
照亮了這僧院
照亮了史畢吐克僧院
照亮峭壁上的岩石

靠近史畢吐克僧院
有一棵檀香木
可能已有千年

在村子上方的山中
坐著村子的守護神

就在史畢吐克山丘

守護神永恆地坐在那裡
願神明永遠保護這個村子
願村裡的年輕人長壽又健康

在僧院新蓋好的庭院裡
大喇嘛端坐著
在保護村子
趕走所有的惡魔
願喇嘛一直祈福
為史畢吐克的人祈福
願村裡的年輕人長壽又健康
在僧院新蓋好的房間裡
有成千的喇嘛

在大房間的王座上
仁波切光彩煥發地端坐
把法傳授給村民
教喻眾生如何生存

在僧院的廚房裡
村子的頭目們聚集在一起
邊喝著酩邊說笑
是這個國家的傳統
多麼美麗的傳統啊

「我愛這首歌。」我說，「因為它不是以仁波切的光彩煥發與教喻眾生如何生存的智慧做為歌曲結尾，而是以村子頭目在廚房裡聚會喝酒說笑做結束。」

「那是非常拉達克的，」納旺說，「一種對平凡生活的快樂感覺。你知道在我們的民間文學裡沒有不快樂的情歌嗎？」

「為什麼？我所了解的其他拉達克文學都充滿了痛苦的情緒。」

「佛教教喻我們凡事稍縱即逝，都是一種發自他人或自身的平靜超然。我們被教喻不要過於嚴苛地對待自我，並且相信存在苦難中幾乎沒有完整的真理。真正的智慧就是歡樂。真正的智慧就是喜悅。真正的智慧就是以平和的姿態與萬物並存的佛陀。事實上，在拉達克文學裡沒有悲劇，沒有悲劇的觀念。拉達克有句俗諺，『最偉大的勇氣就是勇於快樂。』當你在痛苦中，能夠超然地看待你的痛苦和事物間的關係，是需要很大的勇氣。當你能無情地對待你的苦難，那也需要很大的勇氣。」

納旺說話時帶著微笑，但他的眼神卻是悲傷的。接著他說：「我發現如今要有勇氣快樂，特別困難。似乎有非常多的事情在反對快樂，然而少了這種內在的快樂，人們怎麼工作？人們在未來的歲月裡要如何活下去？」

飲醅談上師

我們一整天都在談話和翻譯，月亮正從山頭上升起。

「我們喝點醅吧，」我說，「我們可以像古代的中國哲人，月下對飲，暢談詩詞。」

「好啊！」納旺笑起來，呼喚林城拿些酒來。

「即使是我們唱的酯歌，也是十分靈性的。在拉達克，平常和神聖是沒有分別的。任何行動都可以是神聖的，所有正當的快樂都可以獻給佛陀。為什麼和朋友一起喝酒就不能是神聖的？」

然後他倒了一杯酯給我，並對著這杯酒祈福。納旺唱著。

僧院像隻巨鳥
文字難以形容其壯觀
願它永存不朽

它的右邊是閃亮的冰河
是給佛陀的獻禮
願它永存不朽

它的左邊是波光粼粼的湖泊
是給佛陀的獻禮
願它永存不朽

在僧院的正前方
立著一株美麗的檀香木
願它永存不朽

「這是一首最有靈性的酒歌，也是拉達克民歌最好的其中一首。我們相信一切山水都是給佛陀的獻禮，整個世界都有佛的意念——即使這朵花、這顆石頭都有。冰河最是聖潔，它看起來像白色絲巾纏繞著山上的岩石。對我們而言，白色代表純潔，純潔與覺醒。那湖泊也是聖潔的，你在僧院裡看過佛陀面前總是擺著七碗水嗎？它們代表人們對佛陀的意念與渴求所獻上的禮讚。西藏有許多聖湖，例如瑪納薩洛瓦湖。山中之湖就像一只盛著明亮之水獻給佛陀的巨碗。最小的湖和最小的溪流也是聖潔的，因為它們在陽光中閃耀，就像佛陀的部分意念，那種純淨的光等於『至上的徹悟』（Supreme Understanding），對一個覺士或正走在『覺』之路的人來說，整個世界將成為他內在本質和所有事物內在本質的一種啟示。」

「你有沒有上師？」我問他。

「有的。幾乎每個拉達克人都有一位上師。你有嗎？」

「沒有。我還沒有找到任何一位能信賴並讓我信服的上師。我見過一些更有智慧的好人，但沒有一位讓我感受到他已經『開悟』。我對『開悟』的真義還沒有什麼概念。」

「那麼你遇見一位上師時又要怎麼辦？如果你沒有準備好，就不可能遇見他。」

「那我可能得等上好一段時日。」

「你可能要等好幾輩子。」

這時月亮已升至半空中。我們坐著喝酭，話說得不多，一面看著山脈的陰影變化，一面聆聽黑夜所有的聲音，巷弄裡傳出來的笑聲，以及遠處田野的狗吠聲。

「納旺，謝謝你，」我說，「透過你的歌聲和你的陪伴，我感覺比以往更貼近這個國度和這個世界。」

「我將為你唱最後一首歌。」納旺說，「這是一首宗教歌曲，一首獻給上師的歌。當我去見我的上師時，一路走著，就會一路唱著這首歌。這首歌是對西藏最偉大的上師蓮華生大士表達虔誠的歌曲，是這位印度的宗師將密教經文帶來這個山區。

在上河谷
有一座三峰的雪山
那不是山

而是我的上師
我的上師蓮華生大士的寶座

在上河谷
偉大的太陽升起來
那不是太陽
而是我的上師
我的上師蓮華生大士的禮帽

在上河谷
皎潔如貝的明月升起
那不是明月
而是我的上師
我的上師蓮華生大士的臉龐

在上河谷

穀物和清水在日光中綻開笑顏
那不是地球上的河谷
是阿彌陀佛的河谷
是受過祈福的河谷

在這座河谷的高峰上
喇嘛在說「法」
說話的不是這些人
是我的上師在說話
是我的上師蓮華生大士所發出的聖音

「拉達克有句俗諺，」納旺說，「『當你見過上師，萬物皆因他的智慧和他的美而閃爍發光。』你在萬物之中都可以看到他、可以在每一件發生在你身上的事物中感覺到他。」

他起身，「天晚了，我現在得走了，否則會錯過明早的班機。兩個月後我會回來，到時你是不是已經走了？」

「是的。」

「我會把其他的歌寄到英國給你。」

「沒辦法再聽到你唱出這些歌謠，真令人難過。無法再在這座花園裡聽到這些歌，真讓人傷感。」

「那麼你一定得回來這裡。」

參與製作曼陀羅

我和海倫娜、漢斯再度來到塔塔村。十四天前，我們在舞蹈表演後歇坐的楊柳林已經荒廢，白楊木的樹幹在午后的陽光中顯得格外潔白，報紙和酯的空瓶丟了一地。我就像孩提時代那樣感到難過：當時在德里演出的馬戲團收拾帳棚後離去，留下了光禿禿的地面；在溜冰舞者演出〈天堂的陌生人〉及暹邏雙胞胎表演巨輪之後——空無一物，一種空盪盪的景象，如今是這片柳林內報紙被風吹散的空盪盪。

海倫娜和我坐了下來。那個下午的景象慢慢地重新浮現：那名老婦人對著我們揮動酯酒瓶；當我們給那群穿著劣質而發亮緞子的少婦一包瑞士乳酪時，她們對著我們咯咯地笑；那兩名少男在樹林中相互追逐，試著讓對方趴下；在大門口一塊深藍布上，堆著紅紅綠綠的蘋果。我也記得二十年前德里馬戲團的邋遢雙胞胎，在一座裝飾著六臂神明圖像的帳棚裡氣喘吁吁，他們赤裸的身軀在燈光下揮汗如雨的情景。

海倫娜說：「你看山，那種光還是和以前一樣。」

在塔塔村左方的田野有一座「瑪尼」（mani）。瑪尼是一堵牆，牆頭長而平坦，祈禱者的祝福石會放在上面，然後任由風吹雨淋和白雪覆蓋。拉達克有許多瑪尼，在僧院、村子外、在列城通往拘蘭薩的路上、在田野中、在貧脊的荒地或山區的隘口上，都可以見到它們。許多瑪尼都是在十七世紀時，由一位拉達克國王擄獲的戰俘所建造，國王希望他們做點有用的事，用來抵過。

塔塔村外的瑪尼，沒有特別大或特別長，兩側的石灰皆見斑駁，上面雜草叢生。麻雀棲息在石板上，自然安詳地在佛像和神聖的咒語上拉屎。

這麼多的石頭……大的、小的，缺角的、完整的，也有紅色、橙色和灰色的……上面刻著各式各樣的內容：菩薩的頭、摘自經文中的長句及一段又一段的咒語。三世紀以來的祈禱者——有的為了來世，有的為了求好姻緣，有的是為了求子，有的則是為了快速但不痛苦地了結此生。沒有名字或記號可得知是誰放置或刻繪。

沒有人放置這些石頭：它們只是偶然地被丟在一起，就像是被一陣強風吹在一塊，或積在山中冰河的尾端。最好是這樣。拉達克人自然隨性地祈禱，在路旁、巴士上、賣菜時或在田野間揮汗時。他們不需要特別的排場。是這堵牆的形狀讓他們把祈禱石擺成各種序列，但那樣的排列也不會持續太久。因為不只是石灰正在剝落粉碎而已。

只要那些石塊還在那裡，那堵牆就會站在那裡，從山上吹落到山谷的風，會把他們的祈願和祝福從這片田野帶到另一片田野、從這座山帶到另一座山。拉達克人相信，當風吹過他們身邊，它會輕輕地祈禱，對他們說話，一次又一次；沿著小溪說話，在麥穗的尖端上說話，夜裡在房子和房子間、狗躺著睡覺的巷子裡說話。

我們開車返程，星斗高掛。往列城的道路一片荒涼。吉普車上的每個人都因夜寒而顫抖著。印度河在我們左邊，於月光下蜿蜒著。

林城說他需要更多錢，他太太生病了，他姊姊和兒子也病了。他為這天的行程向我多索取了一些錢，因為我們耽擱他到這麼晚，而且他也需要錢買藥。我們累得沒有氣力反對，他心知肚明我們知道他在欺騙，臉上不自覺地露出了快樂微笑。

突然，漢斯大叫「停車」。剛剛經過一個轉彎，史達克納僧院出現在我們的視線中。僧院在我們前面大約半哩外，佇立在印度河的巨石上，它的牆在月光下襯得皎白，繞著僧院的河水閃閃發亮，不停怒吼。

海倫娜、漢斯和我爬出吉普車，林城看著我們，聳聳肩。我們往河流走去，並且站在它邊緣的岩石上。

「看那邊的天空！」海倫娜用手指著。僧院被夕陽餘暉暈染成或紫或橙的色調。漢斯指著史達克納說：「這間僧院快五十年了，但是那有什麼意義？」

一百碼外是一根巨大混凝土水管的起頭，它把人們迫切需要的印度河輸往列城周圍的田野。它「接近完工」已經好多年了，白色管壁發出微微光亮。

林城連著抽了好幾口菸，喋喋不休地說話。他很快樂。明天有一對法國老夫婦客戶會從斯利那加搭飛機過來。他們去年也來過，付了他一大筆錢。

隔天早上，我和海倫娜在潘波斯碰面。她說漢斯正在做一些最後的採訪，今天無法加入我們。

「昨天晚上我夢到我丈夫。他過世近兩年了。我夢到他和我們一起待在拉達克。你、他和我在向晚的午后，走在拉瑪優魯附近的山丘上。他腋下夾了一本黑皮書，看起來很蒼老，偶爾會停下腳步，拿那本書指著某一條道路給你看，從你們的表情可看出，那是部相當美的作品。我問他『你們在讀什麼書？』，但是他沒有回答，或許他根本就沒聽到我說話。不久，他離開我們，獨自走到右方的小溪邊，彎下腰，輕輕地把那本書放到溪裡。你問他『你在做什麼？』，他良久沒有答腔，而我在想『他已經死了，所以不能回答』，但是後來他說：『我們誰都不需要再讀那些文字了。』他獨自一人往前走，我們也各自獨行，走在一處狹窄的河谷，陽光均勻地照射其間。我們分開走，但是我感覺我們是同一顆心靈的不同部分，這顆心靈同時包含了身邊的岩石和在陽光下發亮的溪流。我發現自己竟然用你的聲音喃喃自語。我低頭看我的手，那一刻我看到的竟是我丈夫的手。這並未讓我感到害怕，我們彼此相互融合，也融入周遭的岩石、河水及光線中；這一切十分地平靜自然。」

海倫娜的夢所透露的一些事情，貫穿了當天的所見所聞。我們沿著河的上游走向桑卡，坐在僧院長滿龍膽根花與向日葵的花園裡，話說得很少。午后，我們穿過河谷，走到史畢吐克。

在僧院大殿的牆角有一塊巨大的圓形白色大理石，它的四周微微凸起一片平台，有七個喇嘛坐在上面，他們手裡握著銀質法器，法器的尖端罩著銀質的漏斗。他們身側堆著一些看似玻璃珠的東西，有綠，有黃，有藍，像一座在燭光中閃耀的小珠寶山。

「他們在做什麼？」

「他們在製造曼陀羅。白色的大理石代表『空性』，梵語為Sunyata。萬物皆具空性，所有的形態都是天生自然的。僧侶們遵循古老方式安置銀質小漏斗，並將彩色石頭堆放身旁。曼陀羅完成後，必須接受史畢吐克的巴庫拉仁波切的加持祈福，然後所有的色彩會被刮掉，只留下白色的圓形大理石。」

「每年都會進行這種儀式嗎？」

「每一年。這是此地全年最神聖的宗教儀式，擇定在接近收成時舉行。待農作物成熟，曼陀羅也準備妥當了。拉達克在陽光下變成一片金黃，代表『實相』（Reality）的神聖圖騰曼陀羅就會揭露示人。透過曼陀羅的製作，整個拉達克得以重新注入神聖的能量，曼陀羅會經常拿出來展示；曼陀羅代表實相，每一個人都在其中心。因此當仁波切為這個曼陀羅祈福加持，就等於透過它為這個世界消災祈福。」

僧侶們看到我們，向我們招手，要我們走近一點，坐在他們旁邊。他們用兩只有缺口的白色杯子為我們倒滿酥油茶，每一杯放上兩塊糌粑。我們坐定後，坐在海倫娜旁邊那位最年輕的小沙彌，拿起她的那塊糌粑，就這塊糌粑捏出一個手臂長長、小腹像水壺的小佛陀。他很莊嚴地把它舉起來，每個人看了哈哈大笑，他說：「吃了它，幸福快樂！」

僧侶們突然很賣力地開始工作，每個人各有節奏。他們工作的同時，會交談或誦經。有時會有人打呵欠，離開他們的圓圈，躺下休息十五分鐘。當年紀最小的那位小沙彌累了，會坐在旁邊一位老喇嘛的腿上，斜靠在他身上假寐，有時還會頑皮地睜開眼睛，看我們是不是在注意他。

一個小時後，我們認為該走了，喇嘛們卻說：「別離開我們，待久一點。」小沙彌雙手拉著海倫娜的手說：「妳現在還不能走。」

整個下午我們都待在那裡，直到當天的工作幾乎全部完成，老喇嘛對我們說：「現在你們倆都得做一點曼陀羅。」海倫娜和我面面相覷。那是件十分精緻的工作，要用銀質漏斗把那些石粒滴下去……那名喇嘛微笑著說：「別擔心，我會幫你們的。」

「藍色代表阿閦佛（Akshobhya Buddha），」海倫娜說，「是五方佛之一，為冥想之神。祂統治東方，帶來空的智慧，那種智慧就像『明鏡』一般。」

香味勾起回憶

海倫娜離去前的最後一個上午，我和漢斯在列城道別後，與海倫娜一同前往里克，結果巧遇弗揚的仁波切。正當我們在參觀僧院的上殿之際，突然有個老喇嘛出現，引導我們進入仁波切的房裡。紅綠相間的牆上，掛著去年達賴喇嘛造訪時才清潔過的亮麗唐卡；三名法師坐在軟墊上，一張繡著藍色和紅色的龍形西藏長地氈，鋪在軟墊之前，身形魁梧、外貌華貴、長得像中國人的仁波切坐在中央。沒有人發出一語，我們相互微笑、躬身示意，三名法師招手要我們坐下。我們坐在靠近他們的坐墊上。一扇窗戶開著，陽光射入屋內，在牆上映出一片片溫暖平和的方塊。我們可以聽到外面庭院中那些年輕喇嘛的笑聲，還有鳥語和溪水潺潺。

大家還是不發一言，沒有任何人覺得不安或窘迫。海倫娜靜靜地坐著，並且閉上雙眼。在仁波切前面，有兩盞點燃的小銅燈放在一張紅色髹漆的桌上，燈芯的火焰又直又長。我注視著火焰，也注視著仁波切細緻的雙手像進行儀式般地在燈火上畫圓圈。仁波切發現我在注視他，露出一抹微笑。

接著兩名年輕喇嘛拿來一只銅製茶壺，開始生火加熱。他們坐在屋裡的一個角落，默默地做事，幾乎察覺不到他們的存在。很快地，木材的劈啪聲、誦經聲、年輕喇嘛的笑聲及溪水聲，全交融在一起。

起初不明白自己為何如此朝氣蓬勃，後來我才了解，原來他們燒的是油加利樹，那種甜美撲鼻、充滿整個屋子的氣味，就像我童年就學時，在尼基里丘陵聞過的氣味，那股氣味隨風飄散，翻過山丘，飄到清晨我們那棟寒冷的宿舍。當我靜坐微笑、喝著斟上的西藏熱茶的同時，那離我遠去、已經消失多年的童年印象，逐一浮現眼前：學校裡那個照顧我們的胖胖老婦人的臉；仰著頭，有時在學校花園、有時站在草地與結霜的薰衣草叢間的那頭鹿；還有一名紅髮女孩繞著一朵陽光照耀的野生金雀花跑來跑去的情景。還記得父母親來探望我時，所住的木屋旅館那床剛洗過的被單氣味；也記得一位後來不曾再見過面的朋友，站在山丘上向我招手，手裡拿著一本書，在陽光下發亮的情景。童年時代的某些情景已被我遺忘多年，埋藏在英國。我喝著西藏茶，在那種沉靜、那種淡淡的香氣裡，又找回那些記憶，感覺我不會再失去它們。那些如此強烈地重新回到我面前的形象，從祥和的陽光裡來，又回到陽光裡去；它們是我的，也不是我的；我既不擁有它們，也不想占有它們；它們在燃燒後消失，但我並不怕它們遠去，因為我已經再次看見它們、記得它們。我已經感覺到，經過這麼多年，自己和這些記憶間的通路已重新開啟，它們會再回來。

我們告別了仁波切，下山朝吉普車走去。海倫娜笑著說：「我的茶裡頭有一根頭髮。你想我是不是應該把它留下來？我可以把它帶回威斯巴登（Wiesbaden）[25]，用來替人們治病……」

「在這樣一間掛著素來不相信的神祇，還有那些胖胖的老人穿著袍子、喝著茶、什麼事也不做的幽黯房間裡，為什麼我在這樣的地方，會想笑、想唱歌？而我很快就要離開，事情總是這樣，不是嗎？時間永遠都不夠。或許那是一種慈悲，永遠沒有足夠的時間來改變……但是我『已經』改變了。太遲了，」她站在馬路中央說，「太遲了。」

一群喧嘩的小沙彌繞著屋角跑來跑去，接著開始繞著我們跳，然後拉著我們繞過屋角，來到其他僧侶正在洗澡的一個黃色大池塘邊。

二十位不同年紀、赤裸的僧侶在水裡跳來跳去，咯咯地笑著，並且互相潑水，然後潛到水裡，臉頰裝滿水而鼓脹。兩名肥胖的老喇嘛長泳後坐在河岸上，一邊看顧河中僧侶們堆放在兩塊大石頭上等著晾乾的袍子，那景象就像石頭被一條波斯地氈圍繞著。那些僧侶看到我們，開始大叫，「快下來！把衣服脫了，快下來！水很溫暖！快下來！」很快他們就全部一邊拍手、一邊念著「快下來！快下來！」。

25 譯註：德國西南部城市，瀕臨萊茵河。

第三章

拜見仁波切

仁波切為你做的只是讓你展開你的旅程，或者說是協助你開始，你只是在旅程的起頭，還有好長一段路要走。

海倫娜和漢斯早上四點就出發前往斯利那加。我在七點醒來，沒有他們的列城，令人感到十分寂寞，於是到巴士站搭車回拉瑪優魯。

公車上，身旁坐著一名男子和一個老婦人，他們看起來又窮又髒。男子頭上纏著一條破舊的紫色頭巾，鞋子用鞋帶胡亂絞在一起。起初我並未發現老婦人有病，她斜倚在那位男子身上，雙眼緊閉，右手則放在他的頸上。過沒多久，她呻吟了起來，最初聲音相當微弱，後來愈來愈大聲、愈來愈頻繁，男子一臉悲傷地敲著她的前額。

「她是我母親。」男人對我說，「我們昨天來列城看醫生，她前天晚上燙傷了。」他捲起老婦人左手的袖子，讓我看醫生在她手腕上纏的綳帶，綳帶上方還有一大片潰爛的燙傷痕跡。「醫生說她今天會好一點。」

巴士發動，女人的呻吟更加淒厲。只要車子顛簸或震動，她就會因疼痛而全身顫抖不已。她開始啜泣，男子只好緊緊地抱住她，並用袖子拭去母親臉上的淚水。

車上剛好有位來自巴黎的醫學院女生，先前我們在列城交談過。我喊著司機請他先停車，然後走到她身旁。

「露易絲，我們需要妳的幫忙。後面有位老婦人病得很嚴重，也很痛苦。妳能不能讓她坐到妳旁邊，幫幫她，看看能給她點什麼？」

男子扶起他母親，露易絲將老婦人的手環在自己身上，好讓老婦人可以靠著她。露易絲在背包裡找到鎮靜劑，拿給這名婦人。一開始，老婦人不願意吃，經露易絲的輕聲勸誘才屈服，然後睡了一會兒。她兒子則獨自坐在座位上看著馬路，雙唇微微嚅動著禱告。露易絲不時拿出她的手巾，為老婦擦拭前額。

就在快到拉瑪優魯時，巴士停車讓那對母子下車。老婦人對我們勉強擠出一抹微笑，然後舉起一隻手揮了揮。她稍微踉蹌，兒子適時扶住了她。他們在道路的另一邊無助地仰望車裡的我們，雖然日正當中，她卻像是因寒冷而全身發抖。男子從背包裡拿出一條黑色圍巾，圍在她肩上。

當我們抵達拉瑪優魯，我問露易絲：「她真的病得很嚴重嗎？」

「她快死了，她活不過今晚的。」

「那麼她有對妳說什麼嗎？」

「她說她知道自己快死了，可是她想死在自己家裡。」

奇異的夢

在浮華和喧囂裡，更凸顯了這座寺廟的無情。我在廚房裡試著喝了點已經冷掉的包心菜湯，但老婦人的事卻在腦海裡不斷盤旋，無法停止。下午，試圖讓自己睡個午覺，可是每當我閉上雙眼，老婦人站在對街仰望我的情景，就會出現眼前。在我隔壁床的德國胖女人結束冥想後，兀自吹起木笛，還唱起歌來。我盡可能委婉地請求她不要再唱了，因為我想睡午覺，豈料她暴跳如雷地說：「這裡的每個人可真累啊！這些天的好精神都跑哪兒去了？我剛到印度時，到處都是精力充沛的人呢！」

我下床，走向午后的山谷，那女人愚蠢的笛聲也緊隨而至。

我回頭看寺廟，發現很難不對它產生一點小小的恨意。我再度渴望這片山丘能被夷為平地，希望那邊什麼都沒有，只要有岩石、水和在光線中變幻的山脈就好。我希望眼見的拉瑪優魯，就像其發現者那洛巴（Naropa）[1]一樣，在它命名之前就見過它；在它有牆、有田野、有傳教士的旗子，以及有那些穿著「馬德里萬歲」的毛衣、站在牆壁前拚命用鎂光燈拍照的西班牙人來到之前，就見過它。

然後，我轉身走向另一座山谷。那裡沒有任何人類文明的痕跡——連破落的傳教士旗的遺跡也沒有。

我的意識產生變化，變得空無。我愈走愈慢，步伐愈來愈有節奏，感到呼吸變得平穩、血液也變得清澈。我愈爬愈高，直到山頂。

身邊的石頭是我在拉達克所見過最奇特的。一大堆有凹槽、像達利設計之教堂形狀的石塊，周圍並棲息各種鳥類在高鳴。一隻金鷲立在一塊金色岩石的頂端，而身邊圍繞的盡是矮小玫瑰叢，還有幾朵夏日最後的玫瑰點綴其間，在微風中顫動搖曳。

一彎小溪在眼前閃閃發亮，我加快腳步，以便在往回走之前，還有時間去沐浴一番。我脫掉全身所有衣物，躺在冰冷而明亮的水裡，凍得大聲叫喊。我翻個身，好讓水能流過背脊，冷不防地，有顆小石頭從鵝卵石河床中輕輕戳了我的手肘，那是我見過最細緻的化石——一個來自遠古時期的蕨類化石，每一條精巧細線都在石頭的呵護下完整保存下來。我拾起它，把它當作希望的預兆。

那晚在寺廟，我夢見自己回到貝那拉斯：我搭晚班火車回到那裡，車站荒蕪了，城裡沒有一絲燈光，街上也空無一人，幾隻幽靈般骨瘦如柴的狗在氤氳中徘徊。我在荒城裡漫步，最後來到一家旅館，櫃檯邊有個老頭子在睡覺，我喚醒他，問他是否可以給我一個房間。他疲累地望著我，揉揉眼睛，一邊指著一扇打開的門說：「沒有人會在這個時節到這裡來，不過那邊倒是有一張床。」

然後我發現自己坐在河邊。起初什麼都看不到，卻隱約聞到屍體火化的味道。我坐在黑暗中，猛地想起童年時在緊鄰著墓地的海德拉巴（Hyderabad）的家，有

1 譯註：印度的大修行者、大成就者，有「那洛六法」傳世。

時火化屍體的氣味會隨風飄進花園，還看到花園裡一朵朵或紅或黃的花上沾著些許灰屑。我看到母親穿著白色洋裝坐在摺疊椅上，我想大叫「進來！趕快進來！」，可是她聽不見……

一名男子坐在我旁邊，他的年紀比我小，約莫二十五歲。他的頭髮是白的，我不確定是少年白或灰屑的關係。他有雙細窄的黃色小眼睛。

「你為什麼在這裡？」我問他。

他並沒有回答。

我又問了一次，「你叫什麼名字？你不想說話嗎？你覺得這個地方怎樣？」我的聲音愈提愈高。

他靠向我，呼吸的氣息噴在我臉上。「你為什麼在這裡？你為什麼在這裡？」他茫然地重複我的話。「你為什麼在這裡？」

夢境快速轉換：我躺在旅館的房間裡，可以聽到下面街道傳來聖人的歌聲——不曾休止，重複著單調的旋律，迴盪在寒冷的月夜裡。我抬頭看天花板上一個巨大的方形黑影，那一方鼓動的黑暗，就像一穴黑蛇在彼此扭動、翻騰，想移開視線卻辦不到。我繼續注視那一塊黑影，它慢慢地褪去。在它的中心，一道小而破碎的亮光出現了。

狄利普夫婦

「你見過仁波切嗎？」

我說我還沒見過。

「你還沒見過仁波切？你到這裡多久了？」

我說我來拉達克已經六星期了。

「我的天，那你在這裡都做什麼啊？仁波切就『等於』拉達克。」

「哪個仁波切？這裡有好幾個仁波切。」

「當然是突息（Thuksey）仁波切。巴庫拉差不多可以說是個政客。赫米斯的仁波切太年輕。我沒見過弗揚仁波切，但是有報導指出他有點像花花公子。也許他們都說錯了。不過突息仁波切……」

狄利普．柴特基（Dilip Chatterji）同情地看著我。西藏餐館裡，狄利普童山濯濯的學者型腦袋在午后的陽光下發亮，他那臃腫的信德族（Sindhi）[2]太太坐在身旁嚼著一片羊肉。

2　譯註：印度信德地區的民族。

「狄利普——別端架子了！狄利普就是這樣愛端架子！」她咯咯地笑，用手肘輕輕地推他。看到一個已經六十九歲、平時威嚴持重的學者變得有點面紅耳赤，真是有趣。

我不過是一個小時前才見到狄利普。午后的餐廳裡就只有我們三個人，而我一直和他們坐在一起。穿著甘地裝的狄利普用一口很道地的英語問我問題，「你打哪裡來？」我說我是牛津來的英國人。

狄利普高興得快昏倒了。「我的天啊！多令人驚訝！坐下！快坐下！我待過聖保羅學院！是的，我待過倫敦大學！機械系！住在康諾廣場！我有個有錢的姑媽，你知道的……柴特基家族希望他們的孩子都能受到英國式的待遇！有些人很討厭這樣，我倒是很喜歡！我可是個很棒的板球手！你知道，我上個月才打贏孟買板球錦標賽，不過我不想吹噓！趕快坐下來！我在印度待得很煩。我是個企業經營者，老天才會知道為什麼。我很快就要退休了。我正在發展一項太陽能計畫，不過，總之……不好。我在印度待得非常非常煩了，沒有人可以說話……」

「你可以跟我說啊！」蒙妮莎吃吃地笑。「不過我知道我很笨。」她停止咀嚼，背靠著牆，一臉滿足的樣子。

「你知道我想談什麼嗎？」狄利普問，「不知道？你可以猜猜看嗎？我想談談印度哲學。有興趣嗎？」

「那是我最感興趣的事。」

狄利普凝視著我。「真的？我在英國念書時，每個人都認為印度哲學是垃圾。記得有位聖保羅學院的老師對我說：『柴特基，我希望你長大後不要再去思考你的根源，那會是一件很可悲、很可悲又沒有用的事。』甚至直到現在還可聽見他的聲音。後來我問一位英國人對於印度哲學的看法，他說：『那根本就是件蠢事！一些肚子大大的人坐在泥裡，無所事事。』後來我不再理會印度哲學，想做的只有打板球。不過，板球真是一種很有哲理的運動，不是嗎？要有很大的耐性……」

蒙妮莎打了個呵欠，「你說你需要耐性。那麼我呢？我必須坐在邊線上，盯著看。我的天啊，狄利普，因為你，我就得忍受那種枯燥乏味。板球比賽，牆網球（squash）[3]比賽。謝天謝地，因為我很胖，所以不適合任何運動。」她又很快樂地打起呵欠來。

狄利普不理她。「不，當二十五歲那年回到印度，對印度幾乎一無所知。我覺得孤單、陌生，就像英國人一樣不熟悉印度。是的，我開始學瑜伽，但只是為了瘦

3 譯註：類似網球的一種運動。

身去打板球。想想看，我用瑜伽瘦身來打板球！你知道，我是個機械工程師，現在還是。我建造過多數的印度水壩，也做過大半的水力發電工程。事實上，我的名氣夠大……由於我是個機械工程師，所以只讀機械工程方面的東西。我完全是個理性主義者，蒙妮莎還說我是個理性主義的狂魔。不過，我開始發現自己對祖國的忽略。我明瞭西方的價值觀、西方的政府和西方的物質主義，根本就救不了印度——印度必須找到自己的精神、自己的定位……然後我開始閱讀。我讀《梵歌》（*Gita*）[4]、《奧義書》（*Upanishads*）[5]，開始研讀佛教經典、和苦行僧交談、和各種聖賢交談……」

「那些噬血的聖賢，」蒙妮莎說，「我的天！狄利普，你知道我得供養多少聖賢嗎？記得嗎？上次邦加羅爾（Bangalore）來的那位聖人待了四個月！你說他是很嚴謹的人，但是他吃的比我們全家人還多，整個下午都在睡覺。還有你的瑜伽老師，你也說他很神聖，結果老想著把女傭帶上床。」

狄利普很不耐煩地看著她。「我太太是個愛挖苦別人的人。信德人都愛挖苦別人……他們只關心錢……別誤會我的意思。我不相信印度能夠拯救這個世界或什麼的，對於印度和印度人，我遠比你想像的更不具幻想。印度的中產階層……你無法相信他們的貪婪和愚蠢。上星期，孟買一位工作上的同事，花了十萬盧比在他投宿的旅館屋頂覆滿花朵，用來歡迎他的女兒，可是在孟買的同一地區卻有數百萬人正在挨餓。我沒有去。在這樣混亂的脫序中，除了讓人心歸於神，還有什麼方法可以解決？除了試著保持某些傳承，還有其他方法嗎？」

「我希望可以讓我的心智走向神，」蒙妮莎一味地傻笑。「我很膚淺。我喜歡吃東西、睡覺和說話。狄利普說我無可救藥。不過，他總是讓我讀他的書，在生意上也經常接受我的建議。其實我正要做一門生意，把他留給他的瑜伽吧。」

狄利普抬頭望著天花板。

「你在拉達克做什麼？」我問狄利普。

「我一直對佛教很感興趣，曾經到尼泊爾旅行，也在錫金住過一陣子。你知道，有回我還參加了錫金皇宮的舞會。」

「別再說那個故事了，狄利普，拜託拜託。」

「總之……這是我們第二次來拉達克。我去年來過，而且愛上這裡。這是全印度最奇怪的地方。我喜歡漫步……」

4　譯註：描寫印度教克里希納神的一本聖書。

5　譯註：印度教古代吠陀教義的思辨作品，於西元前七世紀成書，為後世各派印度哲學的依據。

「太輕描淡寫了吧！你知道嗎？我先生拖著我幾乎走遍那裡的山。為什麼我不是嫁給一個電影明星，而是嫁給瑜伽修行者？」

「我剛才說我喜歡漫步、喜歡獨處……」

「他喜歡讓我背著所有的東西，跟在他後頭走……」

「我喜歡在山中漫步和獨處，那可以讓腦子清醒。」

「那可以讓他的腦子『清醒』，卻會讓我生病。我已經瘦了十磅了。」

狄利普突然看著我，說：「你說你對宗教的事物有興趣，我確定你是的。很奇怪卻也很美妙的是，現今有很多外國人對印度哲學產生興趣。對印度人來說，是十分奇妙的事，因為那證明我們不是傻瓜，還是有點東西可以貢獻給這個世界。」

「貢獻給這個世界？」蒙妮莎說，「親愛的，這些上師會發大財！想想賽伊巴巴（Sai Baba），再想想拉惹尼許（Rajneesh）！我常說如果我變成了百萬富婆，那麼我也可以拋棄一切去當聖母，說不定還能變得更有錢。我這些話常常會惹怒狄利普。」蒙妮莎覺得她的話很好笑，因而發出了高八度的尖笑聲。「想像一下，我當上了聖母！」

「那麼妳得當個安靜的聖母。」狄利普說。

「我先生就是這麼殘酷。你覺得呢？」她又不住地傻笑，身子更貼近他，他又高興得臉紅了。

「你明天一定要和我們一起去，」狄利普說，「去見見突息仁波切。去年時，我見過他一面。他是赫米斯仁波切和竹千（Drukchen）仁波切的護法。他是個老人，西藏老人。他曾經是西藏幾家最高禪修院的上師——噶舉派（Kargyupa Sect）[6]的一支，我想這是由密勒日巴所創……幾天前才見過他。當他在謝伊時，他說我一定還要回來見他。他在那裡做了十天的加持法會，我們明天晚上會到那兒。」

「狄利普老是追尋某個聖人……不過，這個聖人還真是個人物。」蒙妮莎說，「他是個非常優雅的老人。我喜歡。他很親切，但老是不看我，好像我是痲瘋病患似的。我想他比較喜歡我。他看得見我的靈魂，狄利普說我沒有靈魂。但是那位仁波切看到了我的靈魂。」

「看在老天爺的分上，蒙妮莎……不，你明天一定要和我們一起去。我堅持。你知道拉達克人怎麼稱呼這位仁波切嗎？突息仁波切。意思是『心如太陽的仁波切』。」

6 譯註：密宗四大教派之一，注重修行，又稱白教。

蒙妮莎的生活哲學

當天晚上，狄利普和我碰面。蒙妮莎待在家裡吃甜點和洗頭髮。「我太太是個特別卻又令人厭煩的女人。」狄利普說。

狄利普換上一條長長的白色纏腰布，配上他那副金邊眼鏡，真的有點像甘地的弟弟。他步履輕快而敏捷。

「我的天啊！狄利普，你總是走得這麼快嗎？」

「是的，我怕我一慢下來，就會死掉。」

整個下午，我一直想著狄利普所描述的仁波切。我們走在列城下方的山丘上，沿著一排白色而破落的舍利塔步行。有個老先生坐在一座舍利塔的陰影下紡紗。

「這位仁波切哪點讓你印象深刻，狄利普？」

「剛好和蒙妮莎告訴你的相反，我很少被感動。我在印度遇到的每個人，不是政客，就是企業領導人。他們多半極為乏味，或是令我作嘔。我見過許多自命為聖賢的人，但是他們根本打動不了我。他們要不是看起來像金錢可收買的人，就是盡會說些蠢事或被敬仰的西方人包圍著；西方人對待這些聖人的方式，讓我為他們感到羞恥且懷疑。但對我來說，這位仁波切不一樣。或許我在愚弄自己，或者因為這裡是拉達克，抑或是因為這裡的山、這裡的空氣，才會讓我這麼想……」

「他有什麼特質讓他看起來與眾不同？」

「和他在一起，很快就會讓你產生賓至如歸的感覺。他不想從你這裡要些什麼，對周遭的人都很溫和……你會覺得他曾經見過你。噢，老天！為什麼你要我來描述他？你應該去見見他。反正我都說得不清楚。」

我們繼續前行。

「蒙妮莎說我是個勢利鬼。要是見到達賴喇嘛，我會歡迎他，因為他是王、他是活佛。我喜歡仁波切，因為他是如此偉大，因為他年長、又是個西藏人。蒙妮莎說這一切都只是精神上的假紳士。」

「是嗎？」

「誰能確定？」

狄利普和我走上山丘頂，太陽已下山，第一顆星星出現在山的那頭。在我下方，那些舍利塔好像縮小了，縮進山坡的陰影裡。

狄利普終於坐了下來。

「我已經浪費不少我的生命。我建造水壩、經營公司、鋪馬路。我做了這些事，有時會感到很自豪，但這些事又有什麼意義呢？有很多人都能做這些事。我很幸運且得天獨厚，以前有旺盛的企圖心，也有很好的人際關係……而且有能力做決策、有能力努力工作。不過，它們都不能為我帶來持久的滿足感。每當我把這件事告訴蒙妮莎，她就嘲笑我，然後說：『你的困擾就是你什麼都想要，你想要變成百萬富翁，又想當個聖人；想當個商人，又想要當瑜伽信徒；想當個企業家，又想當個藝術家和哲學家。狄利普，你太貪心了。你對神的尋覓，只不過是另一種貪婪罷了。神像一家公司，狄利普，你還沒有接管這家公司。』我太太一點也不笨，她很務實地看待所有事情。也許她是對的。我太晚放棄我的尋覓。甚至說這是一種尋覓，都會讓我感到慚愧。我尋尋覓覓，這該怎麼說才對？我沒有上師可追隨，也沒有哲理可依循。」

「我每天勤練瑜伽，無非是為了虛榮，也讓蒙妮莎感到不悅，『別起床，狄利普，現在才五點鐘。』」

他停了下來，看著我。「當個詩人一定很棒。」

「詩人和商人一樣虛有其表。很多方面，它因為虛榮、野心和飢渴，而和生命、靈性相隔甚遠，以致看待事情時往往產生隔閡。詩人藉由語文和藝術吸收靈感，就像商人經營牟利一樣，自私和殘酷。我已經厭倦自己所過的生活，包括我的文字、我的過去、我的苦難和我的親友關係。如此活著，真是渺小又卑微。」

我們憂鬱地坐著，望著列城的夜空逐漸變深。

「蒙妮莎說所有靈魂的負擔，全是我們探討自我的一種藉口。探討如何擺脫自我意識，只會讓自我意識更有機會坐大……有次，我和一位老聖賢坐在我彭鎮郊外的家裡，蒙妮莎走進來說：『你們在談什麼啊？』『我們在談靈魂。』『我的天啊，你們談那個做什麼？』那位聖賢生氣了，他對她發表了一篇嚴苛的演說。他說有時交談可以獲得靈性的大覺悟，並告訴她，該聽聽她丈夫說的話。蒙妮莎回答：『如果我聆聽我丈夫的話，會因為煩悶而生病。我的丈夫到底懂什麼呢？他是一個凡人而已。凡人可以談談生意、政治或神……我們必須一起維持這個家，而這件事重要多了。』」

狄利普微笑著說：「我想這就是仁波切特別喜歡蒙妮莎的理由。而且他真的這麼想——他握蒙妮莎的手，總是握得最久。他會讓她坐在身邊，不斷地對她微笑。他覺得她不虛榮，她和他一樣最能親近事物的本質，而且，她很有趣。他們對於聆聽聖人一本正經、緊張兮兮地大談自我、慈悲和是否有靈魂之類的事，一定感到極端厭煩……蒙妮莎有回告訴仁波切關於她親戚的事，說那些親戚怎樣欺騙她、怎樣互相欺騙，仁波切聽了大笑，笑到流眼淚。」

第二天晚上，狄利普、蒙妮莎和我搭乘一輛吉普車，前往離列城約十二哩路的謝伊僧院，仁波切將在那裡舉行晚禱。

狄利普說：「不要有所期待。期待會要人命的。」

一路上，狄利普陷入哲學家似的嚴肅情緒裡。「親愛的朋友，除了哲學，我現在對什麼事都感到厭倦。年輕時，我覺得哲學是瘋狂的，適合失業者和老年人。我曾經熱愛尼赫魯（Nehru）[7]，他認為一切皆是空談，只是他現在無法再這麼說，或者說他已經被謀殺了。」

蒙妮莎坐在後座吃太妃糖。「狄利普總說我只想到錢。其實我是很有靈性的。在某些方面，你知道的，我是個巴克塔（Bhakta）[8]。我很喜歡克里希納（Krishna）[9]，特別是年輕的克里希納。但是我很懶，需要更多的活佛到這裡來。我很懶，但是有耐性，所以何必心急？」她吃完一顆太妃糖，又接著吃另一顆。

「事實上，有時候，」蒙妮莎在黑暗中繼續說，「我想我是非常虔誠的人。我想要參加朝聖之旅，也想穿著橙色的袍子。然後我會想，蒙妮莎，蒙妮莎，看看自己！妳真是笨。你離不了這個家。誰來盯著那些僕人以防他們不老實？誰來餵狗？誰來逗狄利普開心？」

狄利普接著說：「我把生命浪費在一些毫無益處的事情上。委員會、會報、晚宴……噢！我的天啊。不過，我是個愛國者。我認為做的那些瑣事可以幫助印度走向更美好的未來。看看結果：到處是貧窮、偽善和貪污腐敗，不管是企業界或政府，都很難找到有能力或有才華的人……你的生命得到的竟是這樣的境遇。這讓我想吐口水。可是現在要重新開始已經太遲了。我想到神，可我對神又懂多少？我現在還有什麼希望？我的腦子倦了、身體也累了。」

蒙妮莎把她胖成一圈一圈的手輕柔地放在他的頸上。「狄利普，別說這些無聊話了。上個月的板球錦標，你還打敗了三十名對手呢！你讓他們像兔子般跑來跑去！」

狄利普望向窗外，「拉達克到底會發生什麼事？它會不會像印度其他地方一樣，變成一文不值、搖搖欲墜？我們現在走的這條路，會不會變成沿路掛滿電影看板和小酒吧的小鎮？這些人都很善良，但他們和其他人一樣笨，滿心想要一台收音機和安逸的日子。」

蒙妮莎拍拍他的頸子，用責備的口吻說：「狄利普，你也喜歡安逸。」

7　譯註：尼赫魯，一八八九—一九六四，印度國家主義的領導者，曾任總理。
8　譯註：印度教的虔誠信徒。
9　譯註：印度神話中的牧牛神。

狄利普冷冷地說：「我是喜歡安逸，我喜歡它們。」

我們轉了個彎，進入謝伊。路旁有兩匹白馬，吉普車的車燈讓牠們的眼睛閃閃發光。第一顆星子正要出現。

「我可能沒辦法再見到仁波切了。他身體不太健康，我也不是很健康。誰曉得未來能為我們留住些什麼？上回他對我們說了些什麼，蒙妮莎？是不是說生命就像放在敞開門口的燭火，隨時都可能被吹滅？他是不是這麼說，蒙妮莎？」

蒙妮莎又繼續吃她的東西。「狄利普，如果你認為自己快要死了，那麼你一定是瘋了！看看你翻越那些山脈的樣子！那位西藏導遊說你真像個西藏人！他說你壯得像條犛牛！」

狄利普漾起笑意，把手放在她手上。

突息仁波切

晚課已經開始。我們在剛出現的星辰光輝中，爬上彎彎曲曲的山丘，聽到喇嘛們正在誦經。一聲法螺響起。「那意思是：聽佛陀之言啊！」狄利普說。接著是一聲鼓響，短而急促的聲音劃破了夜晚的空氣。「那意思是：這就是正法！這就是正法！」一聲鐘響。狄利普說，「那是仁波切敲的鐘。意思是：開悟智慧可以走入實相。」蒙妮莎不耐煩地拍拍狄利普的肩膀，「看在老天爺的分上，別再發表議論了。快點走！我冷死了！」

我們站在巨大的木門口，轉身看著河谷的方向。先前見到的那兩匹白馬仍停留在剛才見到牠們的地方，尾巴在晚風中擺動。月亮升起，所有蜿蜒的小河都在月光中閃爍。左側的一個碗形沙漠上，隱約可見一些舍利塔。一輛卡車行經下方公路，聽著車子輾地的聲音，直到它們消失。接著我們走到灑了一層淡淡星光的僧院石階前，石階通往傳出誦音的大殿。

通往大殿的門半開。我看到的，只有穿過薰香和誦經聲投射而出的濃密金黃光線。在這個冰涼的黑夜裡，光線強度刺痛我的眼睛，幾乎無法直視。

我不記得我們是怎麼走進那間房裡的，或是進入時發生了什麼事。只記得最初我是坐在門旁的蓆子上，看著周遭的一切。

狄利普坐一邊，蒙妮莎坐在另一邊。我們身處的屋子裡，四面牆全是暗紅和金黃色的壁畫，隱約可分辨幾尊佛像的臉，不過因為光線不穩定，所以無法確知是哪尊佛。在那種光線中，整間屋子就像一個紅與金黃交融的幻象。

四周的喇嘛們正在誦經，這時前面的一名年輕喇嘛起身，向全場行禮。我轉過身去，長長的兩排喇嘛盡頭處，突息仁波切穿著閃亮、紅色與金黃相間的袍子，趺坐在一個小小的寶座上，被數百盞酥油燈照耀著。他的右手拿一只鼓、左手擎一個鈴，用這兩樣法器同時發出聲響。他看到我們正抬頭看著他，點點頭，對我們微笑。大殿內除了我們，並無其他訪客，甚至連當地人也沒有。只有仁波切的僧侶和我們伴著他。

當晚，仁波切沒再看我們，也不再看那些喇嘛；他的凝視似乎超越了他們、超乎這間僧院、超乎寺院紅色與金黃色的牆，專注而安詳，好像在夢幻中執行儀式的各個程序。

狄利普靠向我低聲說：「仁波切是康地人，來自西藏的康區。康地人是非常野蠻且偉大的戰士。西藏人說最好的殺手和最偉大的聖人均出自康地人……看看他那寬闊的肩膀、那雙手、那顆頭……那正是雄獅的頭，不是嗎？一頭仁慈的獅子，還是一頭獅子……去年他為我畫了一張西藏地圖，還在上面標出他的出生地。他說：『我唯一難過的事就是，我永遠無法再看到西藏了。』」凝視著屋子盡頭的仁波切，在那種光線裡，很難想像他為某件事傷心的模樣。

儀式近結束時，仁波切開始慢慢地吟唱。他唱「嗡嘛呢叭彌吽」，大慈大悲觀世音菩薩的咒語，也是西藏最偉大的真言，我曾在山邊看到這句真言鐫刻在瑪尼石上。「讚頌蓮花心之寶石」，他一遍又一遍、慢慢地、柔和地唱著，以一種深沉輕柔的力量，忽高忽低地唱著。接著喇嘛們也跟著唱起來。他會一次又一次地拿起身邊的金剛杵——金剛杵代表「心識的統一」（Unified Consciousness）和超越雙重標準的心智，將它舉向空中，用它在空氣中畫咒，在光中，一圈又一圈地畫著。又見他拿了一把米在左手，然後撒向空中，看著米粒在光線中微微發亮，掉到地上。

「仁波切現在可以見你了。」

我們一直站在星光下的石階上，凝視雲朵穿繞著明月。蒙妮莎說，信德族人會從白雲繞著月亮的形狀，占卜彼此的命運。「別擔心，」她微笑著說，「我剛剛看到一匹馬和一條龍，這兩樣都是非常吉祥的。」然後她和狄利普談論今晚的月光。蒙妮莎說這月光讓她想起信德的月光。狄利普說：「胡扯！信德的月光比較淡。」「比較淡！信德和信德族人沒有什麼事是淡的。」

「仁波切現在可以接見你了。」那名容光煥發的年輕喇嘛又說了一次，然後拉著我的手臂。我們走到僧院樓上，狄利普和蒙妮莎依舊爭辯不休。「你對月光到底懂什麼，狄利普？你什麼也不懂。」

「我的眼力比妳強。」

「只有女人和詩人才真正了解月光。」

狄利普忿忿不平地咆哮著。

謝伊僧院實際上已是斑駁廢墟。僧院尚未完全傾圮的部分，僅剩僧侶們做早晚課的僧房、上面的樓層、滿布煙塵的長形廚房，還有收藏著名巨尊阿彌陀佛銅像的僧房，另有一間別無長物、專供仁波切戒修時使用的小房間。

帶路的年輕喇嘛敲了兩下門，屋內傳出一陣低吼似的輕柔聲音。我們進入屋內。那是間毫無裝飾的房間，空盪的牆上只有一扇小窗子，兩個覆蓋紅布的長形座墊，一張髹漆的桌子，以及一塊藍綠相間、綴有龍圖的破舊氈子。

仁波切坐在一塊墊子上，在眩目卻穩定的煤油燈光下，大聲地啜著茶。眼前這位疲累而閒散的人，和十五分鐘前我在寶座下方所見到的，是何等強烈的對比。這個人主持與帶領晚課進行時，他的莊嚴，在寧靜中始終讓我們存有些禁忌；此刻他抬頭看著我們，臉上深邃的棕眼、稀疏的白山羊鬍、柔和而無皺紋的皮膚，一切的禁忌驟然消逝。仁波切的斗篷在喝茶時掉下來了──他再度把斗篷圍到肩上，開朗地笑著，用手示意我們坐下。我們輪流上前，依照禮俗把哈達獻給他，他把哈達還給我們，繞在我們的脖子上，還發出長長的哈聲──那是我在他表示歡迎和祈福時經常聽到他發出的一種聲音。我發現自己在向他躬身時，身軀微微顫抖。他輕輕地拍著我的頭，像是要我安心。

我們靜靜地坐著，他一個個注視我們。我第一次意識到一種會讓我忍不住注意他的特質——那種寧靜的本質。當他說話時，總是用一種深沉洪亮卻又極柔和的聲調，而且說得很輕柔、很緩慢；不過，多數時他根本就不說話，只是坐著，就像現在這樣坐著，雙手合掌自在地放在腿上，以一種閒適、玩味卻又帶強烈教喻意味的目光，注視著房內的每個人。在我和他相處的時光，他不曾用敷衍的態度對待任何人。當他初次注視我時，我對他微笑回應。我不知自己為何會對他微笑，覺得自己看起來一定很可笑，坐在那兒，用很親密的態度對著一個素未謀面的老人笑，不過我不在意。突然，他縱聲大笑、張開雙臂，用低沉且優美的西藏腔調說：「我很高興你們大家來到此地。」所有的人都帶著些許緊張的笑了起來。

一名年輕喇嘛納旺．徹林走進房內，坐在仁波切腳邊。他將擔任我們的翻譯。

「你從哪來？」仁波切問我。

「我來自英國。」

「你為何到拉達克來？」

「因為自幼就對西藏深感興趣。我在印度出生。曾經在德里遇到一名法國年輕人，他說許多拉達克的事情；而我在牛津的一個朋友，也指導過我西藏佛學。我來此見識活生生的西藏傳統，並試著摸索及了解一些藏傳佛教的精髓。」

仁波切想了想，低頭看著雙手，默然不語。接著他直視著我說：「你來這裡是想要了解一些佛的事情？是真的嗎？」

「是的。」

「很好，你來對地方了，而且來得正是時候。你很幸運！你應該盡所能的學習一切。」

我們靜靜地坐著，我問了仁波切一個問題。

「聖明閣下，我到拉達克已有好幾個禮拜，感受到這是個好地方，但是它也處在一種危機之中——它逐漸失去它的張力、它的精神。我們這些來到拉達克的人，可以為它做些什麼？」

仁波切並沒有馬上回答。我了解他從來不會直接且立即的回答問題。他會就問題和發問的人沉思。當他回答時，通常會把身子微微地向前弓著，彷彿要聆聽那些聽者內心世界的靈性、聆聽那些文字所無法傳達的心靈交流律動。即使是極其草率的問題，他也都會回答得很長且仔細，語意婉轉而優美，如星光般燦爛。

「現在的拉達克很窮很慘；拉達克圍繞著危機。這個國度的內心、靈魂和血液，就是一種佛理，一種存在這些山區兩千年的佛理；而它的內心正受到威脅。這座僧院正在傾圮，僧侶也慢慢失去戒律。你們除了愛它、了解它的內心，別無他法可以幫助它。如果你們愛它，就會明白假使拉達克內心的佛理無法活絡，就會死亡。我們的僧院應該被保存下來，我們的喇嘛應該重新學習佛法之美及其尊崇，還應該建立學校，許許多多的學校，以協助人們維護舊時的信仰，讓他們在一個變動的世界裡重生。沒有了佛理，拉達克就無藥可救，將會像一頭瞎眼的老牛，蹣跚地走在黑暗的尖石上面。」

「狄利普說他在僧院裡看過的那些圖畫，許多已從牆上剝落。」

「那不成問題，」仁波切說，「我們有許多新的畫師。」

「但是有許多古老的畫作幾乎是傳世巨作。新畫師多半無法像老畫師那麼優秀。」

「宗教藝術傳統能被保存下來，活在人們的心中，遠比將拉達克變成一座博物館來得更重要。」

仁波切接著說：「佛學院比畫作更重要，未來也要比過去更重要。如果這個國家沒有人能懂得這些畫的意義，那麼為什麼要保存這些畫作呢？」

然後他看著我們說：「你們想不想過來看看我的學校？」

仁波切的佛學院

儘管時間已晚，我們也知道吉普車司機將沒辦法休息，但我們還是決定留下來，去看看仁波切的佛學院。他似乎很高興。

我們走下僧院的山丘，接著左轉，在星空下走了幾百碼路，來到一處我曾在寺院石階上看到的巨大碗形沙漠。靠近一大片月光柳林處，就是佛學院所在。那裡只有兩間半完工的僧房，這兩間灰白水泥僧房，預留了窗戶的開口。在月光下，僧房看似像被人棄置在那裡，很難想像有孩子在裡面上課。

我們恭恭敬敬地繞著這棟建築步行，仁波切不停地拍著手。顯然，對他而言，這座佛學院已經建造完成，而且堪稱雄偉，並已有許多學生正在研習佛法、學習西藏語和數學。

納旺．徹林輕聲對我說：「仁波切是個凡事樂觀的人。其實我們沒有經費，所有的建築都是這兩年內建造的。難以相信它能夠全部完工。沒有了佛學院，其他事如何能有所成就？」

仁波切邁著大步繞著建築物走，一邊解說那些牆壁有多麼牢固，還有建築純正的美感與設計。每個人都可以看出，仁波切已在僧房所在地看到一代代的學子們，正在吟誦經文、學習西藏的辯經技巧。

「說實在的，」仁波切說，「我們沒有經費，政府不協助我們也是事實。政府並未阻礙我們的努力，當然也沒有幫助我們。不過我並未放棄希望。這塊土地是佛之淨土。佛教在這些山區永遠也不會滅亡。」

他大笑說：「如果我們無法建造一所佛學院，露天教學也無妨。我們可以在洞穴裡或河邊的樹下教學。當年佛不就是這樣傳授佛法嗎？」

納旺．徹林說：「我們沒有人能夠了解，為何仁波切總是能對每件事都懷抱希望。或許是因為他已經失去太多東西的緣故。他沒有依附，因此也沒有什麼事可以讓他悲傷。」

我站在其中一間僧房裡，從高處的玻璃窗看著外頭的一輪明月。納旺走近我，把手放在我肩上。

「你可知道月亮在佛教中所代表的意義？」

「不知道。」

「月亮象徵圓覺了悟。佛祖在滿月時誕生，也是在滿月時圓寂。」

「今天是滿月。」

「是的。我們很幸運能在滿月之下共聚一堂。」

然後，納旺說：「明天仁波切會做特別的祈福——向觀世音菩薩祈願。全拉達克會有許多人來參加。你們一定要來。」

仁波切在僧房外走著，接著轉進門內，他的臉龐和肩膀閃現在月光中。他看著我微笑，一語未發地點了兩次頭。

隔天，我並沒有去謝伊。初次會晤仁波切的強烈感受，讓我覺得緊張且困窘。我想和他多保持一點距離。

第二天下午，我和狄利普一同前往史達克納僧院。蒙妮莎待在家裡洗頭，再到市集為她的家人買禮物。「你們男人一起出去做點事吧。」她邊說邊從土黃的小木屋裡不耐煩地向屋外的我們揮手。「我想一個人靜靜，思考一些重要的事情。」

吉普車上，狄利普和我談論仁波切。「你對他的看法如何？」

「我深受感動，而且印象深刻。」

「為什麼？」

「他是如此地單純。」

狄利普大笑。「你也會害怕，對不對？」

「是的。」

「第一次見到他時，我感到害怕。見過面後的幾天，我不敢再回去看他。像他這樣的人，真是令人心生畏懼。他們是如此的澄明，以致讓人自慚形穢。過去二十年間，我一直期盼能見到一個像他這樣的人——但是當我真的見到了，最想做的第一件事竟然是逃離，想立刻離開拉達克，而且永遠不要再見到他。我曾經想過要找一位上師，當我真的找到了，卻感到備受威脅。我曾經用盡方法空想，想要改變生活，當我得到這樣的機會，卻突然覺得什麼都不想放棄。有一段時間，我很討厭他。他有什麼權利要我明心見性？這位年邁的西藏人到底有什麼權利，讓我覺得自己荒謬、空虛、無助和錯誤？甚至覺得他的力量是邪惡的。他是某種黑暗的魔法師，正在玩弄我的靈魂。我甚至試著以過去在英國學到的無神論和反諷學，來與其保持距離——但都沒有用，那無法奏效。」

「發生了什麼事？」

「最後我還是去見他了。在我會晤他之前，內心充滿了各種陌生、憤怒的念頭和一堆疑問。當我進到他的房裡，一句話也說不出口。在我一生中，從不曾這麼啞口無言過。那個上午，我沒辦法開口，也沒辦法移動身子。他看著我說：『你今天想留在這裡嗎？』我回答：『是的。』於是我花了一整天和他在一起，待在他的房裡，沉默地看著他接見往來的喇嘛、村民和西方人，什麼也沒說，什麼也沒做，只是和他在一起。那天我終於了解，自己碰到的是怎樣的一個人……當天晚上離去前，他為我祈福加持，而我也明白他已經接受我了。」

「你變成一名佛教徒了嗎？」

「我對於被貼標籤沒興趣。我發現，當我相信一個人時，他善良的力量和靈性就會賦予我力量。在東方，我們相信大師和弟子間的關係，遠比任何教條式的信仰來得更堅強且更重要。真理是一種活的張力，藉由人與人傳遞，是一種生活化的體驗，絕非某套特定的練習模式，甚或某些哲理的特定立場。我皈依了佛教，以佛教徒的方式禪修，但是我不願意稱呼自己是佛教徒或印度人。經歷過一段安逸散漫的歲月，在一切都還不算太晚的時刻，目前我只是一個尋求了解自我的人。就是這樣。」

接著狄利普轉頭對我說：「你一定要讓我告訴你一些事。雖然我只認識你三天，但我卻覺得和你十分親近。你可以當我的兒子。我有個兒子年紀與你相仿，你們應該會彼此欣賞。如果你從仁波切那裡感受到什麼，那麼就追隨那種感覺，盡可能勇敢地追隨你的感覺。找到可以對他開放的謙遜，毋需恐懼。願意的話，他可以讓你明白一些事情。要是我向你說教，請你原諒。長期以來，我只相信自己親眼所見、親身接觸，以及用自己狹隘、刻薄和艱澀思維所得到的知識；我是個無神論者、物質主義者、機械工程師和犬儒學者——我很高興自己是這樣的人。我需要這些特質，需要它們帶給我心智上的折磨、帶給我澄清與判斷的力量。千萬不要認為靈性的生活只要求放棄，其實它也需要最高等的智慧、最好的識別和判斷能力。我不覺得我已經拋棄過往的生命；我覺得我是以它們為基礎，讓生命益趨成熟。當然，我可能在愚弄自己，你也許是在聽一個受驚嚇糟老頭的夢囈。不過，那是為了讓你判斷，讓生命透露啟示。」

我們已經到了史達克納。然後走上那條通往僧院漫長、曲折且滿布石礫的小路。

畫中的仁波切

拉達克最偉大的繪畫，收藏在史達克納僧院右側的大殿裡。你需要一支火把才能看到它，它已從牆上剝落，再過十年，可能就完全消失了。

那是幅十七世紀偉大上師的畫像，是一名來自不丹的仁波切。他坐在光華四射的蓮座上，雙眼半閉，左手舉起祈福。畫作與真人同樣大小。

這幅畫並非因某種理想而創作，它完全是一個真人在真實地點，既不是神話中的英雄，也不是神。這位喇嘛的鬍子參差不齊，有鄉下人粗壯的臂膀，臉上的皺紋則證明了他在十年自行苦修期間，所承受的壓力和混沌，還有追尋自制的長期奮鬥過程。他那方正的肩膀略為彎曲。

離畫像很近的方形大祭壇和窄小房間，讓你無法站在太遠的距離。於是畫裡的仁波切像是在注視你，而你回望他；他對你微笑，你會半強迫地微笑回應他。他略微前傾，似乎無法容忍你和他之間有絲毫距離。

我只看過一幅畫具有如同這幅畫般的精神張力——那是在聖賽波克羅美術館中，一幅由皮洛．法蘭契斯卡（Pierro della Francesca）[10]所畫的〈基督復活〉。不過，史達克納的仁波切並未如法蘭契斯卡的基督畫像般，帶著一股陰森的威嚴，也沒有「聖靈的恐懼感」。拉達克這幅畫中，深紅、青綠和土黃色的袍子色彩溫暖而可親。仁波切不是升天的神，只是一個人、一個努力統御自我的人。你可以感受到尊崇，但是沒有那種遙遠的距離、沒有從內心油然而生的神聖隔閡感：這幅畫所要表達的是，仁波切就是你的自我最高尚的部分。

「佛教中沒有神，」狄利普說，「所有大乘佛教中稱呼的『神』和『菩薩』，都是一種內在的戒律，是每個人內心所深藏一種靈性增長的能量。佛陀圓寂時說過：『我不是神，只是個學習如何穿過苦海、並且教你們如何渡苦海的人而已。快快勤勉地完成你們的勞役。』萬事萬物都是佛，其中也包含了佛法。去年仁波切對我說了什麼？他說：『這問題不是你將變成什麼樣，而是你要如何顯露真正的你，讓你回歸自我，讓不屬於你的東西都抖落掉。」

「當一切散落之後，留下來的是什麼？」

「什麼也沒有。空，空。沒有真正的我，沒有最後的定位，沒有神，沒有靈魂，沒有絕對，只有空。仁波切表示，空有兩種說法。你可以嚴格地說，也可以寬大地說。你可以說它像死神的重拳打在門上，或者可以說它像海浪被風吹走，海水輕拂過岸邊。當用第一種方式說它，你會微微顫抖，因為了解，覺悟空是你向來珍惜與害怕的自我盡頭，自我到了最後就是空；在你用溫和的方式說它時，會感到快樂，因為空的體驗是寬大且自由的，亦即涅槃。從一種錯誤的認知中解脫，就是佛教的目的；了解無事無我，也就等於對所有人事物有了悟，那麼就不會有死亡、恐懼、痛苦和分離。」

「你對你所說的有感觸嗎？」

「偶爾。但已足夠明瞭那不是空想，不過還不足以讓我能經常認知這種觀念的真實性。」

我再次抬頭看著那幅畫，發現一些我不曾注意到的東西——仁波切四周簡略表

---

10 譯註：皮洛・法蘭契斯卡，一四二〇—一四九八，義大利畫家。

現的光圈，是以很棒的迴旋筆法畫出來。仁波切看起來那麼堅強、那麼真實、那麼有吸引力；不過之前他看起來像個幻影，一個從狄利普和我的冥想深處產生魔力的角色。在火光中，那閃爍不定的深色石壁有一瞬間似乎變得沒有重量。

蒙妮莎躺在床上。「這些偉大的體驗，這些崇高的哲理……只會讓人更加自以為是、更加瘋狂、更沒人性。狄利普，還記得那個獨眼的聖人嗎？你認為他是智慧的奇蹟。他是在我見過一些年長的印度政治家後，覺得最傲慢的老白癡，這說明了一些事。有天，我告訴他我感到沮喪。他帶著鬼魅似的微笑說：『妳應該很有感覺地說我是神、我是神。』但我卻一點感覺也沒有，只是感到頭疼。」

「可是妳不能就此否定偉大的體驗。」狄利普說。

「不，我當然不會否認，只是拒絕賦予你所賦予的那種重要性罷了。活得自在比隨時都有神祕的啟示來得重要。讓一個無聊的老女人過得自在或捐獻給窮人，都要比在樹幹裡或一把沙中看到神更重要。」

「然而妳總是說妳有多愛仁波切。」

「是的，我愛他。那多半是因為他不會不斷說著他的認知、他的觀想和他的體驗，他的境界已經超越這一切。他花了九年時間進行嚴苛的禪修——我認定他被那些神祕的事、所有的消散、涅槃、特別現象和其他東西填飽了。他是個善於傾聽、單純、溫和又有趣的老人，這就是我愛他的理由。他太忙碌於進入周遭的世界，以致沒有時間告訴世人他的體驗。而且即使有時間，他也不想這麼做。你還在尋覓，而他已經找到想要尋找的。差別就在這裡。這就是為什麼你總是在擔心、說話、分析和比較，這些已經夠讓人大啖巧克力了——所有對佛與涅槃的談論，不過是從自己的感應和反應所產生的神經質夢想！你們應該去刷洗廁所或洗點什麼，去做點有用的事！」

她看著我們放聲大笑，「老天，你們一定病得很嚴重！你們以為我在攻擊你們！你們可能是唯一不相信自己存在的人。一切都是夢。大乘佛教，輪迴，都是夢！我的天！你們所說的自重根本什麼都不是。吃顆太妃糖吧！不要光站在那邊苦惱！」

她接著說：「是你們讓仁波切變得這麼重要，變得這麼偉大、這麼神奇！其實他只是個老好人！當然這也是他為何如此神奇的原因！一個擁有各種神力的老好人，或許是真的吧，可是他完全不會因為你們仰慕的眼光，就被任何自我形象所迷惑。」

她轉頭對我說：「你不會讓狄利普對你說太多教吧？他是個大傻瓜！只會說話、說話、說話，說一些大話，什麼自我探索的。為什麼他不能單純點？為什麼他不能把事情看得簡單些？為什麼他不能理智一點、正常一點？」

「因為他還在尋找智慧，」狄利普說，「因為他害怕可能在還不知道那些值得了解的事情之前就死掉了！」

「我的老天，聽聽他說的！如果愚昧無知地死去，又有什麼關係呢？你又有什麼重要的？」

「這樣的對話每天都有。」狄利普說，「去年我問仁波切，我太太的靈性問題。他說她和我很相配，因為她非常了解我，所以會很細心地照顧我。我告訴他關於她的無神論、她嘲笑我的沮喪、貶抑我、老是打擊我的士氣。『很好，』他說，『非常好。那會讓你變得更誠實。』我聽了很生氣。」

狄利普夫婦離開拉達克

那天晚上，狄利普和我走在我們往常夜晚會走過的地方——列城上方的小山丘。滿天星斗亮熠熠的。「想到我就要回孟買了，」狄利普說，「回到……我的辦公室、我的親戚……那些可鄙的人事物！但我們終究得回到我們的來時地，不是嗎？去年我曾想過要住在這裡，不過我沒有告訴蒙妮莎——她可能會嘲笑我，或者更糟的是，她會恨我。我很慎重地思考過，放棄我的工作、我的生活，甚至是蒙妮莎，來這裡。我可能會進入僧院，在仁波切門下學習。為何我沒有這麼做？因為我膽小嗎？或是我不敢相信自己會這麼大膽地做這些事？甚至無法相信自己不是在演戲？想要放棄實在可怕，你會了解其實你也只是假裝放棄，就像假裝其他的事情一樣帶著私心。」

「你回去時是否有所改變？」

「我希望我可以說：我變得更了悟、更懂得關懷、更有智慧。說實在的，事實並非如此。我來這裡已經好一段時日，見了仁波切後，反而讓我更加愁悶。我無法忍受公司裡的每個人，甚至蒙妮莎。我像隻生病的老狗四處流浪。我敏感急躁、尖酸刻薄、焦慮易怒。當然我也覺得罪惡，覺得自己獲得的太多，卻無法做點什麼……然後我慢慢地改變了。我變得比較認命，不再渴望或怨嘆、或自我批判，而是開始禪修。沒有什麼是偉大的，沒什麼是永續不變的。其實我並不是任何人的典範，我的探索開始得太晚。我追尋哲理，卻因挫折而感到疲累和悲傷，讓我年少時代多數能量都為之耗盡。見到像仁波切這樣的人，是一種非常非常深切的實踐，不過那只是另一種探索過程的開始——我覺得虛耗過度而無法讓這更漫長的旅程啟航。或許我會找到勇氣。不過，我很懷疑。」

他停了一會兒，說：「相信來世只不過是一種慈悲。有些西方人假想來世是一種溫和的教條。不是這樣的。一次又一次的輪迴，不會死亡——這是多麼令人恐懼的想法！永遠無法解除這所有的渴求與追尋……不斷地困在輪迴的宿命中……不過，還是有一點幸運的：人還有另一次機會接近實相、有另一個機會去學習。我問仁波切這件事。他說：『為什麼你想要期待另一次的生命？如果有人給你一輛車和汽油，那麼在你駕駛它之前，會先等十年，先用雙腳四處遊走嗎？』我和蒙妮莎明天一大早走，請別來送行。偶爾寫封信給我們。祝你好運，勇氣百倍。」

他說得如此傷感和真誠，讓我十分感動。我們握握手，狄利普走下山丘，在盡頭處轉身揮揮手，繼續往前走。

我待在山上，看著滿天繁星，聽著河流在岩床上呢喃。我想：「明天我要去會見仁波切。我不會再耽擱。」

當晚，我做了一個夢：我坐在我於北美待過的一間屋子的畫室裡。獨自一人。屋內那扇大落地窗關著，因為那是冬天，可以看到窗外雪花覆蓋的草地和樹林裡的積雪。

我獨自一人，而且不開心，覺得自己永遠也離不開那間屋子。我注意到屋裡所有的東西都比記憶中要老舊。書桌上覆了一層灰，壁爐架上有四隻瓷鳥，每一隻已見破損，不是掉了一隻翅膀，就是鳥嘴不見了。每個屋角躺著成堆的雜誌和書，像是被沮喪的人不經意地翻開過似的。留聲機的唱針臂掉在地上。

兩年前的秋天，我待在那棟屋子，內心充滿了灰暗。在夢裡，我再次經歷了那種挫折。那年夏天，我有個住在費城的朋友精神崩潰。我見不到他，也無法聯繫到他。在夢中，我可以聽到他在另一個房間裡說話、大笑，接下來是啜泣，如此一再重複，然後聽到他很清楚地說話，但是聲調尖高像白癡。「這是你的作品。這是你最好的詩作。我希望你很滿意。我是不是正在大叫？我是不是說著我該說的話？」

我閉上眼睛，感覺整個身體蜷縮，像快死了，彷彿我是一堆黑沙做成的，即將流散掉。

接著，我再度張開雙眼，屋內所有的東西都已清理——沒有留聲機，沒有書，沒有骯髒的卡其色地毯，也沒有破損的瓷鳥。屋子空盪盪的。我坐在地板上，另一個房間裡也無聲響，沒有笑聲、啜泣聲和責難聲。朝窗外望去，原來應該覆著白雪和長著松樹的花園草地，竟只見一灘寬闊的水澤，延伸至地平線，並且閃耀著一種均勻的白光。

狄利普和蒙妮莎照原訂計畫離開，我來不及起床送他們。我打開房門去吃早餐時，發現一封信。

我很高興與我們在拉達克相遇和交談。或許我們會再見面，或許不會。今晚我讀了《密勒日巴歌集》（Songs of Milarepa），發現了兩段話——

「山中的涼水
可治體內之病
唯雷鳥和山鳥方能找到那涼水
河谷的野獸沒有機會喝到它
海洋裡有珍奇的珠寶
珍奇而讓人欲望滋生
那屬於幸福之龍所有
陸地上的人們無法得到它」

我不是山鳥。只不過是一匹試圖爬上險峻山岩的老馬，我喘不過氣，很容易疲累。至於幸福之龍——我不曾見過，希望你能看到。

對仁波切獻上我的愛。向他學習。

摯愛的狄利普

狄利普在信的左下角畫了一隻龍，一對巨大、有鱗紋的翅膀拍動著，前額中央有顆火紅的寶石。但是牠的臉卻異常灰白憂鬱。剎那間，無法確定在哪見過牠，然後我明白了牠的含意：那是一張咧嘴而笑的英國柴郡貓（Cheshire Cat）[11]的臉。狄利普的英國教育沒有白費。

決心去見仁波切

搭上清晨開往謝伊的巴士，我感到害怕。萬一是我和狄利普創造了仁波切怎麼辦？萬一不是又怎麼辦？這兩種可能性，一概讓人感到沮喪。失望該是最安全的事，至少我還能為這諷刺找到庇護所。但是如此不遠千里而來……萬一仁波切正是我和狄利普感覺中的那種人，那我該怎麼做？我總得做些什麼吧？我不能只是觀察、學習一點事情、記錄我所學到的東西，然後就離去。那將會令人喪氣，也會使人頹廢。然而能做什麼？又該做些什麼？我一點概念也沒有。巴士到了離列城僅五哩遠的西藏村拘蘭薩時，我差點就要下車。為什麼不去看看這村子，然後回列城，

11 譯註：源出《愛麗絲夢遊仙境》。

明天再回喀什米爾，乾脆永久遠離此地所有的狂亂？但是我知道不能這麼做。我千里迢迢來到這裡，必須走得更遠，必須試著了解是什麼原因驅使我去見仁波切，以及為什麼即使感到害怕、渴望離去卻還是一想到要去見他、就會對自己微笑。

我第一次爬上僧院，正是在月光下。當時整個謝伊的平原一片黑暗，僅有小河的銀光和舍利塔在黑夜中的反光。如今我是在亮眼的晨光下步行。田野尚未收割，作物如此豐美，綠油油的穗子隨著溫暖和風搖曳。舍利塔在夜裡看起來如同鬼魅，甚至連走近它也一樣恐怖，但現在看起來是如此挺拔亮麗，彷如一塊塊絢麗的麵包──陽光的溫暖讓它們鮮明立體起來。有些舍利塔上有綠色、紅色和黃色的旗幡，迎著風撲撲拍打著，那種如火焰般的單一色調，和或紅或橙的岩石及強光照射的蒼茫藍天相互輝映。我第一次到謝伊，路上只有狄利普、蒙妮莎和我三個人；今日我在這條塞滿拉達克一半人口的小徑上，被推推擠擠地走著──滿口黑牙、滿臉皺紋的老先生和老太太，嘰嘰嘎嘎地搖著法輪；少女們穿著假日才穿的錦緞，至於年輕的父親們則穿著乾淨的紅袍、耳朵上戴著花朵。旅館老闆的父親和我走在一起，他說：「這麼說，你是要來看仁波切。我們也都是要去見仁波切。同他一起祈福是件好事。我們要向觀世音菩薩祈願，一起祈禱、喝茶和聊天，然後搭最後一班巴士回家。那是節慶，夏日的大慶典。」他把杏子和蘋果塞到我手中，還塞了些在我的印度衫口袋裡，以及我經常背著的棕色小帆布袋。我們在路的最頂端停下。他拿出一只裝了河水的細頸瓶交給我。我喝了瓶中的水，有岩石和陽光的味道。

我們沿著通往大殿的階梯往上走。眼前的景物也有些許改變。第一次來到這裡時，除了站立兩排的喇嘛、仁波切和許多閃爍的小油燈外，空無一物，牆上也只畫了少許幾幅如夢般的佛面。那個晚上，一切有如魅影，儀式進行中如夢似幻的情景雖然讓我感動，卻無法投入。而現在這間屋子充滿了晨光，四方紅綠色調的佛陀禪坐圖像展現在我眼前，佛像顏容安詳，舉起手，身後有著綠色、紅色和黃色的光圈。在遠處的牆上，螺旋狀的巨大曼陀羅圖像，被兩個大木架圍拱著，木架上有許多洞用來放經書，包經書的絲布在數千盞油燈閃爍的燈光和屋頂灑落的光線中閃閃發亮。此時，整棟建築塞滿了拉達克人，幾乎找不到可落坐的地方，至少有三百人，母親、小孩、老人、年輕人及來自謝伊與附近村落的人。他們或交談、或祈禱、或轉動法輪，一邊走來走去，彼此寒暄。在這群亮麗、喧鬧、繁榮的眾生中央，正是仁波切，他盤腿坐在一張小小的寶座上。我走進屋內時，他已經舉起一隻手把鼓擊響，另一隻手則把鈴搖響。我站在門口注視他好一會兒。從屋頂傾瀉而下的陽光，灑在他的頭上和肩上。他在發光，就像一家之長在家庭的中心散發出光芒。他敲響鼓和鈴後，人群中有一名老婦人顛躓地走向他的左側，向他鞠躬，他彎下身來，用手捧著她的頭。她站起身，拿出一條哈達獻給仁波切，仁波切輕柔地接下哈達，然後圍在她的脖子上。

與仁波切會面

我只是為了這一天而來，卻待了整整一星期。我整天坐在寺院沁冷的石板上，喝著茶，談天，祈禱，打坐，觀察仁波切，反覆思考狄利普提起他第一次造訪貝那拉斯的經過。

「我很害怕，」狄利普說，「是的，我，一個印度人，第一次到貝那拉斯就感到恐懼。多麼嘈雜！多麼熱鬧！我覺得它令人作嘔，一點宗教氣息也沒有。你知道，我曾經到過聖保羅大教堂。女士們戴著黑帽，用一種有教養的聲音低聲說話。『讓我們開始祈禱』和『現在先進行第一課』，神學校的男孩穿著領子漿燙過的衣服，排排站立，主領彌撒的神父帶領著禮拜儀式和表白信仰。在那之後，我到貝那拉斯……我想逃跑。但是我並未那麼做。我留下來，而且慢慢地有所領悟。明白印度在生活上並未與神脫節，印度人的神無所不在，祂透過萬事萬物來顯現：在刷牙的時候，在賣甜品的時候，坐牛車的時候，甚至是冥想或在恆河裡沐浴的時候。

他轉頭對我說：「印度人相信，我們對神至高無上的愛，不只是像對父親、對情人或對朋友那般的愛——而是像對孩子們的愛。就像印度教侍奉克里希納的侍女，伴隨著克里希納一樣……那是最辛苦的一件事。我們在神的面前很容易就會謙卑；最難的則是忘掉我們的罪，拋開自私自利的心，而能微笑面對祂……」

狄利普所說關於貝那拉斯的一切，似乎完全針對身處拉達克一間屋子裡擁擠人潮中的我而說。噪音、閒聊的聲音、狗吠聲及老婦人的吟唱聲——起初這些聲音讓我感到驚惶，覺得自己像要躲進身上那件粗棉布服和棕色喀什米爾衫裡。慢慢地，我開始放鬆，拋開自我的挫折感和附在身上那種半自諷的感覺，逐漸對一切事物感到愉悅——像那些向著門口端坐、雙手總是合十祈禱的老尼僧臉龐；喇嘛們倒茶的模樣；小狗狡黠頑皮的動作；年輕女子戴著綠寶石與土耳其玉的耳環，祈禱時，耳環在肩膀上方搖曳不定。從組成噪音的所有音源——誦經聲，歌聲，說話聲，孩子低沉的哭聲，僧院大門開闔時的嘰嘎聲，稍微可以體會到一個人終其一生都在禪修會是什麼樣子；可以感受到祈禱者每一種行動的寬大與愉悅，每一種姿態沒有起始，也沒有終了，比任何一種儀式來得古老、來得更有新鮮感，而且細膩和美麗，又會是什麼樣子。沒有其他的事會比在那間屋裡所發生的一切更重要——有個男人站起身，就著門口射進來的光輝伸展手腳，恰如仁波切的擂鼓聲般引人注目；一名老婦人半睡半醒地坐著，孫子坐在她腿上受到溫暖與呵護的樣子，如同牆上一幅佛陀身處綠色或紅色火輪裡的畫像；一隻狗的叫聲，如同喇嘛們的低吟與法鈴聲，是一種明晰的提示，提示我們佛法、生命之輪及所有事物的稍縱即逝；一名年輕女孩帶著時斷時續的笑聲，突然循著外面的光線跑進屋內，那模樣就像仁波切般聖潔。事實上，就像仁波切的一部分，就像由仁波切的雙手、姿態、表情和微笑所組成之禪定的一部分。

有天，我在巴士上遇到一位德國青年，我邀他當天早上與我同行到謝伊。他和我一起蹲在兩名拉達克老婦人中間，用嫌惡的表情睥視一切。

「他們一點也不嚴肅，」他說，「你看他們——看看那邊的那個女人！她正和她的朋友說話，她並沒有祈禱。再看看那些喇嘛……那個喇嘛在打瞌睡。」他指著一名禿頭老喇嘛。我經常看到這個喇嘛老是一副要打瞌睡的樣子。

「其實，我的朋友（他經常稱呼我「朋友」），我們所看到的不過是一幕社會壓迫的景象。仁波切就是大老闆，所有的拉達克人就是夥計，而這裡就是年終的宴會，所有的奴隸都會受到邀請，為的是讓他們開心。」

號角再度響起，坐在我們旁邊的兩名老婦人拿著她們的念珠，開始大聲唱，一邊搖擺著身體和拍肩膀。一個老人拿著一袋蘋果走向仁波切，獻給仁波切。

「你怎麼有辦法坐在這一堆中古世紀的垃圾裡！」那名德國人說，「這一切可能帶給你什麼好處？」

「它帶給我歡樂。」我說。

他用輕蔑的眼光望著我。

第五天的晚上，也就是我面見仁波切的時候，我近距離地觀察他。一小時接一小時、一天又一天地坐在他的僧院和他的門徒中間。

在回到列城後的幾個晚上，我試著寫下面見他的經過及對他的感受，它們只是一些浮光掠影罷了。而我所寫的關於自己的事，可能多過關於仁波切的事。雖說如此，還是得說一些有關他的事，儘管我知道可能說得不夠恰當。

「仁波切和他的弟子一樣，以溫和舒暢的方式做早晚課。他記得在場的每個人：那些沒被他看到或和他談話的人，沒有一個會走向前去向他鞠躬或要求他祈福加持……他愛開玩笑。有一隻狗在黑暗中吠猖，他聽到了哈哈大笑。老先生和老太太前來詢問他的建議，他會和他們開玩笑；他做出各種動作和姿勢，就像他一直都想這麼做。」

「在他的嬉笑之中有一種鬆弛，那是一種持續幽默感的流露。就像史達克納僧院壁畫上的仁波切，他不想讓自己與他人間有障礙、有距離。幽默是他和敬畏他的門徒間的一座橋梁。」

「我不應該把他形容得過於喜歡打趣、開玩笑。有幾次，我曾捕捉到這位花了十年時間在洞穴中苦修禪定的老者，開朗打趣的真性情。儀式中，當他搖響法鈴，另一隻手握金剛杵，臉上露出一種遙不可及的表情，在那一刻，他不再是一位溫和、可親又和善的父親；而像是某個陌生人，變得更神祕，變成一個與我所見過的人或物更為遙遠的人。他手握權杖、搖著鈴、擂著鼓，那模樣帶有一股凶暴，如果他不是立即鬆弛下來，環顧屋內四周，像要看看每個人是不是都還和他在一起、是不是還很安全，他那種凶暴真的會令人害怕。」

「我對這個儀式和他的姿態了解得愈多，就愈能明白仁波切的鬆弛，正是來自一種近乎持續禪修的境界。」

「他坐在寶座上，那並非一個高高在上的寶座。他被周遭的弟子所包圍，端坐的方式或動作，完全沒有一點自我推銷或修飾。他是他們的精神領袖、是他們一種完美的象徵；他也是他們的父親。他們對他的愛出自真情流露，是如此完整且近乎空靈和純善；他認定他得對這些愛負起責任。」

「今天在儀式進行到最重要的部分時，有一隻狗發出吠叫聲。仁波切抬起頭來微笑。他示意一名喇嘛拿食物去餵那隻狗。」

「今天下午，我們正在祈禱，有一團德國老人進來。他們大聲喧嘩，繞著寺院大步走，並且拍攝拉達克人的特寫鏡頭；他們甚至要求喇嘛微笑、挪動身子、展示他們的經典……我感到非常激動，替他們感到可恥。仁波切揮手要一名年輕的喇嘛招呼他們，給每人一顆蘋果，邀請他們靠近他坐下。他們坐在仁波切附近約莫一小時，安靜且全神貫注。」

「這天早上，有兩名孩子在光溜溜的地板匍匐爬向仁波切的左側；喇嘛們看了哄堂大笑，孩子們的母親從人群中跳了出來，把他們抓起，但沒有立刻回到座位上，反而把孩子帶到仁波切面前。看到他們時，他爽朗地笑了，笑得彎下身來，由於彎度太大，讓我擔心他會從座位上掉下來。他把雙手放在孩子們的臉頰上。」

「我該如何寫這些事，才能讓它們聽起不致太瘋狂？無論如何，我要寫下來。那些日子的大半時候，我都感受到這發生的一切，也正是仁波切腦子所發生的一切。他並不是在主導這些事情的發生，也不是在控制這一切；讓這一切發生的不過是——佛、那些狗、那些老太太、誦經、歌唱、我的念頭和冥想及其他一切事情。那種寬容巨大，對我來說並不陌生，也沒有恐懼，而是很自然的事情，事實上，我也曾經體驗過。我覺得他的思想根本不是個人的思想，也不是經過設定、想要占據和指揮的欲念或主導的思維——只是一種在舞動的思想、一種如虛空般寬廣的思想……」

「那名德國人看了我寫的東西，會怎麼說呢？他可能會說：『這個人不是瘋了，就是太天真。難道他沒看過政客親吻孩子嗎？難道他不知道不停微笑的行為，不過就是古代神職人員擅長使用的伎倆嗎？他怎麼能如此投入呢？恐怕答案很平常，那就是這個人正在尋找教父，而他也找到了。他找到這樣一個老人，老人的文化既是他所陌生、又是他所理解，如此一來就可以解除他被嘲諷、被批評和無法擺脫批判的負擔。因此他也可以把整個人沉溺在這種空想中，盡量將其延伸至荒誕不經的境界（也可能是最危險的境界）。仁波切不僅是一位教父，也可能是這位作家把自己理想化的一種樣貌……這名老者來自另一個不為人知的世界，作者在他身上找到增強自己最完美的方法，可以用來吹噓自己的靈性……』那名德國人的異議一點也不讓我驚訝。有些事真如他所說。但是聽了這些話，我只能大笑——不是那種自以為是的笑，我的大笑中沒有絲毫恐懼。如果仁波切『是』真實的，那麼我因他而感受到的歡樂也該是真實的，那又如何呢？」

納旺心目中的仁波切

到了夜裡，多數人搭上最後一班巴士離去。僧院彷彿被棄置在那兒。大殿下的角落裡有幾隻狗在睡覺，酥油燈照著牠們光禿的腦袋。牆上的佛也都回到僧院裡——祂們的臉在黑暗中模糊難辨，藉著油燈，只看見這裡一隻手、那裡一隻腳。一名老喇嘛正在打掃這間大屋子——地上堆了一堆蘋果皮、杏核、廢紙和一堆線頭，一隻破鞋掉在屋子中央。三小時前，這裡放的都是黃銅色的蟒號，還有用紅黃絲巾包裹著的經書。

等了一個小時，納旺．徹林通知我，仁波切在祈福法會結束、料理完事務後會接見我。我不介意等候，於是沿著僧院的牆走來走去，繞著巨大的白色舍利塔走到主建築左側，望著河谷紛亂擾攘的舞台沒入黑夜中。慢慢地，農莊的燈火照射過來，是黑暗中微小卻熾烈的標誌。對我來說，油燈點亮的那一刻，是一天中最快樂的時刻。佇立在謝伊，想起那些曾經因為第一道光芒照亮時，讓我感到歡欣的地方——童年時代，住在祖母位於康巴托（Coimbatore）的家，白色窗簾讓光線暈開，一名老僕人站在陰影中，只有他的臉被照亮；十年前，在威尼斯一個明亮而冰冷的冬夜，獨自一人站在學院橋畔，只有平緩黝黑的河水與我相伴；在牛津的那段時光，每天工作結束後，也有過數百次歡欣的經驗。

納旺．徹林走下石階，在淡淡的月光中，他看起來有點不真實。而他身上穿的深紅色袍子，映著月色幾乎成了黑色。「仁波切現在可以見你了。」

我們一語不發地走到仁波切的房間。那種低沉近似咆哮的聲音再度從裡面傳出，我們進入房內。仁波切盤腿坐在墊子上。在他面前，用兩塊小白布覆蓋著兩只小瓷碗，還放了些食物。他正在喝茶，看起來有點疲倦。房內點了三根蠟燭，還有一盞微弱的油燈。仁波切坐在亮處——房內的一切都被黑暗吞噬，魅影重重。

仁波切示意要我坐在他左邊的一張墊子上。納旺．徹林則坐在我們之間的地板上。

仁波切看著我說：「你打老遠而來，我想你或許想要得到一點教喻，是嗎？」

「是的。」

他再次看著我，然後轉過頭去。他閉上眼睛，神情看起來十分專注。一會兒他開始說話，聲音十分緩慢而洪亮，深沉的聲音像一種連續卻完整的吟唱，一句接著一句。納旺和我靜靜地等他說完。他的話我雖然懂一些，但仍需要納旺為我翻譯。

「許多人說他們想要得到一些教喻，卻總是說：我想要得到一點啟發，這樣就能吸引別人。這到底有什麼用處呢？很多人都說他們想要學一點佛理，但他們學習的方式是逃避真理，而非接近它。所以你要了解真正的動機所在，也就是實際去接近真理，那才是最重要的事。如果不是這樣，那麼你所學到的一切，對你而言一點用處也沒有。」

他停頓了一會兒，雙眼依然閉著，「要來此獲得良善靈性的教喻，你必須先理解及感受許多事情。你必須明白所有現象的無常和稍縱即逝，不只是在思想上，連你的內心和靈性也要有所體認。你必須了悟萬般皆是痛苦——沒有覺醒的愛是一種痛苦，沒有覺醒的欲望也是痛苦。你必定已深深地了解到痛苦的本質，因此你明白整個世界都在痛苦之中，眾生都在遭受痛苦。佛陀說過，這個世界陷於大火。如果你沒有以純正的靈性去聽取這句話，那麼單憑這幾個字也會將你燒傷。你必須先明瞭苦的本質，並且以完全逃避苦的想法和企圖去超越痛苦，遠離大火的世界，進入涅盤，克服欲望的苦惱，生活在平靜和愛之中。」

他把雙手放在前額，「在小乘佛教中，他們說修煉的最終目的就是遠離苦。這和西藏的大乘佛教不同。當看到眾生陷於痛苦中，我們不能容忍自己逃離；在眾生仍然羈困牢籠之中時，我們不能忍受獨善其身。因此，你不能只冀望得到個人的涅槃解脫，而是必須全心期望所有眾生都能獲得涅槃，進入極樂淨土。如果你真心愛眾生，將能拋開自我的救贖，永續地為眾生的解脫而努力。這才是菩薩的理想。菩提心如此宏大，所以除非全世界，甚至渺小如蟲和一株株青草，都能進入涅槃，否則菩提心永遠無法圓滿。菩薩的理想也就是西藏偉大的理想。」

他沉默下來。「西藏」這個地名似乎讓他傷感。我看著燭影投射在牆壁上。

「要當一名菩薩就得遠離所有的迷惑與私心，並了解一切事物都是偶然的因緣產生，無法個別存在，同時還得遠離因『我』（Personality）的執著而產生的錯誤。菩薩不會只為自己的利益著想；他對自己行為的『空』充分了悟而行動，甚至他的慈悲也是空、也有所悟證。他的整個生命就是慈悲。他的一切作為都是為了他人，所有的行事、所有的思想、所有的狂喜、所有的禪修——沒有冀求地付出，虔誠專注地奉獻而不顧『自我』。」

「這就是純真的動機，」他停頓下來，突然間有些脆弱且疲累。「這才是真正的感覺——深愛萬物，希望能將它們帶進涅槃；深愛萬物，希望能讓它們變得完美，這樣你才能幫助它們。你應該以此禪修。這是起頭。」

我們靜靜地坐著，仁波切看著交叉放在腿上的雙手。納旺說：「我們該走了。仁波切已經累了。明天再來吧。」我起身向仁波切欠身行禮，他伸出手，撫摸著我的手。

納旺和我出來後，兩人走進庭園。月亮已升起，星辰也出現了。他拉著我的手臂說：「現在你應該吃點東西。跟我來。」我們走進廚房，那是間充滿煙塵的長形房間，有一名喇嘛為我們舀湯，倒進兩只銅缽中。湯喝起來鹹鹹的，味道不錯。那名老喇嘛點點頭、笑了笑，由於室內中央燒柴火所產生的煤灰，他的手和臉都弄黑了。

「仁波切喜歡我們為他做些什麼？」我問納旺。

「工作！」納旺大笑。「你說的好像商人，我不是為仁波切工作，我是服侍他。」

「你快樂嗎？」

「你又問了個怪問題。是的，我快樂。快不快樂，我並沒有想太多。你知道，當他的翻譯員是很辛苦的事，我必須坐在那裡好幾個小時。因為經常翻譯同樣的事情……現在我對他的心智活動十分清楚。我知道他會說什麼，也知道他會怎麼說。有時他看穿我，就會加一些比較細節的話，然後微笑地看著我，彷彿在說：『喂，你懂吧！醒一醒！』」

「但是你不只是他的翻譯員吧？你幾乎整天陪著他。」

「是的，我幾乎為他做所有的事。他現在年紀大了，身體較虛弱。你可能不相信，注意看他的動作是如何的辛苦。接待客人及對他們說話時，他似乎永遠都不會感覺疲累。你看今天——工作了一整天，帶領祈福儀式、治癒人心之後，他還得找時間跟你說話。那就是他的生活。他整個生命純粹是為別人而活。但是有時他也會十分疲累。我曾在深夜看過他，累得幾乎動彈不得。早晨我陪他散步、協助他沐浴。偶爾因為他太疲倦了，還必須扶著他走到廁所去。」

納旺大聲地喝完湯，又問了我一些問題。缽已經空了。那位老喇嘛走進黑暗中，為我們找來兩塊硬麵包和一碗包心菜。

「有時早晨我會感到疲倦不堪，」納旺說，「僧院在清晨時分非常寒冷……但是仁波切很少讓我感到不悅或不耐。按照我們的傳統，對仁波切發脾氣是罪大惡極的事，況且你真的也很難對他生氣。」

「我不能想像對這麼溫和的一個人發脾氣。」

「是的，他很溫和。」納旺說，「但那只是一部分，或許你有機會看到其他的部分。畢竟你看他，不像我日復一日、日以繼夜地在看他。若有必要，仁波切也可以變得凶暴異常。他可以很溫和地對待你，或對待那些來學習的人，反之，對待他的僧侶們，有時就像你在僧院牆上看到的那些神祇一樣，有火焰般的光環、帶著兵器、血盆大口，駭人地怒目瞠視。他生氣一定有某種道理，但絕不會是個人因素。我從來就沒有看過他因某個人的疏忽或錯誤而生氣。他之所以生氣，就像牆上的神衹，是為了化解傲慢及驅逐輕視。」

納旺笑了笑說：「其實知道他生氣的理由是件好事……但有時他會嚇我一大跳，連牆壁都為之震動。你知道，在我們的傳統裡，相信上師所做的一切都是對我們有好處，即使殺死我們或讓我們去送死，也是為了我們好。仁波切偶爾生我的氣，都會讓我覺得他好像要把我殺掉似的！有次，有人送我一件禮物、一本書和一些錢，我偷偷地藏了起來。仁波切把我叫去，告訴我——『去把別人送你的書拿來。』我把書拿給他，他說：『你是個喇嘛，你的生活應該嘗試超越貪婪，你不能留下這件禮物。』當時我只有十歲，看著他的眼神，我感到恐懼。我道歉，然後放聲大哭。他立刻從他身邊的一只碗裡拿了三顆蘋果給我。他的生氣就是這樣，總是伴隨著一種愛。

「你不能認為我從來不曾對他有任何『小小的』觀感。仁波切不是個頂務實的人，有時當他的助手真是令人惱火。舉個例子，我和他在火車站準備搭火車上大吉嶺過冬，眼看火車就要開了，他還在跟一群人熱烈地聊天。他無法忍受不和別人溝通。當然這是件美好的事，但偶爾也會讓人不悅。此外，他有時很愛做夢。我想讓他一直待在拉達克，繼續站在人群之前是很艱難的。冬天閉關期間，是他最快樂的時光，只需見見幾個喇嘛就成了。其實他並不喜歡籌辦事情，事務幾乎都是由堪布

（Kempo）[12]負責。你見過堪布嗎？他看起來像個老廚子，不過卻是十分謙虛的人。他和仁波切是四十年的老友了。你知道，仁波切是個思想遲緩的老古板，他的思維雖然豐富又尊貴，可有時實在讓我失去耐性。我希望他動作快一點，把他想說的快點說出來，但是他來自一個人們有很充裕時間說話、有很充分時間彼此相處的國度。我知道那是好事，可我是個現代的西藏人，在貝那拉斯受教育，我喜歡現代電影和書籍。仁波切有時會開我玩笑，叫我『電影明星』，只因我戴墨鏡和手表，還有對電影的喜愛。」

那名老喇嘛示意我們離去，以便他能睡覺。納旺說：「跟我來。你可以睡在我房裡的備用行軍床上。今晚你無法回到列城的。」

我們躺在黑暗中談話。

「仁波切到底擁有什麼力量？」

「我不知道，即使我知道，也不能告訴你。佛教徒不相信神通。佛陀曾經因為有和尚製造了一項神蹟，而解除他的僧職。你知道佛陀為何要這麼做？因為真正的奇蹟是度化一顆心。」

「我知道這事，納旺，別對我說教。我可不是隨便問問。」

「嗯，我實在不知道。或許他會空中飄浮，或許他可以預知未來。這有關係嗎？」

「沒關係。」

「最重要的事是活在當下，全無幻想或迷惑。不就是這樣嗎？」

「是的。」

「你又在對我說教了。」

「是的。仁波切會很開心，他老是說我應該多說一些話。」

「納旺，你還需要再多說些什麼嗎？你已經不停歇地說了兩個小時。」

「仁波切真是個有趣的人。」

夏木納塔仁波切

我們在天亮前起床，用冰水梳洗，走到禱告室做早課。仁波切對於我留下來過夜感到很高興。做完早課，他招手要我過去，對我說：「這麼說來，你已經決定留下來和我們在一起了？」

12 譯註：寺廟中負責經教的教授。

「但願我能夠。」

「你想留多久就留多久，可以隨意去留。」

我低頭向他表示謝意，結果眼鏡掉到他的手上。他哈哈大笑，把我的眼鏡拿起來揮舞，然後有計謀地把眼鏡放在他的絲質黃衫上。

「我要把眼鏡留給我自己。」他說。

「你可以留著，當然，但是我希望，」我說，「你可以用你的眼睛來跟我交換。」

他把眼鏡交還給我。「不行，你必須用『你的』眼睛去看，而不能用我的。或許我可以幫助你用你的眼睛去觀看。」

「如果你可以幫助我用我的眼睛觀看，我會很感激你。」

「我不要你的感激。我希望讓你待久一點，與我們共處，當你想學習所需的東西時，隨時來這裡。僅此而已。」

接著，在他正要走出去，回房間的當口，又說：「今天晚上來看看我。」

那天早晨他看起來如此年輕，這樣說有點不可思議，尤其是我還清楚記得，前天晚上他是那麼的疲倦且脆弱。他的皮膚泛著光亮，看到我在注視他，笑了起來。

「你在用誰的眼睛注視我？我的，還是你的？」

離早課還有一個小時。從謝伊和鄰近村落趕來的人們已陸續抵達，我坐在石階上，看著他們走上通往僧院大門的小路——老先生耳朵上戴著花，腳步依舊敏捷；老婦人帶著一籃籃水果和麵包，邊走邊聊天。

納旺走向我，對我說：「你在我們這裡看過一幅夏木納塔（Shamunatha）畫像嗎？赫米斯僧院就是他建立的，他的肖像是拉達克之光。」他說「拉達克之光」這幾個字時，樣子有點自大，讓我禁不住大笑起來。

「你在笑什麼？」

「你說『拉達克之光』時的口氣很誇張，樣子好像旅行團的領隊。」

「你別笑得太早。事情果真如你說得那麼糟，那我可能真的會變得那麼糟。」他大笑。「你想我會是個多誇張的旅行團領隊。我可能會聲名大噪；因為我會長篇大論，特別是對法國人。他們很喜歡冗長的演說。」

「我很清楚你可能會變成那樣。你可以重複仁波切說過的話，而且偷偷地學他的樣子，甚至還能學他那種低沉的聲調。」

「那當然，你怎麼猜到的？」在笑出聲前，納旺用一種低沉緩慢的聲調說話。「我可能是最棒的業力論者，因我曾在貝那拉斯很努力地研究業力。我可以模仿昆蟲的唧唧聲，談業力也可以滔滔不絕。」

隨後我們坐在大殿內，納旺用手指著遠處的牆壁，那裡有座小小的祭壇，他重新點亮經過一晚已熄滅的油燈，然後指著牆壁左方的一幅畫。

我看到納旺雙手合十祈禱，態度溫文且像進行儀式般地向那幅畫鞠躬，「現在我要離開，讓你和他獨處。」

納旺並不是說「它」，而是說「他」，他用字用得十分巧妙，可能是有意，也可能是無心。那幅畫生動地展現上師形象供人歌頌。我站在畫前，不久納旺又出現了，交給我一盞點亮的燭火，什麼話也沒說。

眼前這幅畫和史達克納的仁波切肖像一樣，是一幅會移動且具靈性的畫像，尤其它是幅相當與眾不同的肖像畫。史達克納的仁波切畫像線條和目光十分懾人，有一種緊繃的張力；而夏木納塔的肖像就沒有那種嚴峻，他穿著一件寬鬆但合身的白色棉袍，坐在有金色方塊與圓形圖案的紅氈上，面前有張桌子，上面擺放花朵、一只鈴、一個水壺和一支金剛杵，四周則有許多蓮花和菊花，還有一個垂著鮮紅小蘋果的棚架，深綠色的葉子在圓圓的蘋果間若隱若現。他的耳朵上佩戴了兩個象徵圓覺的黑色大耳環、頸上掛著條白石串成的項鍊。史達克納的仁波切肖像是沿著一道綠色光環而畫出來；夏木納塔肖像則是被周邊受他扶持的眾生所襯托。夏木納塔肖像是如此栩栩生動，連身上斗篷形成的縐褶也極為細膩。在他的寶座後面是一些身形很小的皈依者，有長鬍子的、包著頭巾的，還有帶著獻禮的。他的左側有一朵巨大的紅花，頭部兩側有兩朵白花，彷彿因他出現所散發的溫暖而綻放。他金黃的身子半裸露著，顯得十分優雅。他是一名王子，也是一名苦行者。

納旺回到我身邊，站在一旁，我問他「為什麼這幅畫裡有這麼多人和追隨者？」。

「夏木納塔是個偉大的西藏上師。西藏的佛教之道就是一種接受之道，也就是用盡生命全部能量和能力的方式；不去拒絕和否定它們，而是善用它們，讓它們轉化成一種智慧。這就是畫中的他被眾生環繞的原因。我們說他代表一種精神，讓這個世界綻開花朵，亦即不否定他身上或這個世界中的任何事物，並且讓一切事物變化成和諧與靈性的一種精神。這就是西藏之道，也是最艱深的道理。」

「為什麼？」

「因為這是最危險的。因為它充滿許多誘惑──享樂主義、傲視寰宇的權力滋味；同時也是最具影響力的方式。能夠成功地通過考驗的人，就能得到生命中的開悟。」

接著，納旺說：「我很高興你喜歡這幅畫。每次我離開拉達克，腦中縈繞的是這幅畫；待在大吉嶺的冬天，我會對著它禪修。它所傳達的訊息，正是我所希望的。年輕時曾想要放棄一切，現在我明白那是因為空虛、因為一種尋找安全的欲求。西藏佛法之所以更艱難，是因為它需要程度更高的純潔和無畏。愛這個世界比離開它還要困難，心存喜悅和感激去接受比拋棄更困難；克服我們的貪婪、恐懼和憤怒之心來面對它們，並且慢慢將它們轉化成一種愛的力量，勢必會比將其斬除或加以否定來得艱難。正因是那麼不容易，所以得到的報償就會更多。西藏佛法是一種沒有教條的教義，不會因為輕視而加以放棄。」

「納旺，你在說教。」

「是啊，不過我說得挺好的，不是嗎？難道我不該繼續追隨他？我愛他！」

人群開始穿過大門，進到屋內做早課。納旺把小燈舉得更高，幾乎挨著夏木納塔臉孔的下方。

「但願我的鬍子能長成這個樣！」納旺說，「那是很漂亮的鬍子、非常棒的鬍子。我只會長既骯髒又很醜的絡腮鬍。或許我的修為還不夠。」

「如果你留鬍子，仁波切會怎麼說你？」

「他會說，你還不滿足當電影明星嗎？為什麼你老是想裝出一副上師的樣子呢？」

大圓滿

我整天盯著仁波切看，漸漸產生一種感覺，不，不是感覺，注視他是一種情緒的穩定，有時是一種振奮的感覺，就像我面對史達克納的仁波切和夏木納塔仁波切畫像時的感覺。我並不是指他在現實或神祕的層面是這兩位大師的組合，而是指他融合了我對那兩位大師肖像的感受。他既是那位凶暴的史達克納禪定大師，也是帶來極樂、為眾生祈福加持、帶動整個謝伊愛心的儀式主導者。他既遙遠又隨手可及、既嚴峻又溫和、既凶暴卻又讓人振奮，是我所見過幾近令人害怕而又嚴守教條、卻又最不受脅迫和動搖的那種人。一整天我腦海中所感受的，正如納旺夜裡告訴我的：

「當我們稱呼一個人為仁波切，表示他已經達到至善，正如金剛鑽（Diamond）。我們不相信人是不完美的生物，但相信人都具有達到至善的能力。佛教徒並不相信神，他們只相信一個人身上具有能轉化的能量。當一個人能夠把他身上各種邪惡的力量轉化成一種智慧、把憎惡或不耐的行動變成一種祈福，我們就稱他為金剛。在我們的傳統中，有許多人已成功做到，所以知道要做到大圓滿是可能的事。我們知道那是做得到的事，因為我們曾經從活生生的人身上見證過、感受過。那不是幻想，是一種體驗，就像躺在這張冰涼的床上，注視著牆上的那些影子、聽到其他房間裡喇嘛傳來的打呼聲，一樣真實。當一個人能夠越超自我、超越舊有的身分和人格，我們也稱他為金剛。他所化現的，不只是男人，可能是女人及小孩；也可能是母親、男孩、老婦人、老頭子、王子、瑜伽士、國王、乞丐或女孩。當一個人不再有欲求，便能真正地隨心所欲；一個人如果可以遠離欲望和自我意識，藉愛進入眾生，那麼眾生將會無所畏懼地走向他。我曾經把這些話告訴許多西方人。他們說：『你說的這一切都很美好——但不實際，不是真實的。』我對他們說：『你確定你們和你們的文化真能明瞭所有真實的事，能夠確定真實的界限在哪裡嗎？』他們頓時嚇呆了。他們震驚於自己並非真的知道所有事，他們一直被矇騙。你知道，他們一直自視他們的文化很優越，了解所有的病態和不公的答案所在……如今這一切全然崩潰瓦解了。有人告訴他們『相信理智！相信理性！』，善用這兩者是好的——但是其中哪一項能夠穿透真理呢？真理存在於靈性、存在於已經得到大圓滿的內心中，當你找到真理，真理便能讓理性發光。當一個人的心和他的思想融合，他的思想便是他的心，兩者間沒有分別，兩者都能得到啟發，我們就稱這個人為金剛。我不是那樣的人，或許永遠也做不到。但是我見過那樣的人、認識那樣的人，愛慕他們，而他們也帶給我信心——不是信仰神，而是相信自己、相信埋藏在我內心深處的種種力量、相信我們都自我隱藏而必須予以揭露和了解。現在我得去睡了，即使是偉大的西藏瑜伽士也要睡覺——」納旺翻個身睡覺，幾乎是同時間發出鼾聲；他那雙骯髒的大腳丫伸出氈子外，黑色眼鏡就放在枕頭邊。

那天晚上，我又去仁波切房裡。我很興奮，整天都在期待和他再度共處。他像過往一樣坐在一塊紅氈子上，啜著茶。他看起來精力旺盛，只有見他偶爾揉揉眼睛，才知道他真的累了。他歡迎我，並為我祈福。這次我的眼鏡沒有掉下來，他似乎有點失望。

「這回你保住你的『眼睛』了？真令人失望。你不想讓我把它們留下來。」

「我希望你留下它們，但它們好像不想離開我。」

他被逗得開心極了。「你不能強迫它們離開，它們必須是自願離開。」

接著，他安靜下來，一如往常低頭看著放在腿上的雙手，這是我第一次研究他的手——他有一雙寬大如農夫般的手，但卻沒有什麼皺紋，看起來像是年輕人的手，結實、接近豐滿有肉。仁波切已經六十多歲，手上沒有戴任何戒指，沒有護身符，頭髮也沒有某些瑜伽修行者會戴的幸運髮圈。他的雙手結實有力，沒有裝飾，就如同他這個人一樣。然後他抬起頭，摸著他雜亂的白鬍子。「你沒有問題嗎？你可以隨意發問。」

多棒的一種解脫與自由的氣氛，他經常讓我感覺可以詢問他任何有關自己或他的問題。當晚，他並沒有那麼令人畏懼，反而讓人想親近，甚至讓人覺得與他是同夥。

「我們第一次談話時，你說過唯有覺行圓滿才能幫助別人。你的意思是什麼？」

「如果一個心中充滿憤怒、欲望和貪婪的人想要『幫助』他人，那麼他的幫助又有什麼用處？那是不清淨而帶有色彩的。那種幫助反而是一種負擔。如果你很真誠地想要幫助別人，就應該慎重地獲得內心與精神上的大圓滿。唯有澄明的心才能不貪求、不占有地去感受；唯有澄明的精神與沒有錯誤的認知，才能引導你的行為。如果你愛別人，真實明白他們痛苦的範圍與深度，用你的心去真實感受，那麼你就會想要給他們力量、想要帶給他們平靜。如果你自己沒有力量和安詳，又怎能給他們呢？如果你沒有光，要如何為他們帶來光亮呢？如果你無法遠離苦痛，又怎能讓他們解脫呢？」

我回答：「如果一個人不是身受其苦，又怎麼能正確地幫助別人？一個活在這世界上的人，不是比那些遠離的人更能踏實地幫助別人嗎？」

「真正可以幫助他人的，是活在這世界又可以愛這世界的人，絕不是依賴這世界的人，也不是飽受折磨的人。蓮花出自污泥，不是嗎？但是它出污泥而不染。蓮花生於水中，卻立於水面上。如果它在水底下開花，那麼就沒有人可以欣賞它的美。如果一個人正在受苦，那麼他雖懷有憐憫之心、保有智慧和慈悲，終究沒有能力幫助別人。他不只要能感受別人的苦、要能從生活的軌跡中獲致特殊的智慧，還要在生活中獲取可以拯救眾生的卓越能力，如此才能救眾生於苦難之中。唯有覺行圓滿的人才能自己不受傷害而得到這些力量、使用這些能力而不致傷害到別人。」

「這些是什麼樣的力量？」

「這些力量的種類很多：治癒精神和肉體的力量；轉化自我的力量；還有某些特殊狀況中的力量；決定來生的力量；在萬象之中猶能積極行動、維持善良大覺的力量。這些力量是真實的，唯有努力奉行戒律和維持純善的人才能獲得。而且這種力量只能用於助人，這些不是個人所有的力量，獲得這種力量的目的是要對他人有所助益。使用這些力量的最高境界就是體認空性，以及對眾生的無限慈悲。」

「如何體認空性？」

「我可以用文字來回答這個問題，但是要真正明白我的意思，必須靠你親身去體驗。經過多年的禪修之後，你就能確實無誤地體驗我所說的。如果不以禪修為支撐，你可能會在體驗的過程中走火入魔，或是更嚴重……要明白空性，就得明白萬事萬物都是暫時的，眾生都是因緣而生，沒有哪一個是絕對真實的，全部只是暫時存在，一種偶然的真實而已。要明白：所有精神上的環節，和所有自我與人格的符號，均出自心和自我的造作，而捏造出來與持續存在的這種自我，其實是虛假的。所以不僅要體認這些事，還要能在這種體認中活下去。」

「但如果萬物皆空，」我說，「所有符號都是空，那慈悲心不正和其他事物一樣，也是空嗎？那麼所謂『心懷慈悲』不就是一種佛教式的虛無哲理、是一種感性而已嗎？」

仁波切笑了起來。「我明白你一直在學習。你有很多話要說。但我現在所說的不只是精神上的圓覺，也不是無情的圓覺，或是對虛無的理解。那種圓覺本就具足，而且可以成就；不過，不是靠心和愛的圓滿。西藏人相信人不能獨自生存，而是被神祕地聯結在一起。你不是見過佛的畫像與雕塑旁都有莎克蒂（Shakti）[13]嗎？在拉瑪優魯就有非常美麗的佛像。這些佛像傳達各種不同的圓滿和諧，一種開悟和智慧的和諧，一種意識與慈悲心的和諧，這種和諧是忘我的。所有相反與矛盾的事物取得和諧，這是最深沉而持久的神祕境界。我每天在儀式中拿起法鈴和金剛杵，所傳達的是同一件事情——精神與靈性、智慧與慈悲的和諧。當我一手搖響法鈴，另一手握著寂靜的金剛杵時，鈴聲深植於金剛杵的寂靜之中，而金剛杵則隨著鈴聲發出回響。智慧深植在慈悲之中，慈悲心經由智慧變得宏大有力。密勒日巴說：

『觀照空性，便生慈悲。』空性的真實體驗，同時也是對慈悲與關愛的體驗。最深厚的慈悲心，就像龍樹（Nagarjuna）[14]所說，不依恃理論，不憑藉分析判斷，不依賴哲理架構，沒有一切造作，因為心已將這一切打破，已能洞燭一切——但他們本自具足，是簡單而完整的，就像一匹馬、一只瓶、一頭小牛或屋外的夜空一樣真實存在。這就是佛的慈悲心，也是最終的智慧及真實力量的基礎！透過文字，你只能窺見一二；唯有禪修感受它、學習而變成它，你才能進入它。」

他在說話時，手似有意識也似無意識地像儀式進行般揮動，彷彿神聖的印記。其中一根蠟燭已經淌蠟，最後熄滅，納旺再把它點亮，在燭光明亮而穩定燃燒前，它不安地晃動了一會兒。

是該離去的時候了。

13 譯註：印度教中濕婆神之妻，為自然及生殖力的化身。

14 譯註：龍樹，約西元一五〇——二五〇，印度佛教哲學家，中觀學派創始人，死後百年被尊為菩薩。

與納旺對談

仁波切和納旺最讓我感動的是，他們對人的信心和他們對眾生與生俱有、必能成就的靈性信念。我明瞭，那種信念會讓他們所言所為的萬事萬物發光，那種信念存在於我因拉達克藝術——佛與曼陀羅、史達克納仁波切肖像之美、度化眾生的上師蓮華生大士的肖像之美——所產生的愉悅中。那並非一種情緒性的信仰。

稍晚，我問納旺他失去西藏的家人與家的事情。

「我有很長一段時間傷心悲慟。有好一段時日，懷念許多事情——田野、家鄉的氣味、我的朋友和我的屋子。但是後來我對自己說：『我是個佛教徒，我明瞭一切都已逝去。我了解沒有什麼可以永存。我為什麼要無病呻吟？我為什麼要把生命浪費在呻吟之中？此刻我身在印度，我必須活下去。趁我還年輕，應該為自己所選擇的信仰有價值地活下去。』接著，我學習更多有關西藏的事情。我學到很多原所不知道的——學到眾生的痛苦及古老風俗的殘酷。因此我感覺到『重要的不是西藏、不是它古老的制度，而是西藏佛學的哲理，那不單屬於西藏，而是屬於全世界。而且，或許它還有很獨特的道理要讓眾生知道』。後來我甚至想『西藏的淪陷也許是一件好事。原本局限在西藏的哲理可以與外人分享，可以讓眾生在這個充滿諸多痛苦、恐懼和戰爭的時刻，獲致平靜。或許西藏的淪陷有一種目的——讓那些有心追尋、準備學習及接受訓練以明白箇中道理的眾生，可以得到它的智慧』！因此我不再為離開西藏而感到悲傷，反而高興歷史給我機會生活在西藏以外的世界，考驗我的信仰，在沒有外援和社會撫慰的情形下，藉著信仰生活下去；此時此刻在此地，可以和你說話，而全球各地不同背景的人可以像我們這樣交換思想。

「一個蕞爾小國的淪陷並沒有那麼重要，真正的危機是整個世界失去靈性。不管是西藏人、美國人或英國人，我們所要努力的，就是要讓那種靈性得以永續存在，通過我們所生活的愈來愈黑暗的世界。」

「你真的這樣想嗎？」

「噢，是的。」納旺說，「當然。這就是時母當道（Kali Yuga）[15]。這是毀滅的年代。萬物都將歸於寂滅、都將消失。但是我們為什麼要害怕呢？」

「那真的使我害怕。」

「你希望能聽到一種哲理，『眾生會變得更好，眾生會改變他們的世界。希望是存在的。』不過，這個道理可能是一則謊言。這世界只是幻影，不過在這個世界

---

15 譯註：印度的世界開闢論中，世界四時代之一的現今黑暗時代。

中，眾生心裡有一種偉大的力量——可以讓眾生走向解脫的愛的力量、治癒的力量和澄明的力量。時機愈糟，我們就愈要在自己身上找尋那些力量，也愈要非常努力地去獲得這些力量，為自己，也為其他眾生。在我們感到恐慌的時刻，抉擇將會更清楚。我們無法逃避自己的靈性責任、無法刻意忽略我們與他人的內心正受到奴役拘束，而能生存下去。我們必須喚醒靈性中最深沉的力量，靠著它存活下來。」

他停頓了一下，微笑說：「有一種慰藉存在的。」

「什麼意思？」我問。

「據說，在這個時母當道的黑暗時代末期，佛和菩薩會憑藉特別的力量幫助眾生。」

「我們都這麼盼望吧。」

「聽起來你很懷疑。」

「不，沒有懷疑。此刻我很難相信會有任何的幫助。」

「那是因為你還沒有發現幫助在哪裡。」

在納旺窄小的房間裡，我們一直很清醒地躺在床上說話。時間很晚了——可能是半夜，也可能更晚。

「我在貝那拉斯讀書時，」納旺說，「讀遍所有可以拿到手的英文書。身為西藏人和佛教徒，有件事我一直無法明白。」

「什麼事？」

「在你們的文學裡，好人很少。你們作家感興趣的似乎只有邪惡、殘酷、仇恨和激情。鮮少有人用文字來描寫其他的情感和情緒——不寫精神，遑論靈性的探索。」

「你讀過但丁（Dante）[16]的作品嗎？你讀過喬治．赫伯（George Herbert）[17]的作品嗎？你所說的，還是有很多例外。」

「不算很多。當代的作家有多少？但丁相信自己是個苦難而有罪的蟲，必須靠碧雅翠絲（Beatrice）[18]和其他數以萬計的聖哲與天使『拯救』。這只是在神的面前搖尾乞憐——我討厭這樣。真蠢！我們應該先自重、先擁有自我，而不該是自我摧毀、厭惡自我。我們如果學會尊重自己，自然可以學會尊重眾生。」

然後納旺說：「可以在你的文章裡，把我寫成一個善良的角色嗎？在你的觀念

16 譯註：但丁，一二六五—一三二一，義大利詩人，著有《神曲》等。
17 譯註：喬治．赫伯，一五九三—一六三三，英國玄學派宗教詩人。
18 譯註：碧雅翠絲，但丁《神曲》中一個被理想化的佛羅倫斯女子。

中，是不是每個具有力量的人或多或少都帶點邪惡呢？是不是因為能統御這種力量的人，本身的表現就有點邪惡呢？真是這樣嗎？莎士比亞也是如此。你看看普洛斯彼羅（Prospero）[19]，他不正是有點邪惡、有點傻嗎？為什麼連莎士比亞這樣的作家也無法把人想像成完美無缺呢？」

在拉達克一個喇嘛的房間裡談論這種議題，似乎十分荒唐可笑，於是我縱聲大笑。

「你在笑什麼？」

「我在笑我們。」

「笑是智慧的開端。」

「噢！看在老天爺的分上，住嘴。」

翌日，是謝伊慶典倒數的第二天，有更多人前來此地。三輛滿載的巴士來自錫克斯，五、六輛巴士來自列城。納旺和我像老鷹般蹲坐牆上，吃著麵包和包心菜，從僧院上頭，看著他們抵達。納旺說：「今天下午，那位年輕的仁波切會從赫米斯來這裡。」

「為什麼？」

「明天這裡有盛大的儀式。兩位仁波切會給予灌頂，並舉行無懼法會和長生法會。」

「那位年輕的仁波切叫什麼？」

「竹千仁波切。你到過拉瑪優魯嗎？」

「去過。」

「你看過那洛巴洞穴嗎？」

「見過，那個地方讓我感動莫名。洞穴很小，又很簡陋。」

「我不喜歡巨大壯觀的雕像。我在拉瑪優魯的時候，經常想起那洛巴。」

「很好，你現在可以見到他了。」

「這是什麼意思？」

「這位年輕的仁波切是那洛巴轉世的。」

我靜坐不語。

「你不相信偉人可以選擇他的化身嗎？你不相信佛因為出於慈悲，會一次又一次地轉世回到人間嗎？」

19　譯註：普洛斯彼羅，莎士比亞的劇作《暴風雨》中遭篡位的米蘭大公，與女兒米蘭達同被放逐到荒島，最後以魔法復得地位與家產。

「我不知道。我們那裡的風俗傳統會完全否認這種想法；但是按照我的直覺及對靈性的一點點認識，我想那是可能的。我真的不知道。」

「你會喜歡竹千。他非常聰明，又很謙虛。我可以想像你和他說話……你知道他在兩年前才被認證為仁波切嗎？你聽過——在數以千計的人面前，當然有許多外國人在場，有法國人、德國人和美國人——當時發生了什麼事嗎？……在儀式中，竹千接受那洛巴的法器，當他穿戴著那些法器飾品從大殿走出來，到陽台向眾人致意時，天空出現三道彩虹。當時晴空萬里，沒有半點雨，每個人都看到那些彩虹。」

「那些彩虹有什麼重大的意義嗎？」

納旺微笑著說：「彩虹就是那洛巴的象徵。」

祈福儀式正要開始。號角隨著突息仁波切的到來而吹響，這位老者走出僧院最頂端的房間，沿著我們前方的小徑走下來。小徑上站滿了各種年紀的拉達克人。當仁波切出現在磨得有點泛白的石階上，眾人開始靠近。他帶著微笑沿著小徑走得十分緩慢，專注地觸摸著每個向前躬身之人的頭部、握著每隻朝他伸去的手。他身後的年輕喇嘛看起來有點不耐煩，但他就是不加快腳步。有時還會停下腳步，靜靜地望向四周，斜倚著他的枴杖，用力地喘氣，有點誇大他的虛弱，或許這樣就有更多時間可以接近他的弟子。當他走向我們時，我想起曾在納旺房間看到一張他比較年輕的照片。照片的他看起來健壯而有威嚴。現在他已老邁，略顯削瘦，而且羸弱。他的年紀，他光禿禿的額頭、白鬍子和微駝的背，讓他表現出一種溫和的權威感。虛弱讓他看起來很容易受傷，也因為如此，更拉近了他與這世界的距離。他溫柔而細心地觸摸每雙手和每顆頭，似乎知道自己的時間已經不多。他經過我身邊，對我說：「今天下午來見我。竹千仁波切來之前，我有一點休息時間。我們可以談談。」他用指節輕輕撫著我的臉頰。他面帶微笑，深深地注視著我們兩人好一會兒，然後再往前走。當他穿過房門，太陽照在他背後的紅袍子，如同著火般。他靠在一名年輕喇嘛身上，走得有一點踉蹌。

那天早上，大殿裡的每個人彷彿都因這個重要的日子而深深感動。那是個明亮的早晨，寺院從來不曾這麼亮麗過，陽光從屋頂傾瀉而下，照在仁波切和身邊的眾喇嘛臉上，也照在細長的號角和神聖的經文上。不同於往常，仁波切似乎完全投入在所做的事情當中。當天早晨的儀式不是那麼遙不可及，也沒有任何階級之別。因為清新的陽光、油燈的光輝、拉達克人的聲音及仁波切的聲音和手勢的抑揚頓挫，一切極自然地進行著。一小時後，納旺轉頭對我說：「今天大慈大悲觀世音菩薩將會降臨。我們已經呼喚祂四天，現在祂已經來了。」

創作與靈性的追求

「你是個詩人。」仁波切說。

「是的。」我說。

納旺和我與仁波切待在他的房裡，吃著一頓過時的、有米飯和蔬菜的午餐。仁波切吃得很大聲，似乎津津有味。

「我寫過詩。」他說，「現在偶爾還寫，不過得等到冬天。夏天的事情太多，我把冬天的時間留給自己，所以有時能寫點東西。現在我很少寫作，不過年輕時，總是寫個不停。」

「納旺，」他突然說，「畫師汪祖克在不在這裡？」

「他在，仁波切。」

「邀他來加入我們。」

五分鐘後，一名笑容可掬的老者穿著極為簡樸的拉達克袍子，低頭走進門內。

納旺說：「汪祖克是全拉達克最棒的畫師。」

汪祖克覺得很不好意思，但仍笑得很開朗。他的門牙掉了四顆。

「目前，」納旺說，「汪祖克正在為赫米斯畫巨幅的唐卡，畫的是大慈大悲觀世音菩薩。他來這裡陪仁波切好幾天了，希望仁波切對他的畫提出一些建議，另一方面，他也想到謝伊參加祈福法會。他說唯有當他進入正確的靈性時，才能畫出唐卡。他的畫如果不是用正確的靈性畫，畫就會作祟，就沒有他想要的靈力。汪祖克和仁波切是多年老友。汪祖克過去很有錢，現在年紀老邁，把所有的財產都給了他的兒女，獨自住在僅一間房的屋子。如今他作畫不再接受任何報償，喇嘛會提供所需的食物和衣物。有時仁波切會給他一點錢，但是汪祖克總是說：『我要錢做什麼？我需要的都已經有了。』仁波切偶爾會嘲弄他，『汪祖克，如果你是個好畫師，就應該為你的作品要求報酬，只因為那樣不對，所以你不敢要錢。』」

納旺和我、仁波切和汪祖克，各自談著話。顯然這兩位老人家之間有些祕密。仁波切經常拍拍汪祖克的膝蓋，或是告誡他一些話。或許過去就有個像汪祖克這樣的人，畫了樓下的夏木納塔仁波切肖像；或許四百年前，那幅畫就是透過原創者和另一位仁波切之間的交談、祈福和禪修，所創造出來的，而且就發生在我們現下坐著的這間屋子裡。

納旺說：「汪祖克一直認為，觀世音菩薩最難畫的就是臉部。」

「為什麼？」

「因為畫中最難表現的便是那種偉大的慈悲。他說那不是一般的憐憫，而是崇高的同情心。那一定是和神的憐憫同等偉大的同情心。」

「那他要怎樣畫出來呢？」

「仁波切說：『觀世音菩薩的臉其實是你自己的臉。但是觀察自己真正的臉一定要十分平靜，必須遺忘原本的模樣，一定要無懼。』」

「為什麼要無懼？」我問他。

「因為真正具有同情心的臉，一定美到令人心生恐懼。」

「如果他們已經有過這番神聖的對話，」我問他，「那他們為什麼要哈哈大笑？」

「因為汪祖克告訴仁波切，他有些畫被偷了。然後仁波切對汪祖克說，你只會說這件事，主要是你自知已經江郎才盡，害怕重新開始。」

汪祖克向仁波切和我們鞠躬，然後離去。我轉向仁波切。

「仁波切，你問我是不是個詩人。是的，我是，或者說我正嘗試當個詩人。但是我很害怕。我怕我的藝術創作會把我拉開，遠離想要的靈性，同時也害怕在更完全地進入靈性生活之後，我的藝術創作會隨之結束。西方有一則老故事，主旨是表達出更好的感覺，而不是表達你所能表達的。故事中提到，有個和尚有副美麗的歌喉，事實上，許多人都想聽聽這美麗的歌聲，期待從中得到最大的歡樂。有天，一位聖人來到這名和尚所住的僧院，聽到了這和尚的歌聲。他說：『這不是人的聲音，這是惡魔的歌聲。』隨即在僧院的眾人面前，為這名和尚驅邪，和尚崩潰了，身子變小扭曲，發出惡臭，縮成一團。從此那名和尚失去聲音，不再擁有惡魔的歌喉。從惡魔而來的歌聲確實甜美而具震撼力。我覺得自己就像那名和尚，雖然作品並沒有和尚那麼甜美的歌聲！我該怎麼做？我到底做了些什麼？我是不是該放棄我的創作？」

我為自己所說的話感到震驚。還記得培瑞克那天下午說過的話，「不管你做了什麼，不要接受救贖，那會讓你停止歌唱。」這位老者究竟有什麼樣的力量，能把我最深的恐懼和念頭牽引出來，讓我在他面前赤裸裸地坦承？經過這些日子，他在這間屋裡讓我對他產生信賴，自己卻是一直沒有察覺，在他的姿勢及他對我的凝視中，不斷地傳達出一種關愛。突然，我感覺也許他的回應是因我生命的大方向而定。

仁波切許久沒有回答我的問題。納旺看著牆壁，他知道我正在冒險，那是在我與他共處交談經驗中從未有過的冒險，我在尋求我從未問過的一種指引，他和我一樣既緊張又期待。我們很容易就成了好朋友，而他的心毫不保留地為他身邊的人開放，把別人的焦慮當作自己的。我從他那兒感受到極大的溫暖，衷心感激他所帶給我的一切。

仁波切終於開口說話，他輕輕地說著，彷彿在對他自己說話。或許從某個角度來看，他的確是在自言自語——對著三、四十年前的自己說話，對著那個當年在西藏僧院裡與良知抗爭的自己說話。他說得柔和，宛如歌頌般。我從未聽過這樣的聲音，那份溫和如此強而有力，韻律和音調的抑揚頓挫，又是如此赤裸、未加修飾。

「我很高興你對我說這些話，」他開口說，「你知道你必須抉擇，這是件好事。你覺得你該有所轉變，也已經明白不應該在憤怒、痛苦或傲慢中創作。這總是好的；你能了解在某些創作和靈性生活之間存在著衝突矛盾，那也是很好的。那種生命就是對靈性的一種體認與理解。雖然很痛苦，但是能體認這些事終究是一件好事。如果沒有體認，可能會被自己的貪婪——對名聲的貪求、對創作的貪念及對事情尋求解釋與意義的貪求——所奴役。如果你相信每件創作都可能是邪惡的，相信創作有極限且是自我欺騙的，那就不好了。不過，這樣的想法有時是正確的——只對某些人是真實，而我不相信這種體認對你必須永遠是正確的。認為邪魔擁有最甜美的歌喉是件愚蠢的事。你不是看過拉達克的畫作和雕塑嗎？你難道沒有感受到它們的靈性之美與莊嚴嗎？你會認為那些創作是出於自負虛榮嗎？其中許多作品均出自窮人和下層階級之手，他們並未因這些作品而名留青史，他們的創作純繫之於愛心及崇敬之心。最美麗的畫作和雕塑，最偉大的詩作，都不是因為痛苦的折磨而生，而是出於沉思、出於喜悅、出於一種對眾生的直覺或驚嘆。因喜悅而創作，因驚嘆而創作，需要持續的戒修和一種大慈悲；也需要嚴格的心志來面對所有的空虛和自我沉溺、痛苦、沮喪、挫折及恐懼；也需要藉由持續地觀照與超越感覺的世界，邁向精神的實相，這種實相的面貌在經過多年的體驗和禪修後，便會慢慢浮現。你不需要停止寫作，而且必須用另一種認知去創作。你也許無法很快找到這種認知，所以需要耐性。會有很多人說你很傻、你被誤導了、你很可笑；你必須聆聽他們說的話，從他們的批評中學習，但不要隨著他們的話而搖擺不定。靠著時間和誠心，將會找到不會傷害你靈性的創作方向、找到不會誘惑你掉入邪惡的路，那才是你靈性的最深表現。你將可以找到一種聲音，這種聲音不只是你的聲音，更有實相蘊藏其中；這是一種遠離人格上的幻覺與污點的聲音。如果你夠『空性』，這種聲音就能夠穿透你；如果你夠謙虛，這種聲音便能深植在你內心，而且對你有益。」我們在鐘聲和誦音裡靜坐，突然，號角聲從僧院的屋頂傳來。

仁波切一躍而起，我不曾見過他動作如此迅捷。「噢！我的天啊！」他說，「我這樣說個不停，那位年輕的仁波切已經到了！如果他看到我這樣和你說話而忽略了他，他一定會毫不留情地嘲弄我！拜託你不要跟他說！」

竹千仁波切

「我們最好現在就走，」納旺說，「仁波切必須換衣服。號角聲代表那位年輕仁波切的吉普車已經出現了。運氣好的話，歡迎的人潮會很多，這樣吉普車不會那麼快就開到山丘上來。竹千到達時，所有的拉達克人都會前去歡迎他。他就是赫米斯的仁波切……我待會兒再向你解釋。快一點，我帶你去一個既可以看到全景、又不會被踩死的地方。」

我們走進廚房旁的一個小房間，那兒的視野可俯視整個平原。號角聲就在正上方的屋頂響起，在我們站的地方，那巨響聽起來非常撼人。

竹千仁波切的吉普車緩緩前進。他的祈福旗幡在半山腰上迎風拍打。車子每走一碼就被迎接和歡呼的拉達克人所阻攔。

竹千走下車，佇立在原地，仰望著僧院的大門。就我們視線的距離看去，我看得不是很清楚，只覺他長得十分瘦小，手臂卻很強壯，戴著像納旺一樣的黑眼鏡。他用手為眼睛遮光，以便看得更清楚些。他邁開大步走上小山丘，並沒有走那條彎曲的小徑，而是直線往上走，像個孩子似地從一塊石頭跳到另一塊石頭。然後開始奔跑。

納旺說：「竹千仁波切喜歡跑步，不喜歡被關在僧院裡。他也喜歡騎馬。」

竹千半跑跑半走走地上山，有一群拉達克青年跟在後頭跑。他的弟子相信他就是那洛巴的轉世，但是他們覺得和他沒有距離。他就像他們的王子、他們最崇高的法師，也是他們的兄弟、他們的孩子……沒有什麼可以把他們分開——官方的禁令和祕密警察都不能。他邊跑邊笑，跟隨他的人伸出手來，他也一一握住他們的手。

年長的仁波切正在傾圮的僧院裡等他。他穿著一件金色斗篷，倚著一根頂上綴著顆銀色大龍頭的枴杖，那情景就像年老的西藏正等著迎接年輕的拉達克。那一剎那，讓人覺得西藏似乎並未淪陷，拉達克好像也沒受到內部或外界的威脅，綿延不絕的神聖傳統彷彿並未受到摧殘的威脅。號角響起，兩個人互相握手，年輕的竹千被老者的金色所包圍，群眾全都肅靜下來。

那天下午到晚上，我有好幾個小時單獨拜見竹千仁波切。我們坐在突息仁波切住處旁庭院的另一側房間裡，室內擺滿了花，一幅灰綠色的大型唐卡懸掛在牆上，已是殘舊破損，有些地方的絲布破成一條條的，但仍然十分美麗。太陽下山，竹千點亮五根蠟燭，並在蠟燭前擺上七碗水。一陣微風從敞開的窗子輕輕吹送進來，水和火焰微微顫動。竹千只穿了件簡樸的喇嘛袍子。

打從第一眼見到他，我就喜歡他——喜歡他那種全神貫注的優雅；喜歡他穿越在石塊間、一路奔跑上山回到僧院大門的樣子；喜歡他在拉達克人表現出崇敬愛戴時，所做出溫暖與誠摯的回應。和他相處的這幾個小時，也讓我對他產生仰慕之意。竹千年僅二十歲，但是他的率真、敏感及思考的敏捷，讓他變得比實際年紀更老成。有時在半昏暗的環境中聽他說話，覺得自己像是在對一個五、六十歲的人說話——然而我抬頭望著他，看見他凝視燭光，纖瘦而年輕的臉上投射出一片髭鬚的陰影，還有幾顆小小的青春痘，顯得有點笨拙；他的眼神一點也不蒼老，反而充滿年輕人那種活潑的幽默感。不過他仍流露出一種穩重、一種我從未在他同年紀的年輕人身上看過的智慧眼神。他說話時，雙手依然合十垂放在腿上，他的凝視從未失去原有的平靜。我覺得與他交談時，他的世界完整呈現，沒有任何失落。面對他所能夠應付的現實生活，被中古世紀式的奉承所包圍，被一群幾乎把他視為神般信仰的人們所包圍，他卻一點也沒有隱藏自我。他說話快捷卻很輕柔，而且說得一口流利的英語，聲調溫柔卻又深沉。

「我受過西方教育。我喜歡數學。納旺告訴過你嗎？我對解數學難題很沉迷。偶爾獨處時，我做數學題可以做上好幾個小時。數學和禪修很接近，禪修是對於思想結構和自我結構的初步理解，是盡量去透視這兩種結構的開始，而做數學題讓我得到同樣快樂和冷靜的感覺。做完一小時的數學題所擁有的清爽感覺，和做完一小時的禪修一樣。我也喜歡組合東西——任何東西，像是無線電、各種發動機、手表……這讓你感到驚訝嗎？這樣做可以了解各種東西如何運作、可以讓我感到平靜。」

我問他這麼年輕就接管一間僧院，他的感覺如何。

他放聲大笑。「接管！我才沒有接管！噢，當然，他們是這麼說我，他們說他們愛我，要我一切做得盡善盡美。說我是活佛轉世、我是仁波切，這些都是事實。但是說到接管……其實我根本就沒有任何實權。舉例來說，我還很年輕，關於我的弟子，關於拉達克，關於如何經營僧院，我還有一大堆事情要學。再說，我的僧院赫米斯是拉達克最主要的僧院，曾經有近二十年沒有仁波切主持——我的前任到了中國，遭到囚禁。想想看，二十年內，赫米斯沒有人領頭，許多不好的事跟著開始發生了——喇嘛們變得懶散，文獻紀錄遭偽造，甚至有些遺失了。我必須慢慢來。我的喇嘛們因為少了一位有靈性的領袖而掌有權力，要他們放棄既得的權力必須謹慎小心。他們所有的想法都很保守，不願意嘗試新事物，不願意面對事情的真相。舉例來說，赫米斯大多數的資產就是土地——村子裡那些土地。我一直要求那些管財物的喇嘛和他們的朋友變賣一些財產，把錢投資在其他方面，但是他們不願意，他們不願意改變以往的做事方式。結果只得到紙上富貴，沒有半點錢拿來修繕僧院。你明白嗎？我是個仁波切，沒錯，我想我受到愛戴——不過，有時我認為我只是個仁波切而已。人們不常聽我的。我們一年中有好長一段時間待在大吉嶺，不在拉達克。冬天待在這裡太冷了，我亟需離開的那幾個月。」

「為什麼？」

「因為我需要休息。在拉達克，每個人都想來見我，每個人都想花點時間和我在一起。我必須常常在我的弟子面前現身，不斷地陪著他們。我也想和他們在一起。我喜歡我的辦公室和西藏佛教的傳統，但有時會覺得無力再付出更多。事實上，我的年紀太輕，還無法承受這麼多的責任。我的禪定工夫還不夠，我的內心尚未建立所需要的各種靈性的泉源。突息仁波切已經做到了。他是個長者，曾在洞穴裡獨自禪修多年，他堅如磐石，就像一座高山。他可以無限付出永不疲倦。他向來是那麼地溫和、那麼地付出關注。然而，他之所以受到愛戴，是因為他已經完成多年的自我修持。這對我們來說愈來愈難做到。我說『我們』，意思是指年輕一代的喇嘛們。突息仁波切是在西藏展開他的宗教生涯，那是一個人人都能明白靈性、崇尚靈性，讓靈性得以伸展、得以滋長的世界。而我則是在現代印度社會的邊緣長大，接受了許許多多令我心懷感恩的西方教育；相對地，我也失落了一些東西——我失去了我的前世可能具備的精神上的平靜，一種秩序的意識，一種我可能在今生今世、置身極為複雜的環境裡開發出來的意識。我們這一代的所有人——你也不比我大多少——生在一個支離破碎、錯綜複雜、紛紛擾擾的年代裡，很難維持靈性的平衡，很難找到時間在最佳位置上建立其靈性的平衡。所以愈來愈覺得我必須閉關、必須做更多的禪修、必須做更多的修煉，否則我對我的弟子一點用處也沒有。」

他停頓了一下。「由於我是仁波切，所以受到保護，遠離許多事物。有時這使我感到生氣，不想受到與眾不同的對待，也不想與這個世界隔絕。如果不去實踐體驗，深入眾生的核心，遠離特權的地位，那麼慈悲的真諦到底又在哪裡？我不想被當成神看待，我想成為有用的人。想要有用，就得過不同且複雜的生活，必須能感受和觀照許多事物。佛陀從來不想被人當作特異的生靈看待。每個人都是佛陀，萬物皆可以成佛。我們每個人的內心都包藏著天堂和地獄、無知與涅槃。佛陀常說：『我不是神，我只是個凡人。這就是為什麼我所要說的事對你們有益的緣故，因為我是以一個人，一個和你們一樣的人，而不是以神的身分對你們說話。』佛教是極為人性的宗教，甚至十分務實。幸運的是，我的父母親一直陪著我。家父也是位仁波切，家母是個相當堅強又很幽默的女性，她向來不許我驕傲，不時會嘲笑我。我還有突息仁波切做為靈修的父親和導師。與他相處，可時時提醒我還有哪些境界沒達到、提醒我自己到底是什麼樣的人。」

我們陷入沉寂。時候不早了，我們已經交談了兩、三個小時，蠟燭也燃燒大半，低沉的誦經聲從底下傳了上來。窗戶依舊敞開，沁涼的晚風從窗戶吹了進來。

「秋天已經到了。」他說，「我可以在空氣中聞到秋意。我很開心，對我來說，秋天是最美麗的季節。岩石旁的樹木已換上了金黃色；每天早晨醒來時，就可以看到一個不同的、更清涼的、更澄藍的世界……你能留在這裡嗎？」

「不，我必須回去。」

「真是遺憾。赫米斯附近還有很多美麗的地方值得走一走……峽谷和溪流……僧院近處也有許多可以欣賞明月的洞穴和岩石。秋月是最美的。」

「我還沒有要走。我要在這裡再待兩個禮拜。」

「那麼在你離開前，還有機會看到一次拉達克的滿月。你一定要來赫米斯和我們一起看看月亮。」

「我很樂於前往。」

我們再次沉默，但在誦經聲和從窗戶不斷吹拂進來的涼風中，感到無比的愉悅。

「竹千，」我說，「有件事我一定要請教你。你生活在你的世界裡，又接受西方的教育；你是個西藏喇嘛，然而你又懂得西方的數學、機械和政治，還有西方的各種觀念；你在此地、大吉嶺和印度旅遊時，一定見過許多來自西方的求道者，還有跟隨你的喇嘛、仁波切及你的父親，所以你一定回答過我要問你的事……藏傳佛教是否能在西藏淪陷後保存下來？西方人是否能夠依循藏傳佛教之道，而能夠不背離佛道或背叛他們自己，並且不誤解佛道或自我？」

竹千仁波切笑著說：「多麼好的問題！有許多問題，其實……我不認為我真的有那種智慧，能夠很貼切地回答。」

他靜坐著，微微蹙著眉，望向我上方的黑暗。

「我該告訴你一些會讓你感到驚訝的事情嗎？我所認識最好的佛教徒，有些竟是西方人。去年我在大吉嶺見過兩位加拿大女士，她們堅定的信仰讓我驚訝。而我在大吉嶺覺得最親近的一位喇嘛，也不是西藏人，而是個三十幾歲的澳洲人。他來到拉達克，見過突息仁波切，因而改變了他的生命。他並不擔心是不是能成為佛教徒——不過因為他的勇氣和誠懇，的確成了一名佛教徒。有天，我百般戲弄他。當時我們是在赫米斯僧院，赫米斯的伙食糟透了，我對他說：『布萊恩，你為什麼會來這裡？為什麼你要不遠千里跑到這裡，吃這麼惡劣的食物？』他看著我說：『竹千，我已經嘗過各種食物。』有好長一段時間，我一直在想他的回答。在西方，在西方世界發展的這個時期，佛教也許能夠找到另一種新的生活形態，或許這會成為事實。就像布萊恩一樣，許多西方人『已經嘗過各種食物』；他們厭倦各種感覺、厭倦文化中的多數可能性，以及這個富裕世界中的大部分可能性。如果你高興，也可以認為他們是在一種非迷惘的環境中接受訓練。而沒有迷惘是成為佛教徒的起步：能夠不再迷戀於『我』、成就或欲望上的各種虛幻，正是所有真實禪修的基礎，也正是涅槃之道的開始。我相信佛教將會在西方世界繁盛，因為西方的時代已經來臨；西方開始成長，而能承受佛陀那種熱力四射的澄明。事實上，他們也渴望那種澄明：一種沒有錯誤企求和撫慰、在務實中生根、對事物的原理和心智的本質加以解析的智慧。別忘了，佛教的起源並不是下層階級，也不是一種下層社會的哲理；佛陀本身是王子，也是學者；佛教徒的社會是都會中的世故社區——西元前五世紀，佛教在北印度的一些城市裡誕生，這些城市都是當時最重要的學術與商業中心；許多佛教徒皈依時的身分是商人。如今西方世界已經走到其信仰價值的盡頭，佛教則對所有的價值和判斷提出質疑。西方正準備接受一種熱力四射的哲學，就某些方面來看，它是虛無的——不過它的本質也是一種慈悲，和基督教裡的教義一樣完整、一樣絕對。許多西方人告訴我，他們不再相信基督是神，但他們會將祂視為一個人來愛祂、追隨祂。佛陀也不是神，佛教裡沒有神；佛陀是個人，佛教是一種人性的生命哲學，這是一種很可能會讓西方人精確地走進它絕望裡的哲學。因為佛教認知絕望，甚至讚美絕望，把它當成一種智慧的起始，是人們超越絕望、進入開悟、以慈悲心觀照眾生的旅程中所必備的要素。」

竹千停了下來，有點哀傷地笑了笑。「你知道，許多西藏人不再是佛教徒。噢！他們卻說自己是。他們來到達蘭莎拉、邁所和拉達克的廟宇，但是大多數的西藏年輕人並不感興趣，他們要的是收音機、汽車、性愛和金錢。為什麼他們不該這麼想？他們渴望西化，變成想像中的『西方人』。他們幾乎沒有時間留給傳統文化。諷刺的是，當年輕一代的西藏人掉頭離開他們的文化傳承時，西方的年輕人卻轉而接近這些傳承，接近突息仁波切、達賴喇嘛這樣的人，以尋求指引與新的靈性生命。西方人不像東方年輕人那麼相信『西化』，他們知道『西化』的意義，他們生活在因沉溺於物質主義所帶來的各種沉重之沮喪和剝奪。他們受到『西化』的傷害，因為被傷害的痛苦而變得更聰明、更傷感、更真實、更想去追尋。當西藏青年想要變得更『物質主義者』的同時，許多生長在金錢萬事通環境中的西方人，轉而親近西藏的古老智慧……不，不能說是西藏的智慧，或者應該說它不僅是西藏的智慧。或許西藏的狀況比較特殊，或許在拉達克這樣的國度，這種尊貴而樸實的傳統才得以流傳廣被，達到圓滿的境界。不過，這不意謂存在我們傳統中的洞察力只屬於西藏人；如果這種洞察很有價值，那麼它在不同的情境中也一樣有價值、有用處。如果西藏發現任何真正重要的東西，那一定也對整個世界有用。真正的佛教徒不會單純執著於某一特定的傳統，他會為我們從過去歷史中所學到的一切而感恩，但不會只耽溺於對傳統的洞察，或只依循傳統行事。他必須是探險者，又是實用主義者。他會適時適切地做該做的事。佛教能改變事物，它一定要改變，能改變才是好事，改變能夠透露出佛教真理的新面貌，在它的智慧中才會有新的可能性。佛教在西方，將會與它在西藏世界所詮釋的有很多不同之處。所以，為什麼要感到難過？我們應該歡迎它。沒有任何一個社會、任何一個國家或任何一個世界能夠獨占靈性的洞察力或靈性的真理。在這個危險的年代，所有的佛教徒和基督徒，甚至無神論者，都應該分享我們所擁有的覺醒、我們從內在發現的慈悲心；利用存在內心的善意，為這個世界建立每一個可能性。是的，我是西藏人，我也是西藏佛教徒，但我最先是個人，關切我們的時代，並且想要建立和平與真理的一個人。」

竹千停了一下，凝視著我說：「你知道佛陀秋天在鹿野苑的故事嗎？他和弟子走過滿覆秋葉的花園。秋天在赫米斯，當所有的小徑被落葉鋪成金黃，我常會想起這則故事。佛陀停下腳步，撿起一片落葉，拿給他的弟子看，說：『這片葉子代表了我曾說給你們聽的話。看看其他的落葉，它們代表我還沒有說過的。』佛理中的每一個新的解悟、每一種佛教徒新的表達方式，就是另一片落葉，是花園裡的另一片落葉……我們的內在必須沉靜、持穩而平靜，同時也必須向前走，更進一步、更深入地走向彼此、走向這個世界。我們必須拋棄對於這種無止境的轉化沒有助益的事物；任何會阻礙我們靈性綻放更美花朵的事物，都要拋在腦後；任何會妨礙我們接觸這個世界，阻礙這世界在此時此地與我們同善，去面對所有的危險、恐懼與悲傷的事物，可能的話，我們都要不帶悲嘆、沒有愁苦地加以棄絕。每一種真實的轉化將讓我們更接近這個世界、更接近萬物，讓人們彼此更親近。最澄明有智慧的人變成了這個世界、變成佛陀、變成『覺醒』，全無恐懼與企盼，沒有任何慰藉或保護，而能進入完整的實相。」

竹千停下來，把一隻手放在我肩膀上。「我說得太久了，請原諒我！」

我一句話也說不出來。我們一起靜坐著聽風聲。

灌頂儀式

第二天早晨，稱為「Wang」的灌頂儀式準備工作早就揭開序幕。多日以來，喇嘛們一直在廚房裡，蹲在大錫桶四周，用青稞做奉獻祭品。他們已經清理好所有的油燈，並且添加了燈油，把較高的庭園打掃乾淨，將塵封已久、裝著最古老而神聖的唐卡的盒子拿出來。接著，所有的準備工作進入最後階段——最後一個麵糰做的祭品已經完成，最後一間僧房也已打掃乾淨，錫桶洗好也擦拭乾淨了。供應來自拉達克各地數百名信眾食用的食物和茶水也都準備妥當，所有的油燈全被拿到祭壇上，看似隨時就要冒出火焰。紅色和綠色的絲質旗幡掛在僧院最高的牆上，也就是前天喇嘛拿著號角靠著站的那面牆壁，旗幡在強風中拍打飄曳；一面大型的黃色祭祀旗幡放在殘破的階梯頂端。有位喇嘛在小徑上的一塊岩石上，用綠、紅和紫色顏料匆匆書寫上「嗡嘛呢叭彌吽」六字大明咒，塗料四濺，像個孩子的筆跡；塗料流動不均勻時，喇嘛會像孩子般不耐煩地跺腳。納旺坐在屋裡，把長長的粗絲布剪成一條條綠色和紅色的彩帶。

「這些彩帶要做什麼用？」我問他。

「它們是開悟的彩帶。當所有的儀式祭品受過祈福加持後，以及所有神聖的曼陀羅都有啟示之後，仁波切們就會把彩帶分給每個人。彩帶具有相當的力量，你必須戴著它們，直到它們掉下來，再丟到河裡去。」

我抓起一把剪刀，然後盤腿坐在僧院的地板上，一面剪一面談。不時會有喇嘛拿壺酥油茶進來，催促我們動作快一點。

密教的儀式緩慢冗長，而且催人入睡。沒有人可以想到何時會發生什麼事。如果會發生什麼事，一定會以自己的某種韻律，發生在某個神祕的時空。觀禮者必須全心開放，接受周遭所有的聲音和影像，否則在儀式進行過程中，可能一無所獲，但覺單調乏味，還有混沌。一位西藏上師敦噶巴（Trungpa）曾提到，有些禪修應該是無聊的，而且應該盡可能無聊，因為在無聊乏味中，我們所有的習慣性反應和概念都會被分解。我們的精神對無聊乏味的恐懼會比較敏銳，因為精神透過無聊乏味和其中極端體驗的懷疑，往往能達到另一種實相，然後轉而壓制無聊乏味，甚至能完全化解無聊乏味。拉達克人不怕單調、無畏於無聊乏味，印度人也一樣。對於無聊乏味的感應，或許是他們和我們最不同之處。在印度，我對任何事一概不感覺奇怪，唯獨看到一排排等候火車的人潮，一小時又一小時，他們不生氣、沒有抱怨、也沒有吃東西或說話，只是一味地等待。在印度，我永遠無法屈服於這種節奏韻律、永遠無法拋開歐洲人被服侍和被刺激的習性；而在拉達克，我漸漸發現自己能夠變得空靈、能夠沒有期待地等待、能夠忍受無聊乏味，而不會為無聊乏味感到惱怒或害怕，有時我甚至不叫它是「無聊乏味」，或者用自己舊有的字彙加以定義，賦予它一種原來不需具備的力量。這種空靈，這種單純的屈服，有時是很奇怪、出乎意料而神祕的一種快樂。我在無聊時刻，能夠更清明地觀照與感覺。對我來說，每個聲音都是新鮮的——號角發出的聲聲怒吼，把茶倒進茶碗裡的聲音，腳踩在石造地板上發出的窸窣聲。每次看著周遭景物，似乎就可以重新塑造它們。我曾經待在大殿裡一個禮拜，唯獨那個早晨，感覺自己好像第一次用最不受污染的雙眼見到它。我待在拉達克期間，偶爾可感受到這種境界：我在山上感受過；在列城凝視花園裡的花朵，也讓我有過這樣的感受；在漫長的巴士旅程中，隨著車身搖擺而晃動，也有過同樣的感受。我曾經試圖捕捉這種感覺，想要了解為何這種感覺會離我而去。當天早上的灌頂儀式中，竹千與突息仁波切在屋內居中坐在小小的寶座上，於漫長無止境的咒語、法螺和誦經嗡嗡的聲響中，有好幾個小時，我都可以完整地感受到那種空靈。在那些時間裡，不僅能夠明瞭，還能夠深入體驗多年前在斯里蘭卡時，阿難陀曾經告訴過我的小乘佛教禪修技巧，也就是一般人所說的內觀（Vispassyana），意思是「沒有分別的觀想」、「開放式的觀想」。

他說：「純然觀想的時刻，正是解脫的開始。如果你有時能夠觀想一朵花、一張容顏、一條狗，也觀想它們的本質，那麼你就能充分地自由地愛。」

後來我在大手印教法（Mahamudra Upadesa）中讀到這些話：

讓你的靈性赤裸裸
讓精神的污水

隨意流逝……

如果你認知到空間真正的本質和界限
所有固定的中心點與界限都會消失
如果一種靈性能透視另一種靈性
所有的精神遊戲都會結束

儘管你叫它「空靈」
空間是無可言喻的
儘管你叫它是「光明的」
賦予它一種稱呼，並不能證明靈性的存在
空間不能賦予稱呼，或為它找到歸處……

沒有改變、沒有依附的休息
在起源的狀態中
你的身骨都會分解

靈性的精華就在於空間
最後它無法留住什麼。

有好幾個小時，竹千和突息仁波切沒有間斷地誦經、歌詠、祈禱，藉由他們面前的器物來增加法力，青銅、黃銅製法器和青稞代表大覺、涅槃，和拉達克人民、謝伊僧院及其喇嘛。在這段時間裡，靈力象徵性地建構了一個完整的世界、一塊完整的土地和一群完整的人。仁波切把每件法器舉起來一段時間，並且對著它們祈禱和誦經。從拉達克各地相繼湧至的村民，帶著他們獻給仁波切和僧院的禮物——蘋果、杏子、一袋袋的糖果和成堆骯髒的哈達。屋內塞滿了人，汗臭沖天。號角聲悠悠響起，宣布第一階段的儀式已告結束——洪亮而漫長的聲響，聲音之大是我生平第一次聽到。靠近我的一名老婦人突然哭了起來，身體左右搖擺，她的先生抱住她，用手拍拍她的後腦勺。喇嘛們分站在各個屋角，試著維持秩序，讓一長排等待走過仁波切面前、接受仁波切祈福加持的嘈雜人群，保持他們的端莊與禮儀。拉達克的年輕人相互推擠拌嘴，爭著搶個好位置，他們一面笑著、一面推著前面人的背，好像在進行橄欖球比賽。

突然有兩列亂七八糟的行伍排了出來，我就站在其中一排，不自主地被向前推擠，幾乎無法呼吸。我被擠在一名老先生和一名老婦人中間，他們身上散發出陳年的汗水味、水果味和農莊牲畜糞便的氣味。那種燠熱、那種嘈雜、那種磨蹭推擠、那種期待的感覺、逐漸堆積的歇斯底里……我在印度旅遊過多次，從來也沒有碰過這種場面。到貝那拉斯、到馬德拉斯、到孟買都不曾有過，甚至到馬都拉（Madurai）參加寺廟的祭典，也沒有過這種經驗。一度以為我會死掉，因精疲力竭、因窒息、被我周圍因信仰而興奮狂熱的人壓死擠死。不過，在我感到驚恐的背後，卻帶著一種平靜。我並未真的感到害怕，覺得沒有什麼會對我造成影響、帶給我傷害。我把自己交給了仁波切，佛陀就是我的牆。我放棄了，我放棄我的恐懼，讓自己隨著人群漂流。我開始和前面的老先生一起開懷大笑，他也回頭對我笑，而我身後的老婦人也跟著笑。我們的笑雖唐突卻很奇妙，剎時感染了整排人群，傳染所有的群眾。很快地我們這部分的人開始大笑。笑聲不斷增加，我突然發現自己竟站在這排人的最前頭，剛好在竹千的右邊。我將是下一個經過兩位仁波切面前、接受他們祈福加持的人。就在我要走向前之際，身後的老婦人踢了我一腳，邊笑邊跑到我前頭。她贏了！她在仁波切面前打敗我了！她笑彎了腰！竹千傾身向前為她祈福。他盯著我瞧，笑著說：「你是不是很高興上了一堂英國式的體育課？」

他。

面對內心恐懼

突息仁波切告訴我，當晚他可以接見我。我在六點左右走進房間，納旺正陪著他。

「你還戴著你的祈福絲帶，」他說，「很好，它們可以為你帶來好運。」

我躬身向他致意，我的眼鏡再一次地掉到他腿上。他很開心。

「你什麼時候才真正把眼睛交給我？」他問我。

「你打算付我多少錢來買它？」我問他。

「喇嘛沒有錢。如果你不是自在地送出你的贈禮，那麼它們就沒有任何價值。」

「如果你說你想要錢，那麼就犯了欲望之罪。」

仁波切歡喜地拍拍手。「是的，我有罪！我有罪！我想要你的眼睛！」然後他用開玩笑的姿勢把眼鏡交還給我。

納旺的眼睛睜得大大的，有點失控地放聲大笑。

接著仁波切說：「明天我要回赫米斯三天。我需要休息一下，竹千和喇嘛們也一樣。三天後我會再回到謝伊，參加謝伊的神諭大祭。你應該出席的，那是經過一段長時間之後，神諭大祭再次舉辦，這是拉達克人的歷史性聚會……回去列城三天，平靜三天，再想想你在此地的所見所學。等你再回來時，就會有全新的感受。」「如果兩個禮拜後你要離去，」他補充說，「最後幾天你應該到赫米斯和我們共處。我將為你做觀世音菩薩的灌頂。我會在那幾天觀察你。觀世音菩薩是你的菩薩，我會教你如何對祂禪修。」

他臉帶微笑，不過那是一個命令。我感謝他，鞠躬，然後回到列城。

我幾乎忘了列城。我約有十天沒待在列城，它幾乎從腦海中消失——那裡充滿糖果紙和狗屎的排水溝、那裡的印度國家銀行和郵局……再度走一回，我感到不安，覺得像被剝了外衣，赤裸裸地暴露在每一件事物、每一個聲音、每一種色彩和每一張新鮮面孔前，他們看著我從塵土之中走出來。我漫不經心地在鎮上踽踽獨行，又走到河邊，坐在那裡皺著眉頭，像個得了相思病的小男孩，把石頭丟到反射著月光的河水中。我走回我的房間，一直無法入睡。

突然，我明白了：我在害怕。在謝伊的一切有種壓迫力，而且發生得太快，讓我沒有時間害怕。我害怕，我害怕一切——怕竹千、納旺、拉達克人、夏木納塔的肖像、山脈、月光，還有這個地方和它的人民，以及宗教的狂野之美。我為我自己、我的身分、我的過去、我的理解、我的藝術、我的未來、我的健康、我的心智健全和我的睡眠而感到害怕……我的種種恐懼逐一出現眼前，讓我感到驚愕。我相信我變得如此開放，變成一個熱情的聆聽者，如此深沉而真實地被感動。但是我也忘記內心的焦慮，忘了去聆聽它的聲音，於是現在它用各種最凶暴、最具諷刺力的樣子，重新出現以展開報復。

我明瞭，我也害怕突息仁波切。到底他力量的本質是什麼？我怎麼能確定自己從他身上所感受到的那種強而巨大的力量是善良的？我怎能確定他不是那種心懷不軌的邪惡魔術師，讓人的靈魂掉入陷阱的陷害者？萬一他的溫和只是一種內在主宰人心的驅動力，那該怎麼辦？我和他對話的片段重新回到它們最黑暗的意識角落裡。似乎是最高段的幽默交流，至今則揭露了整個世界的恐嚇與脅迫。如果是我創造了這種經驗，該怎麼辦？最讓我感到害怕的，並非仁波切是個邪惡的人，而是所感受到的一切都不是真實的，只是我的狂亂和綺想，那將是件可恥的事，那是一種讓我內心感到戰慄的重新來過的可恥——我那種主導進入夢幻的欲望，還有我把過去的虛榮當成靈性，都是一種比以往更腐敗、更危險的事。我同樣也害怕暴露在新的幻影錯覺中，及暴露在痛苦和絕望中的那種傷害。要是我千里迢迢而來，如此努力，感受如此之深，卻都只是一種假象、一種錯覺、一種墮落——那麼還能夠期待什麼？如何還能運用我的判斷力去相信任何事情呢？如果突息仁波切只是我在迷途中所編造出來的假象，對他的感覺只是一種心理上的投機取巧，那麼我對感受到的任何事情怎麼能夠再存有信念呢？如果我的恐懼是對真理的另一種逃避、另一種因虛榮心而產生的單調荒蕪的勝利，那還有什麼解救的辦法呢？

這些痛苦的日子，唯一能掌握的是，我相信我的恐懼不是愚蠢，也不具破壞性，我只能勉強在某些層面窺見那種恐懼；感到恐懼是一件好事，是一種必要的儀式和進入心靈通道的過程。唯一能做的，就是甩開對所有事物的各種恐懼，努力把自己和恐懼分離，觀察它們，以我全部的愛與理性的力量，變成恐懼的審判官，去揭開它們的面具，讓它們說出真正的身分。慢慢地，那些恐懼開始說話、撤退及分解。我看到它們不過是過去正在改變的我所捏造的假象，是自我意識的最後一場比賽，是已經體認到更偉大的力量與存在，只是不願承認、不願承受轉化為愛的最後一顆心靈罷了。它們的分解讓我精疲力竭，變成空靈，不過內心一片平靜。

瑞士佛教徒查爾斯

隔天早上，我在旅館吃早餐時碰到了查爾斯。在我去謝伊之前的幾個禮拜，已經從旅館經理和列城的一些朋友口中聽過他的事。他是瑞士人，是拉達克藝術專家，也是個佛教徒。由於已知道他的背景，所以當我走進旅館的早餐食堂，看到一個有雙冰冷藍眼睛、留著半長不短鬍子、肚子大大的小個兒，心知肚明就是他了。他穿著深藍色的舊毛衣，一條可能常穿而磨得破爛的褲子，正在讀一大本藏文的黑皮書，一邊在空白處做些小註腳。

我們互相自我介紹。

「經理也告訴我一些你的事，」查爾斯說，「在這個國家，每個人遲早都會互相認識。經理說你幾乎算是個佛教徒了。」查爾斯說「幾乎」這字眼時，眼睛有點嘲諷地閃著亮光。

我不理會他的挑釁。「你在讀什麼？」我問他。

「這本書，」查爾斯把它舉起來，「是一本最難以理解的書。我學藏文已經十二年，有三年是在達蘭莎拉學的。我住在瑞士一個西藏佛教徒社區，曾拜在一位名叫耶喜（Yeshe）上師門下——但是這本書我只能懂一點點。這是本禪修手冊。談十六種不同的空性。」

「十六種？」

「十六種！我只能明白其中兩種。我該怎麼辦？我是不是必須再等十五年？耶喜說：『是的，你必須等。』但是我說：『我現在沒有耐性去搞懂。』耶喜說：

『啊，是的，那就是你的問題所在，那就是你無法了解的原因。你想要的太多了。』我好想揍他一頓，但是我克制住自己，並保持微笑。耶喜說：『你知道，你無法「搞懂」。你必須去「體驗」。』『但是該怎麼做，什麼時候開始？』『在你適合的情況去做，你的時機到了就開始做。』更糟的是，我知道他句句正確，但是我沒有那麼容易就屈服。我在這裡當導遊，利用閒暇時間讀這本書，要讓那個老混蛋大吃一驚。」

我問查爾斯怎麼會來這裡成為藏傳佛教徒、他對拉達克藝術的看法，還有他正在寫的一本有關拉達克的書。他口齒伶俐、聰明狡黠、思考精確、有些自負、還用極度炫耀的姿態，引用經典中冗長的經文和奧祕的佛教專門用語。但他也有些讓我喜歡的地方，那就是他直接、粗魯和嚴肅的態度。我們整天待在一起，沿河畔散步到桑卡村。

「如果你希望慎重地接受佛教，必須明白一件事：不能把它當作一種麻醉劑。多年來我一直這麼做——四處旅遊、學習、苦修，放棄我的工作前往達蘭莎拉，行事穩當，有最神奇的經歷和洞察……是的，我的確這麼做了。我很自豪，真的認為自己在三十歲前就達到那種境界，已經學習和體認了各種事物。我精通佛理，見過多位偉大的仁波切，並且和他們建立親密的友誼。我的藏語十分流利，同時我也很快樂、平靜，不過這其實是一種很奇怪的快樂、很可疑的平靜。現在才明白這點。我所做的許多探索其實是——我為體驗和禪修空靈建了一座高牆，然後在我和那堵牆內的世界學習。我曾經從仁波切那裡得到許許多多的訓誡！在我的講堂裡，在旅途中，在許多傑出人士面前發表的演說中，有太多年輕女子為我喜極而泣！而我身在何處？我把自己隱藏在一座說話的高牆後面，害怕且幾乎沒有轉化。要當一名佛教徒，不需要依附洞察力，不需要體驗和學習。相對地，應該很單純而不受保護；應該很務實，懷有一種高度的意識，關注你四周的萬事萬物，用盡目前所有善或惡的能量。或許我這麼做，得再花二十年的歲月，才能達到務實的境界。」

他坐在一塊大石頭上，看起來有點氣自己、有點嘲諷自己。他穿的大紅襪露了出來，拿起杏核朝著右方的岩石丟了過去。我告訴他仁波切的事，也告訴他我的感受和體認。

「你很幸運。我也見過他，就我個人的觀點，他和你所說的一樣。想到能與仁波切這樣一位上師產生關聯，因他而感受到愛，那是一件很棒的事。不過別擔心你在西方世界的體驗沒有前例可以依循。西方世界嚴重忽略了靈性的規律和互動關係。你必須找到超越那種忽略的勇氣，同時記得和這位仁波切的會面只是個開始。你能感受自身所感受到的，是很好的事，但不要緊抓著它們不放，如果這麼做，你只是把它們神化，反而會變成自己洞察力的禁臠。仁波切為你做的只是助你展開旅程，或者說是協助你開始；你只是在旅程的起頭，還有好長一段路要走。你的自我主張必須很少，非常少，盡可能少。然後要對你所學與在此地的見聞有信心：你必須承受所得到的見證。否則，你算什麼呢？」

在桑卡的僧院中，有一尊灰泥塑成的大慈大悲觀世音菩薩雕像，比一般人身高大一點，被放在寶殿的黑暗角落裡，因為歲月和蠟燭油脂而變成斑斑點點，又熏得漆黑。查爾斯和我各拿一盞油燈照亮它。

「你知道觀世音菩薩為何總是以千手的姿態示人？有故事說到當年觀世音菩薩正要進入涅槃時，回首看到一隻動物——有人說那是一隻兔子，也有人說是一隻鳥——正陷入痛苦之中。觀世音菩薩被牠的痛苦所打動，無法進入涅槃，當別的生靈處在痛苦的深淵，他便無法忍受自己獨自解脫。他請求他的法父阿彌陀佛——也就是無量光佛——讓他回頭去救那隻動物。阿彌陀佛回答：『可以，你可以回去。當你伸出援手，同時會發現有許多生靈也在痛苦中。為了幫助你能夠看到所有的生靈，我將給你一千隻眼睛；為了讓你能夠解救它們，我將給你一千隻手。』」

查爾斯說話的同時，我想起一段往事。我回憶起十一歲那年，和父親在南印度搭乘火車，車廂裡光線充足，充滿柑橘的味道。當時學校剛放寒假，父親正要帶我去看阿旃陀和埃洛拉僧院的肖像畫與雕刻。

我問他：「是誰刻畫的？」

「是僧侶們刻的。他們在尖峭的岩石上刻出佛像洞窟。」

接著我的記憶開始移轉：我站在阿旃陀的一座洞窟裡，父親拿出他的手電筒，照著高處的佛像，那是一尊手拈一朵花、微彎著腰的男性雕像。

「父親，這位王子是誰？」

我的父親不知道。他回頭問我們那位矮小的胖導遊。

「這是誰？」

「那是如蓮花之無染觀世音啊，大人，也就是觀世音菩薩，大慈大悲觀世音菩薩。因為祂對這世界的關愛，所以祂的臉充滿哀傷。」

我發現那尊佛像足部靠近地板處，堆放著許多白色的乾燥花。

「為什麼這些花放在這裡？」我問導遊。

「花是許多人帶來獻給佛陀的。花很美，但是很快就凋零。花謝得這麼快，總是讓人感到難過。白色的花是純潔的象徵。」

導遊彎下身去，撿了一朵花給我。「這是好運道，大人，這是好運道……」

「你為什麼在笑？」查爾斯問我。

「因為想起童年時代到阿旃陀洞窟的情景，我在那裡看到觀世音菩薩的肖像。」

「你被感動了嗎？」

「非常感動。」

「或許那正是你此刻會在這裡的原因。」

我們走出去，坐在僧院的石階上。天空滿布星光，花園裡的向日葵也染上暗色。

「有一次，我到波哈拉，」查爾斯說，「坐在湖畔的一間咖啡館裡，當時天氣寒冷，有個沿街乞討的老婦人，身子很瘦弱，坐在屋外的一張板凳上。她向我索討一點錢，我給她五盧比，她替自己點了飯，一份蔬菜湯和馬鈴薯。接著她做了一件很不尋常的事。有一隻全身長滿疥瘡、非常骯髒的雜種狗趴在咖啡館的門邊。婦人和狗一起坐在地上，她把她的食物分一半給那條狗。他們一起用餐。她其實一無所有，沒錢也沒有其他的衣物，那隻狗也不是她的。我更不曾感覺到她對自己說：『我要把我一半的食物分給這條狗。』沒有，我看到的是她立刻把食物拿出來，沒有任何意圖；她和那條狗很特別，或者可以說她的布施不企求回報，而狗的接受也沒有任何感激。那就是慈悲心……

「你知道佛陀與娼妓的故事嗎？我想那是我所知道最讓我感動的故事之一。人們認為，佛陀年輕時長得十分英俊，他的一些敵人企圖詆毀他的聲譽，於是派了當時最著名的高級妓女去找他。佛陀很喜歡她，和她談了許多事。她長得美麗且聰慧，想要獻身給佛陀，佛陀對她微笑說：『沒有人愛妳的時候，我會愛妳；當每個人對妳的愛離妳而去的時候，我會愛妳。』她為此忿忿然離去。四十年後，佛陀行將圓寂，被移到臨終的棺架上。他瞥見有個穿著破爛衣物的人影站在牆邊的陰影裡。那是個痲瘋病患，是一名婦人，駝著背，半邊的臉已經腐蝕，佛陀從他的棺架上撐起來，走向那名婦人，靜靜地用手摟著她。」

「我覺得很邪惡，」我說，「對我來說，這故事實在讓我很難忍受。那種戰勝！那種臨終之言！」

「你在牛津大學學到的，就只是如何變得聰明和去嘲諷別人嗎？」查爾斯不悅地說。「你真的什麼都不懂嗎？難道你不明白這故事說的是一種我們所能想像的最深的關愛嗎？那種沒有欲望和期待的愛，可以穿透所有肉身和整個世界的邪惡與業障。或者你明白了，卻沒有勇氣去說『是的，我明白了』？是這樣吧？或是你在英國受了什麼傷害，讓你膽怯而不敢承認你所知道的事？」

我們上樓，走到盡頭那間寂靜的寶殿。走到階梯的頂端時，查爾斯說：「對不起，我說得太嚴厲了。」

「不過你說對了，」我說，「我的確太膽小了。我們會面之際，正是我處於內心動盪、不知道如何思考的時刻。我很害怕。在拉達克發生太多我無法確定的事情了！」

「謝謝神！」查爾斯微笑說，「假如你很確定，那麼就什麼也不會發生了。我們最深沉的洞察力正被恐懼所圍繞，必須在我們發現內心所隱藏的到底是什麼之前，以了悟來穿越那種恐懼，讓它變得澄明。那種恐懼正是我們所能獲得的最好禮物。

「有一回，我曾試著要離開達蘭莎拉，因為我受夠了，一點進展也沒有。我以為自己是個傻瓜，應該立刻停止下來，不再學藏文，不再禪修，放下一切，回到歐洲去做一些比較單純的事情。當個小職員或記者好了。忘掉這一切。我甚至開始懷疑我求教學習的喇嘛根本是騙子，他稱不上精進，沒有一點智慧，只是古老傳統下一隻人云亦云的鸚鵡罷了。我把一些錢寄回瑞士，去見我的喇嘛，毫無保留地告訴他我的感受。我很生氣，覺得受辱，滔滔不絕地說著。他很仔細地聆聽，偶爾會要求我明理些、頭腦更清楚些。為什麼我如此蔑視他？我跟他學習到底錯在哪裡？心裡還有許多疑惑。我的長篇大論結束後，他不發一語。他抬起頭對我說：『全部說完了嗎？』我一聽立刻大發脾氣，『全部說完了嗎？我一直在告訴你我最深刻的感受，用我一生的全部氣力對你訴說，你竟然說全部說完了嗎？』他微笑著說：『查爾斯，生氣正是你這些年來學習到最真誠的東西。你為什麼要浪費這項特質？難道你不明白那正是你不應該拋棄的天賦嗎？想像你的憤怒是一塊黝黑的大理石，必須加工鍾鍊它。如果你只是把它帶回歐洲，它會壓得你彎腰駝背。』於是我留下來了。」

我們來到最後一間殿堂。查爾斯說：「別看！」他把手蓋在我眼睛上。樓下，有位喇嘛正在做晚課。查爾斯帶著我走了幾步，把我的頭抬高，然後把手拿開。

在我眼前的是一尊巨大雕像，因著許多油燈的照耀而顯得光彩奪目。那是尊有上千隻手足的女神像，祂的臉猙獰恐怖——雙眼凸出，嘴張得大，還帶著殘酷的笑容。

「查爾斯，這是誰？」這真是個笨問題，查爾斯因此發噱。

「是誰？那是大白傘蓋佛母（Dukar）最恐怖的樣子。」

「為什麼她要帶著刀劍和弓箭？」

「為了消滅無知。」

「她腳下踐踏的是誰？那些矮胖的妖怪是誰？」

「那是我們心中的傲慢與虛榮。」

「真是恐怖！」

「她在跳自我死亡之舞，真是恐怖！但是她也叫救世主、和平之神、智慧之母。」

「她為什麼笑？」

「她是因勝利和歡騰而笑。有人說，她的笑代表世界正在毀滅。她是我們內心的聖潔暴力，能夠消滅恐懼和幻想，那種笑會出現在我們虛榮的臉上，會有一把內心之火把虛榮燒盡。」

接著他帶我去看右邊的一尊小雕像，那是一尊青銅鑄造的喇嘛像。

「這尊雕像來自不丹，是一位很神聖的喇嘛。」

「他的臉非常溫柔和善。」

「那種溫柔曾經歷過死亡之火的淬煉。」

當天晚上，我和查爾斯在賣酯的小店裡喝醉了，查爾斯五音不全地唱了瑞士歌曲，為了取悅和我們一同買醉的西藏男孩，他還拚命搞笑，模仿卓別林在《淘金熱》（The Gold Rush）中的模樣。我唱著「從我的窗前滾開」，贏得熱烈掌聲，還接受要求教西藏男孩跳迪斯可。酒館媽媽從隔壁走來欣賞我的表演，她揪著胸，又哭又笑，然後跌坐在床上，笑到激動地爬不起來。當她也試著跳舞時，渾身肥肉亂顫，我們可就真的報復她了。那些西藏男孩慫恿她，一邊拍著手、拍著大腿，一邊吹口哨，然後也隨著她起舞，不過這回跳的不是西洋舞蹈，而是緩慢感性的西藏舞，舞蹈中有許多手的舞動和臀部扭動的動作。他們還一邊拍手、一邊發出「哇哇哇哇」的叫聲配合節奏。

由於我想到要整整查爾斯，於是要他寫一些句子給我，好好闡述西藏佛教的意義。他哀嚎了一下，不過還是從記事本裡撕下一頁來寫，然後半開笑地在筆記紙的一角畫了幾張臉——有火紅的臉，有像大白傘蓋佛母的臉，還有溫和的臉、好笑的臉；其中一張有著不修邊幅、凸眼睛、半邊鬍鬚的臉，還有張戴著副眼鏡看來十分認真的臉，大概是指我。當他在寫那些字句時，在下面畫了幅自己的諷刺畫像：他穿著瑞士阿爾卑斯山的傳統服飾、戴著一頂繪有兩條蛇圖案的仁波切帽，以及一雙裝飾了飄浮絲帶的髒污翅膀。在他的諷刺像之下寫著「真理的背叛者是無可言狀的」。從他嘴裡飄出一條絲帶，上面寫著「哇哇哇哇」和一些嘲諷的西藏文字。

藏傳佛教中既沒有神，也沒有外來的力量。神是你內在的能量，當你喚醒和崇拜這種力量，其實就是在喚醒和崇拜自己。

一個人內在靈性中的驕傲若缺乏空性的智慧，將導致瘋狂與妄想自大。萬物皆空，人的內在靈性也一樣。就連神也是空，那代表祂們一旦達成目標，就會在空靈所散發出來的力量中分解。

藏傳佛教就像煉金術，這種煉金術將一己的污穢不堪轉化為如黃金般的本我。有一句話送給你。

我的手累了。

現在你可以完全了解它了。

查爾斯在寫這些話時，所有人都擠在他旁邊。一名西藏青年問他，「你在寫什麼？」

「我在寫一封信給我的英國朋友。」

西藏人笑了，「可是你為什麼要寫信給他呢？他就在這兒呀。」

查爾斯說：「我的英國朋友得了一種奇怪的病，是一種瘋病。他一定要看到東西寫下來，否則就不相信它們。他不相信人家用嘴巴告訴他的任何事情。」

西藏人回答：「真是悲哀。他要是再多喝點酒，這封信也讀不下去了。」

「那他接下來會做什麼？」

「他會跳舞。」

醅是一種柔和而熾熱的飲料，而我則是軟綿綿、熱呼呼地完全醉了。

查爾斯扶起我，帶我沿著石子路回旅館。「隨便給這個英國人一杯飲料，他根本走不動了。這年頭的英國理性主義者可真多！」

「混帳！你怎麼還能這麼清醒？」

「長時間的禪修訓練啊！你可能永遠也達不到這種高超的境界。就算你全身赤裸在喜馬拉雅山靜坐個幾年，也不可能達到我的境界。」

然後他說：「你還害怕嗎？」

「不了。」

「為什麼？」

「我不知道。非有個原因或理由來解釋不可嗎？」

「不會呀。」

「感謝神。」

「我六點半再叫你起來。」

「六點半！」

「佛教徒比較早起。」

「我不是佛教徒。」

「你比你自己想的更有慧根啦！」

「喔，就算是，我也要當個懶惰、晏起的半佛教徒。」

「可是往謝伊的巴士七點半就開了，我們得早點到才行。」

「我以為你要帶團去亞奇。」

「不，我改變心意了。我不想錯過任何與你高談闊論的機會。我太盡興了。」

「我還以為瑞士人很難自得其樂呢。」

「他們真正的喜悅是屬於細緻、高格調的那一種。」

「真的嗎？」

「那可不！」

我跌跌撞撞地進了房間，有人把一大朵向日葵插在玻璃瓶裡，好整以暇地放在床邊。在這樣的月夜裡，它光滑的長莖梗看來有點好笑，盛開得有點荒謬。

神諭大祭

納旺在謝伊的巴士站等我們，他戴著深色眼鏡、穿著一襲紅色長袍，看來勇猛有勁。「你們怎麼不搭早一點的巴士來？」

「我們昨晚聊得太晚了。」

「嗯，趕快，儀式已經開始了，我們趕快去看，然後再去看仁波切。」

我們開始往村裡走去。

「這是不是第一年？」查爾斯說，「我是指重新恢復神諭儀式？」

「我想是二十年來的第一次吧。」納旺回答，「仁波切特別讓它復興的。他說他要讓黑暗的土地重見曙光。他說謝伊的居民正逐漸失去精神特質，重新舉辦神諭大祭是協助居民找回精神特質的方式。以前神諭大祭是謝伊每年的重心，其實也就是豐年祭。」

「神諭大祭在佛教誕生之前的年代就有了。」查爾斯說。

「是的，可是佛教卻找到一個整合遠古力量的方法，進而賦予新的意義。」

查爾斯說：「我在巴西住過，他們每年會有一個狂歡嘉年華會，惡魔的舞者會被邀請到教堂去……等到他們跳夠了、叫夠了、瘋夠了，就會有人打扮成聖母瑪麗亞進來唱聖歌。順便問一下，祭司到底是誰扮演的？」

「他是農業部門的官員。他和祭司有很深的淵源：他的父親是最後一任祭司，他其實是個安靜而保守的人，可是只要喝了一點酒……」

這時，祭司騎馬從我們前面轉彎過來。他的醉意極濃，從這裡晃到那裡，再從那裡晃回這裡。他的臉上被畫了斑點，兩眼半閉，嘴裡的口水流到他的紅袍子上。

他左手拿了一把綴飾銀絲帶的儀式專用矛，由於極度的狂熱和不穩定，他把矛揮來舞去，很難讓人不去擔心他隨時會傷及無辜。然而即使長矛亂舞，謝伊的拉達克人還是從四面八方向他擠來，對他揮舞著哈達，把哈達掛到馬背後，抓起一把把的穀子，朝他和馬腹丟過去，並且不斷地歡呼，而他似乎很習慣這種騷動和這種草率的臣服。他會摸摸那些走近他的孩子們的頭，然後用手撫摸那匹木馬骯髒的白色鬃毛，那模樣像是騎在戰馬上的王子。在我可以仔細端詳他的臉時，我發現他瘦削而枯黃，表情看起來有點蠢。但是他有雙細緻的手——一雙畫家或鐘表師傅才會有的手，尖削的手指因戴了指環而變粗。他老是一副快睡著的樣子，在馬鞍上突然往前掉，偉大的紅白色織錦祭司帽子便這麼危險地斜倚著。他的右邊是一個抓著馬轠、面色紅潤的人，有時會搖搖他，在他耳邊低語，然後不停地從袋子裡拿出酯來。祭司可真是百分之百地對酒表示了尊敬，他把酒瓶高舉至天空，好像在祈福似的；他倒掉大部分的酒，再把剩下的灑向群眾，一邊尖聲笑著。他穿著一雙奇怪的襪子，一腳是鮮紅色，一腳卻是黑色的；他的鞋子邋遢得不得了，鞋緣都裂開了，只靠黑色的粗橡皮筋勉強綁在一起。

「他現在要幹嘛？」我問納旺。

「他要跑到山頂上祈福。」

「他辦不到的。」

「喔，當然可以，他辦得到的。他讓人覺得好像已經筋疲力盡了，但其實還是挺有體力的。像他那種境界的人，力氣是一般男人的好幾倍。」

眼下的祭司在馬匹的協助下，都已經有點蓬頭垢面又狼狽不堪，很難想像自己走路時會是什麼樣子，更何況是奔跑。可是納旺是對的，突然間，祭司開始大叫，發出與先前全然不同的低沉嗓音；他開始叫著，一邊向群眾敲打，眾人很快地向後跑開，留下他一個人在道場的中央不停打轉，像瘋了似的。他一圈又一圈地轉著，愈轉愈快，愈叫愈大聲，陡地開始往前奔跑，他跑到山丘上——不是圍繞著山丘的那條小路，而是筆直地往山丘上方跑去，就像仁波切來到這裡時一樣。有時，他會停下來，彎下腰，轉個身，把肩膀往空中甩去，嘴裡胡亂叫著，然後再繼續向前跑，沒有人跟著他。等他到達山頂，轉了個身，停下來，然後非常鄭重地舉起張開的雙手祈禱。身邊所有的拉達克人瞬間安靜下來，彎腰鞠躬。這個表示尊重的舉動似乎讓祭司很高興，又開始瘋狂地笑著，在他站著的石頭上上下下地走著，好像馬戲團的馴獅師，一下子停下來，一下子又昂首闊步，一會兒踏踏腳，一會兒揚起頭，揮舞那像鞭子般嚇人的刀。他一直反覆不斷地做這些動作，看來像是使盡了各種粗暴的力量。看得我不禁害怕他會永遠在石塊上狂舞，直到昏倒才罷休。若是這樣的話，這天的節慶會用什麼樣的方式收場？在這樣的狀況下，誰敢上前去看祭司？仁波切會親自來嗎？他會用法鈴和聖歌來驅邪降魔嗎？當我正津津有味地幻想這些卡通式的情節時，祭司停下來了，然後像脫衣舞者般將手放在屁股上，把矛拋向天空，接住，再把手放在屁股上，彎兩次腰，上下跳三次，鬼叫一聲，接著往下走，就像是從來沒發生過什麼奇怪的事。群眾鴉雀無聲，有人幫祭司上馬。祭司環顧四周、欲言又止，隨後說出一句讓人有點驚訝的話，「這些人在這兒幹嘛？」

「接下來呢？」

「他要開始祝福聖樹了。」

納旺指向路另一端的一棵樹，很難想像那樣一棵平凡無奇的樹會是聖樹，它飽經風霜地獨立在沼澤裡，只有幾片葉子稀稀落落地攀附在樹枝上。祭司必須走過河對岸的一條石子路才到得了那裡，他做到了——他利用裙子做成大氣球飄浮過去。當他走到樹邊，就見他把一條哈達綁在樹枝上揮舞，再向它微微一鞠躬。他似乎已精疲力竭了。

「他現在要休息了嗎？」

「到下午才會，要等到舞蹈開始。」

然後，他再過河往回走，用一條絲巾擦擦額頭，縱身上馬往回走向謝伊，目不轉晴地往前看。有人給了他一瓶�，他接過去，卻突然把酒瓶往地上砸得粉碎。

喜捨圓滿

「仁波切在等我們，趕快來！」

納旺帶我們穿過謝伊的小巷弄，往仁波切下榻的地方走去——一個有著簡單石屋及開滿向日葵和大朵鬱金香的花園廣場，一條小溪流過其間；角落裡有兩匹老馬在白楊樹下吃草，身上滿是大斑點，馬背籠罩在陰影下，正在換毛的身體看起來像老舊的毛毯。幾件喇嘛的衣服披散在草地上等著晾乾，風吹來足可盈滿雙手的枯葉，秋意正濃。我們走到溪邊，以水滌淨雙手和臉，查爾斯的袋子裡有幾顆蘋果，於是我們索性在向日葵與溪流間席地而坐，吃起蘋果。從我坐的地方可以看到大半的廚房，裡頭又黑又深，一名老太太正站著將蔬菜削到碗裡去，背後的牆上掛滿各種尺寸和形狀的光亮鍋子，這些鍋子粗糙的表面因為刷得乾淨而閃閃發亮，洋溢晨光的氣息。我看著她，她走到窗邊，把手舉在眼睛上方來遮陽光，然後對我們喊叫：「別坐在那裡，快進來，我做了些茶點，你們要不要來一點呀？」

「那是鎮長夫人。」納旺說，「她是個親戚，仁波切來謝伊一定住在鎮長家。」

納旺喊住她，表達我們對她的謝意，同時向她表示因為要見仁波切，所以沒時間過去。她微笑著對我們招招手，便轉身回廚房。我們在草地上又坐了一會兒，聽到她在廚房唱起歌來了。

「她在歡迎我們，」納旺說，「她唱的是拉達克人的歡迎之歌。」

如果你來我家，
不管在黎明、夜晚或下午，
如果你在春天或冬天時來到，
我會等待你，
我會準備好茶和糌粑等著你，
所以別遲疑，我的朋友，別留在遠方。

「我們得趕快走了，」查爾斯說，「不然仁波切會以為我們不去了。」

「他知道你在這裡，」納旺指著前方說。「那裡。」仁波切一個人站在小陽台上，微笑的俯視著我們在。他早上的樣子多麼莊重溫和，我所有的恐懼都消失了。一個年輕的喇嘛來到陽台和仁波切一起站著，帶給他一碗酥油茶和一盤水果。仁波切往下看著我們，指指那盤水果，好像在說：「你們如果要的話，就趕快上來！」

於是我們加快步伐。

仁波切坐在擺滿從花園裡摘來的向日葵、鬱金香盆花的房間裡，面前有一張紅色中國漆的小桌子，上頭擺滿聖物——法鈴、金鋼杵和他那串大大的念珠。整個房間陽光普照，地板上只有一張棕色舊地毯。

當他為我祈福時說：「你的眼鏡今天並沒掉下來，那是不是表示你打算要好好保住你的眼睛呢？」我把我的眼鏡摘下來遞給他，他將眼鏡高舉在天空，滑稽地看著它。

「你怎麼能用這玩意兒看東西呢？」他笑了，「我根本看不到。」他把眼鏡還給我，並且給我兩顆杏子。「來，你留著。它們是你的，只有你才可以看穿它們。留著吧。」

「今天早上我很忙，」他又說，「很多人會趕在下午的舞蹈表演前來看我。但是你們留下來，我們可以聊聊天，一起吃午飯。在我的客人來之前的空檔，你們可以問我任何想問的問題。」

有一段時間，沒人想說話，好像只要和他坐著就足夠了。然後鎮長來了，這個壯碩肥胖、臉色紅潤的人說：「仁波切，從謝伊來的鼓者已經準備要獻藝了。你要不要聽？」

仁波切點點頭。

鼓者當中有三位是一名老人和他的兩個兒子，他們沒進房間，反而站在當天我們第一次看到仁波切時，他所站立的那個陽台上。一開始他們平靜地演奏著，然後愈來愈複雜、愈來愈大聲。仁波切把手放在他前方的桌子上，輕輕地跟著鼓聲打拍子。

接下來的十到十五分鐘是我這輩子最奇特的體驗之一。當鼓聲愈來愈低，我發現自己的意識慢慢地模糊，脫離了我的身體開始遊移；實際上，我有點飄離身體了。我不害怕，我曾經在做夢時有過靈魂出竅的相同經驗，而現在的感覺也沒有什麼異常。我在那樣一個新的情境下環顧四周的人事物——我看到了牆、看到了仁波切前面那盤水果、看到了查爾斯和納旺、看到了仁波切微笑著用手在桌上打拍子、看到了閃閃發亮的大廣場上的陽光、看到了牆上的長橢圓形。第一次能夠透過我的身體及心靈之眼去看，而非用理智去看，這就是空性。所有的東西看起來都讓人有點驚訝，非常真實——具有百分之百的質感，像一種創造發明出來的東西，好像畫出來，或是用宣紙和樅樹做成的。就連仁波切，乍看之下也有令人感到壓迫的感覺；就像個玩偶，像一個用木材或紙架構起來的東西，臉上的皺紋像紙似地繃得很緊，幾乎可以看穿他臉龐裡的木頭架。他眼前的那盤水果看似堅固卻又脆弱，好像只要一陣風就可以把它吹走或破壞似的。我覺得自己可以吸收全部的力量，把手放在牆上就可以弄穿石牆、把它推倒，甚至牆後的花園、溪流和山。我一點也不覺得我和所看到的一切人、事是分開的，我也沒有比他們感到更「真實」，和擁有更多權利去變得更實在或更絕對。我明白，真我也正在觀察這一切，抽絲剝繭，看看這些事物的本身是不是像風一樣不真實……我轉頭看窗外的山，它們就像紙，連小孩都可以撕破它們。我看著仁波切，他正凝視前方祈禱著，他的臉看起來像個古老的布偶，他的手像紙糊般；他也像一種幻影、一場遊戲、一次呼吸——我明白我和他之間的差異在於，他很久以前就明白這一切並長年禪修，而我不過是把對他生命中的光與靜的本質所萌生的單純感受，當成一種持續的體驗。我從未像此刻這樣熱愛著他——他就像那些水果、那些牆和那些山脈，也像我一樣，是虛構而不真實的。在這一瞬間，忘記了所有的恐懼和自我憎恨，好像我什麼都不懂，只知道喜悅的感受，這感受對我來說是不值得的，甚至對那些活著的人和存在的事物，不但不值得，也是一種謊言與不名譽。鼓聲終於達到最後高潮，接著戛然而止。我又回到我的身體，意識又開始困頓。查爾斯、水果和仁波切依然在我身邊，我沒發瘋，我感到平靜。鼓者進來，在陽光中接受哈達和水果。納旺靠著我說：「你知道，他們是拉達克最好的鼓者。今天下午你會再聽到他們的表演。」窗外的山脈恢復它們原有的堅固形象，在陽光中閃亮耀眼。

鼓者離開了。查爾斯對仁波切說：「我想問你一個問題。」

「什麼問題？」

「關於布施與施捨的圓滿。」

「為什麼你要問我？」

「因為我對我的生命感到悲傷。我一直活在虛幻中、一直活在自己的世界裡。」

仁波切說：「可以悲傷，但不要太超過：可以施捨，但不要被自己的憂傷所吸引。你無法改變已做過的事，但可以為自己的未來而改變。記得你在某種程度上是自由的，記得你是佛，要心存這樣的希望，要在這樣的希望中活著。」

「很難。」

「這是最難的事。這就是為什麼你得練習。自我想要放棄一些事，放棄自己而絕望，絕望是自我最後的居所，而這個居所必須燒掉。我們必須以空靈為居所，如《心經》所說的『無受想行識』。」

查爾斯沉默了半晌說：「月稱菩薩（Chandrakirti）的論中有一段話我不了解，能不能請您開示？『當菩薩想到和聽到布施就感到喜悅，活在涅槃中的人是沒有這般喜悅的，何需再提及布施之喜呢？』月稱菩薩所說的到底是什麼意思？」

仁波切微笑了，「打從我第一次聽到那段經文，就非常喜歡，那時我還是個十二歲的西藏男孩呢！我在禪修時曾多次借助這段經文。」

仁波切並沒有馬上或直接回答，他拿起桌上的金鋼杵放在左手，右手則拾起他旁邊碗裡的一朵向日葵，然後將兩手所握的東西給我們。

「看看這朵花，」他說，「它布施了自己給我們，由蜜蜂帶來它們的花粉，沒有任何回報。它也無法得到任何回報。它無法否定我們、蜜蜂或任何事物。你還記得佛陀與花的故事嗎？當佛陀年老時，想找尋一位繼承者，於是喚來約三百名的僧侶，卻只是坐在他們前面不發一語，然後遞出一朵花，還是沉默著，只有一位叫摩訶迦葉（Kasyapa）的比丘了解，並且為之莞爾，所以他被選上繼承佛陀的衣缽，當下便得到開悟！」

仁波切看著我們，「智慧、開放及慷慨都是必要的，這就是為什麼我左手執金鋼杵。如果布施要完美，『空性』的智慧也是必要的。唯一圓滿的布施，是施者與受者都明白所謂的布施喜捨都是不真實的、是空的，連受也是空的，本來就是不存在的。這並不表示布施會因而變得不重要了——相反地，布施變成自在，一種自在得不得了的行為，甚至沒有必要稱呼它為『布施』。這朵花也沒有在『布施』，它開花，僅此而已。施者並不會讚美自己的布施行為，也不會慶幸自己的天賦，更不會對受施者表現出任何施惠的態度。空性揭示的是，你不可能在施予別人時不施予你自己，因此沒有所謂的施者或受者，也無所謂的賜予。於是你心胸開闊地去布施，以智慧，以無我，以無求，以無報。最大的喜悅就是這樣的境界，寂天菩薩（Shantideva）說：『透過喜捨萬物，你遠離悲苦。』」

他把花放回碗裡，也把金鋼杵放回前方的桌子上，並將身體往前傾。

「你剛剛引用的經文中所說的是，月稱菩薩告訴我們菩薩的喜樂——喜樂是無止境的，因為喜樂來自四面八方、沒有界限。那些已經進入涅槃的人無法了解這種喜悅，因為布施眾生的喜悅，正是眾生帶來的。菩薩不入涅槃，要等到眾生和他一起進入涅槃。菩薩知道那些被解脫之人所不知道的一種喜悅。祂知道那種喜悅，並且生活在那種喜悅中，是一種無我的全然布施。藏傳佛教說，菩薩就像升起的月亮。祂滯留在那些由祂自己發射出來的白色亮光中，也擁有閃耀來自祂的空靈智慧，祂讓那些仰望祂的人們得到快樂，即使是短暫片刻，那些人一樣能得到勇氣，邁向他們漫長的大圓滿道路。寂天菩薩曾寫道，單純喜捨的圓滿『就好像水般透明的水晶珍寶破壞、征服了黑暗』。對大部分的人來說，將生命中的一部分來力行這樣的光明便已足夠，甚至遠遠超過滿足；但是對真正熱愛這個世界的人而言，若真正擁有真實的內在和憐憫，會希望成為那種『珍寶』。在變成那種光明的過程中，他們是會達到月稱菩薩所說的那種喜悅的——一種誰都無法剝奪的喜悅，因為這樣的喜悅本身即是空無。」

我說：「我們國家的許多人可能會說，你說得很美，可是不具任何意義，也只是個夢想而已。」

仁波切微笑說：「只要有輪迴，就會逃避人內在精髓的完美。這也許是輪迴最可悲之處，也是最痛苦之處。一個人可能在暗室挨餓，與此同時，前方的迴廊永遠有足以餵飽許多人的食物，但他得『走』過去，而在他走去之前，必須相信就是那裡，沒有人可代替他相信，也沒有人能夠為他從那個房間帶食物過來。即使有，他也得說服自己那些是可以吃的。《法經句》說：『佛既不以水洗去罪惡，也不以雙手為人去除痛苦。』但透過教育，他們必須學會去傾聽、去學習謙卑地改變。沒有人可以讓他們去聽或改變，我們可以自由地選擇成為菩薩或讓自己在輪迴中一世又一世地受苦。人們經常說他們無望、受困、不完美，其實真正的意思是『我不想忍受我的完美、不要承擔我的實相』。不完美比完美更使人舒坦、更為人性化。許多人寧可相信人是不完美的，因為不完美，可以過得比較輕鬆、比較容易原諒自己。而誰又能因此責難他們呢？人對自我絕望有時是一種迷惑，或許也是最危險的事；

發掘內在力量是百分之百美好且溫和的事，但是這樣做也很令人害怕，因為會剝奪我們在放棄或嘲弄之中的每一種安全感和舒適。誰能赤裸裸地活在完美之中？又有誰能在意識到自己的完美後，還能夠忍受不在生活中去試圖了解完美為何物？明白完美是一件難事，想要明瞭它存在生命中更困難。有時人們也知道這件事，而這也是他們會刻意掩蓋所知之事的理由。他們寧可選擇所了解的輪迴夢魘，而非所不懂的覺醒。某方面他們是對的，一旦明白『實相』為何物，就必須學著如何走進實相中死亡；他們無處可躲，世界上再也找不到安全的角落了，他們必得『無處可以滯留、無一物可以棲息』。」

神諭之舞

「舞蹈在一小時內會開始，」納旺說，「仁波切需要休息。」於是我們先行離去。我在門口轉身向他鞠躬行禮，他顯然心不在焉地盤腿坐在那張綴著珠子的墊子上，雙眼凝視地面，嘴裡不斷祈福，右手握著一串從童年起就一直握持著的念珠。突然間，他看起來蒼老許多，很疲累。此刻是我唯一一次覺得他是單獨一人，就像你從窗戶看到某個人正在屋內讀書，這一刻我清楚地明白，他的生活正是一種在寧靜中的工作，他的行動和說話所表現出來的無為和智慧，獨自在屋內，專注且不停喚醒身上的能量。這樣的工作永無止息：有太多的人需要他了。即使是他在祈禱，似乎仍在付出自我，他的身體向前傾斜得厲害，讓我擔心他會倒下去。他的手極熟練地撥著念珠。我注意到手是他身上最年輕的部分，也是最結實的。

「走吧。」納旺低聲地說。

我們走出屋子，進入午后的陽光中，坐在我們初次會見仁波切的陽台上。實在沒有說話的必要，而我們也不想說什麼。查爾斯坐在一角，用阿爾卑斯草帽遮住眼睛假寐。納旺則在另一個角落，坐在插著黃花的兩個花瓶間冥想沉思。那兩匹馬仍舊站在原來的陰影中，偶爾慵懶地用尾巴驅趕背後蒼蠅；那條溪流在午后似乎流得比早上更緩慢，而且更神祕。我必須身體前傾，才能聽見在柔和草地上流淌的溪水聲，謝伊的村民三三兩兩、成群結隊，穿戴著最好的帽子和緞子，沿著小徑走到花園旁邊來，他們時而歌唱、時而安靜，就像我們一樣開心。從我所坐的陽台邊緣，可以看到一叢樹木迎風搖曳；再望過謝伊的田野，田野成熟的作物呈現一片金黃，再過去是更遠的山脈。山脈最小的一塊山影襯著光線輕微地移動，重組所有事物的生命，諸如那些馬兒、那條溪流、那幾面牆、那些迎風顫動的黃花等，為大地帶來新氣象。納旺張開眼睛，看著我。他的眼睛如同午后的天空明澈而溫和。我們相互微笑。

查爾斯打破沉默，「我們是不是應該到空地上去？我們不想錯過舞蹈的開始吧。」

納旺說：「若沒有仁波切，什麼都不能開始。但你說得對，我們應該走了。」

舉行舞蹈表演的空地，距離仁波切所住的地方不過兩百碼。我們邊走邊吃著蘋果。查爾斯在細頸瓶裡裝了些酯，燠熱時喝一點是很棒的。納旺也喝了一些，他看起來神祕兮兮地，似乎很開心。「別擔心，蓮華生大士也喝酒，這是一件好事。」

「這裡要跳的是什麼舞？」查爾斯問。

「我好像不應該告訴你，我要你自己猜。不過你可能不會猜，因為太難猜了。」

「嗯，那麼你就告訴我們吧！」查爾斯說，「如果你不說，就不給你喝酯。」

「嗯，既然你賄賂我……祭司數百年前一直待在錫克斯。謝伊國王希望他來謝伊。我忘記為什麼了。不管怎麼樣，國王知道祭司生性頑皮，因此派人送給他一隻很大的玩具龍當禮物。玩具龍裡有兩個人，可以操控龍跳舞。祭司很開心，跟著龍起舞，從錫克斯一路跳到謝伊。龍就是佛教，那隻智慧之龍誘導祭司離開他成佛前的地方。」

「舞蹈進行的過程中，祭司都做些什麼？」

「他多半是在觀賞和喝酒。接著他會為代表這個村子與所有村民的祭品加持祈福。」

我們抵達空地。靠村子的那頭聳立著一座顯眼的白色大型舍利塔，塔牆上有一面大窗，約二十呎高，窗子是敞開的，納旺指著它說：「仁波切會坐在那裡觀看儀式進行。」牆壁的左側有一扇布幔小門，門口立著一座小舞台。很明顯，前一晚這裡曾演過地方戲。幾個小孩繞著舞台相互追逐，我們面前的空地已經清理出一塊不規則的圓圈，人們繞著圓圈或站或坐，有拉達克人，也有些外國人——幾名義大利人穿著被汗水浸溼的襯衫；一位我在回列城時曾經與他短暫會晤的美國籍醫生，他有雙和猶太人一樣嚴肅的眼睛，手裡拿著相機和大記事本；一名法國女士，她是個心理分析師，穿著一身黑，頭髮向後梳，臉頰尖削，像一隻桀驁不羈的燕子。

號角聲響起，代表仁波切即將離開鎮長家；號角深沉漫長的回聲在各個牆面和田野間迴盪。人群開始向前簇擁，擠到房子和空地間的小巷弄。整個拉達克都在期待仁波切——老先生、老太太、兒童、公司雇員、司機、農夫及肩並肩的老喇嘛和年輕僧侶。仁波切出現了，他從鎮長家旁邊的階梯緩緩地走下來。有好長一段時間，群眾安靜下來，沉靜中可以聽到小巷內樹上小鳥的鳴聲、可以聽到祭司與舞者正等候著舍利塔內喇嘛們的誦經聲。仁波切走到一半，停下腳步，舉起手來祈福，每個人都跟著舉手，為他祈福。他走下階梯，穿過圍繞他的那些有點興奮的人群。在謝伊城外，我也曾目睹他穿過人群的樣子，但那次是在僧院封閉的空間裡。現在他走出戶外，被拉達克晚夏的景觀所包圍──金黃的田野、小鳥，還有如火焰般攀附牆壁綻放著或紅或黃或藍的野花。仁波切比我先前拜見時更為莊嚴，且更年輕，他緩步慢行，盡量去觸摸每個人，把自己布施給那些對他有所求，需要他建言、拯救與祈福的人。他永遠不疾不徐，有時他走在光線中，看似相當脆弱，好像變成透明般，有時又好像沒有任何事物可以拖累他，或讓他變得虛弱。他不只對他的弟子表示歡迎之意，也對許多外國人伸出手或微笑示意。他的步行、他的現身讓每個人聚集在一起，把午后的所有人和物都連結在一起，包括鳥兒、野花和牆，還有拉達克人與外國人。查爾斯說：「我見過的喇嘛之中，只有達賴喇嘛才能激起這般單純的虔誠心。我要記住他的每個動作姿態、他的表情變化，還有那些看著他的人的每個表情，以及在那個情境中的每一顆岩石的變化、在那光線中的所有事物的移動。」

仁波切行經我和納旺站立之處，靜靜地站著，對我們微笑好一會兒，然後他召喚我過去。他說：「今天是個快樂的日子、是祭司的日子、是夏季最好的日子，你今天必須高興。在你的國家也有這樣的日子嗎？」

我說：「有時候。」

他說：「到時候你一定要邀請我。」然後他走進寺院。幾分鐘後，他再度出現在窗口，那裡有一張為他準備的椅子。兩名年輕喇嘛協助他坐上椅子。他坐下來，仰首四顧。他舉起手，這時，號角聲再次響起，這回伴隨著隆隆鼓聲；寺院的門打開，舞者走了出來。仁波切把頭向後仰，然後露出笑容，群眾也跟著他微笑。

所有的舞者都醉了。兩名穿著破衣服、拖著布條的老人更是酩酊大醉。他們老邁、瘦弱又酒醉，跌跌撞撞、搖搖晃晃地繞著嘲笑他們的人群轉圈圈，一邊搖動他們頭上的布條，有時甩向群眾嚇他們。除了起初的幾步走得極不穩之外，他們絕對不會踰越。龍頭也醉了，那著名的十五呎長、青紅紫色組成張著嘴的巨龍——或者應該說是耍弄巨龍的那兩個人——也醉了。我懷疑他們是否看得到彼此——酒慢慢地破壞了他們原本掌握的節奏。龍背起起伏伏、左右波動、搖擺不定；而雙眼凸出、色彩鮮豔奪目、氣勢昂揚的龍頭，好像隨時要衝進人群中。不過大家都很喜歡，孩子們高聲尖叫，婦女們繞著龍頭、拋出哈達。年輕人一個接著一個跑出人堆，假裝繞著舞龍昂首闊步，一邊叫著龍的名字，把蘋果和蔬菜塞進龍嘴。三對老年人步履蹣跚地向前走，甚至步履有點不穩，同步跳出一種緩慢且肩並肩的拉達克舞蹈。全拉達克的老人大都喜歡這種舞蹈，因為他們跳這種舞蹈時，不會跌倒在地。

祭司終於出現，就像歌劇的第一女主角；進場前，他等待著群眾因興奮所帶起的騷動平息下來。多麼棒的進場！他跳躍，他發出呻吟，他哀嗚，他把帽子拋到空中，他用手在空中做出各種奇怪的姿勢。他朝著老人家跑上前去，從他們身上扯下一些布條，拖著布條繞圈子，高聲呼叫，咯咯叫，喘著氣。孩子們尖叫起來，婦女們競相把哈達丟向他。年輕人從人堆中跳出來，繞著他跳舞。我從沒見過發笑的查爾斯，他不由自主地大笑，笑到眼淚從臉頰流下來；他根本就是靠著我才能勉強站住。

「噢！我的老天，」他不斷地呻吟，「噢！我的老天爺！多混亂啊！多麼完美的混亂！」他瑞士人的心臟受到這種混亂的驚嚇和取悅。納旺站在樹下，擦著他的深色太陽眼鏡，肩膀晃來晃去。他看到我在注視他，便舉起他的手模仿印度人說「做什麼啊，大人」——那種火車誤點四個小時、印度的火車站長會做出的姿勢。

慢慢地，一切開始歸於平靜，祭司停止跳舞，恢復他那種神諭式的尊嚴，用類似馴獸師的腳步繞著圓形道場走，邁著大步，邊走邊叫，接著讓自己坐上放在道場中央大樹下的一張臨時寶座。那名法國女人拿著相機，追著他拍照。他很喜歡被拍，為她擺出各個角度的姿勢；他脫下大帽子三次，這樣她就可以看到那禿得離譜的腦袋。然後把身上的寶物一件件拿起來給她看，長矛、金鋼杵及掛在頭巾上的金剛石。而在這此同時，似乎沒有人能阻攔那兩名戴著布條的老者，一圈圈地邁著大步走，漫無目的的繞著道場。他們跑跑停停、跌跌撞撞，大抵上走的是條圓形路線，帶著一種可能因為酒精作用而產生的憂鬱情緒，發揮他們偉大且具喜劇性本質的功能。他們是夏季的精靈，護衛著這個村子，互相交換位置，口中喃喃自語，向著四方祈禱和祝福。而那條龍因為在神聖的僧院裡喝了酒，一直沒有清醒過來。它曾經很努力地試過，想要再走出一條圓形路線，最終完全失敗，連那個不算大的圓形道場，都走不到四分之一圈。舞龍的那兩個人知道他們已經被打敗了，兀自躺在泥地上笑著，龍青紅色的肚子像氈子般纏繞著他們。人群中有位他們的朋友拿了一瓶醅過來，坐下來和他們一起喝。很顯然，龍的魅力現在已不在它是否能跳舞，也沒有人在乎它是不是能跳。至少龍已經現身，孩子們為它高聲歡呼，婦女們也把哈達抛向了龍頭，年輕人也有機會與那條龍共舞。至於那兩名老者和扮演祭司的人同樣開心——因為他們現在都有了自己的舞台。道場的一角，祭司靜坐了幾分鐘。我猜他的體力已然恢復，正用一條紅色手帕擦臉，接著高聲誦經。

「他在念什麼？」我問納旺，他剛剛走到我們這裡來，臉上笑容可掬。

「你看到他面前用青稞做的祭品了嗎？他正要為它們祈福加持。它們代表村莊和農地。他正在祈福，希望有好收成。」

他身體搖擺，嘴裡念著經，如同納旺預言的，他把每件祭品拿到手裡。我擔心他因為喝醉的關係，可能會用力過猛，揑扁其中一件（會有什麼結果？會打雷閃電？下冰雹？或是造成瘟疫流行？），不過在祭司放縱言行的背後，他是個精明幹練的執行者，善於自我控制，很起勁地誦經，為眼前的一切祈福。當祭司為那些青稞製的祭品加持祈福時，我抬頭看到仁波切的臉。他也跟著默禱，眼睛是閉著的。祭司執行儀式的表情和姿態，與仁波切的專注，真是一種奇特而鮮明的對比，然而那只是一種表象的對比。其實，祭司和仁波切已深深地連為一體，兩者並無區別。祈福者與仁波切的出現，是當天下午活動的基礎，而當時發生的一切，那些瑣事和酒醉的言行，還有老舞者戲劇性的隆重場面，無不受到仁波切力量與關愛的感召。這場歡鬧場面的核心，也是支持這個場面並賦予它深度的，正是仁波切的專注與能量。漸漸地，我明白這裡發生的一切，就好像一種禪修，沒有什麼事是荒謬和混淆不清的。跌倒的龍躺在道場中央，不再只是一種戲劇，而是象徵邪惡被打敗了。手裡抓著布條的老人在中間漫步，他們也不再是兩個喝醉酒的老頭，而是象徵帶來新機會的信差，帶來新年新希望的訊息。由這樣的老者來扮演，愈發顯示出這種希望的強烈與迫切性。祭司看起來不再是演戲，我也不再認為他是一名盛裝的農夫——對我而言，他是詮釋和帶來依然存在的古老能量與力量之人，那能量與力量依舊強而有力。還記得我那些充滿諷刺性的認知，不過我也可以透視它們，它們雖是一些斷簡殘篇，但其實是完整一體的。所有荒唐的言行都有其豐富且微妙的作用，在那個境界裡，一切均發生在一種莫測高深卻澄明無比的律動中。

查爾斯宣布，「灌頂儀式要開始了。」大家開始走進舍利塔。

我們加入大排長龍的拉達克人當中，緩緩地跟著隊伍行進，舍利塔的大殿裡安靜無聲，殿堂有一尊巨大的佛陀像。那是近晚的午后，佛像被金色的火光照耀著，仁波切坐在遠處的一張椅子上接見每個人。查爾斯排在我前面。仁波切用雙手捧著他的頭，為他加持祈福。查爾斯走到另一邊，靜靜地看著我。輪到我了，我向仁波切鞠躬，仁波切把他的右手放在我頭上，我站了起來，仁波切伸出他的左手，握著我的右手。他握著我的手良久，抬頭看看我，什麼話也沒說。

求道者與上師

第二天，查爾斯來找我，我們一起搭巴士去赫米斯。他希望在出發前往斯利那加之前，再見仁波切一面。

他說：「看到你這麼開心真好。初次見到你時，你是那麼疲累悲傷。而現在的你看起來變年輕了。千萬不要迷戀你的喜樂，也別因為它消失就感到傷感。」

我說：「查爾斯，我很欣賞你那種瑞士人的警覺與智慧。我很感激，但是沒有什麼能阻止我在未來這幾天享受歡樂，我也不在意要付出的代價。」

查爾斯微笑，「你戀愛了，你陷入情網了，就像我初次見到我的喇嘛上師一樣。他矮小肥胖，可是我深愛著他，我想追隨他雲遊四海。如果他邀請我，我想我也會跟著他一起上廁所。我對他的情感是很不瑞士的。我很高興知道，在我對某些人深信不移時，也會以虔誠之心深愛他們。我心懷感恩。那種想法融化了我的玩世不恭，讓我的冷酷稍稍化解。而現在我也明白，我請求耶喜為我做的某些事，都是別人無法或不應該為我做的，例如請求他解救我。其實，我應該自己獨力拯救自己。

「然而，正因為我如此放縱地愛著耶喜，於是有些事竟可以開啟我的心，否則我的心可能永遠也沒機會得到開啟。因為我能夠相信他，因此我也能相信自己，相信自我解脫的力量；也因為我曾經依循對他的愛而沒有恐懼，因此我學習到如何去愛別人和愛自己。我目前依舊愛著他，很多事還是會請教他的建議，只是我已能更清楚地看待他。他經常激怒我，說話一再重複；他不洗澡，有時含糊曖昧，像做夢似的，讓人為之捉狂。我很感謝最初我無法將這些事看得更清楚一點……」

查爾斯停頓了下。「不過我有時也在想，初次見到的他才是真實的他，是他那種不可或缺的自我，但是因為不知道他的生平事蹟或心理層面的一些細節，讓我有種失落感，那就像你失去了月亮被殘雲遮掩的那部分。個人的一些瑣事似乎是最真實的，然而真是如此嗎？在人格或相互了解上，上師和弟子間究竟出了什麼問題？」

「查爾斯，你和我一樣有迷惑。」

「是啊！」他笑著說，「我就是。事情並沒有變得更簡單化。每一種澄明都是另一次旅程的開始……在追尋者和他的上師之間，還存在什麼更複雜的關係呢？即使我說『追尋者』和『上師』，只是這麼說也實在太簡化了。在愛的某個層面，是沒有『追尋者』和『上師』之別的。『上師』從他『追尋者』的愛中學習，『追尋者』也許能從『上師』那裡，學習到比『上師』學習到的更多。西藏人說一個人和他的上師之間的關係，就像『涅槃』一樣無窮盡，且讓人不知疲累。事實上，就和生命的真義一樣。如果你已經見過你的上師，能用各種事物的觀點來看待他和他內在的事物，就可以洞見他的智慧在生命的流動與消逝中發生作用。生命的價值將會變得如同上師般。一開始，你見識到他的力量，是他以上師的身分出現，慢慢地，當他的身分和容貌消失，你的生命就會赤裸裸地呈現出來。」

「你就是這樣過生活的嗎？」我問他。

查爾斯說：「偶爾當我有那種勇氣時，就會試著這樣活下去。對我而言，我就是這樣，所以能清楚地知道我是怎麼活著，知道我不想要其他的生活方式。」

在仁波切接見我們的那間赫米斯僧院的屋子，也正是上次見面和談話的地方。我們走進屋內，脫掉鞋子，查爾斯輕聲說：「這裡才是拉達克的心臟。」我想我了解他的意思；我們走進這個國度最深邃的保留區，對我們來說，這裡也是拉達克這個國度的曼陀羅圖騰中心點。所有的事物都似曾相識——被任意堆放在左側遠處角落裡的水壺、精心雕刻的木質窗台、放置水壺和孔雀羽毛髹漆過的小桌子、那座玫瑰花園、兩個小小的銅質龍頭、沒有被地氈覆蓋到的磁磚地板。一切如此熟悉，令我很難覺得自己不曾來過這裡。仁波切坐在門右側一張鑲綴紅色與金色珠子的墊子上。當我們進入屋內，聽到窗外的鴿子叫聲。納旺坐在仁波切身旁，從袋子裡拿出一些麵包，站起身來，走到窗戶邊餵牠們。

我們向仁波切彎腰鞠躬，接受他的祈福，然後坐在他面前的兩張墊子上。有好幾分鐘我們彼此對看、不發一語。在那種寧靜中，外界傳來的每一種聲音變得更清澈，甚至可以聽到流經赫米斯那條大河的滾滾流水聲。那聲音有時聽起來很響、很近，好像它流到了屋裡來；屋內沁涼的秋意聞起來有雪水的氣息。仁波切上方的牆壁吊掛著一幅巨大的織錦畫。陽光從敞開的窗子照射到畫上，正當我浸淫於寧靜，對那幅畫凝視冥思之際，那幅畫變得和窗外的鳥兒及河流一樣鮮活。那幅畫採用金色、銀色線和黑色絨布襯底織造而成，光彩奪目。織錦畫的是一位國王和皇后，站在一座迎春閣裡，被群臣簇擁。國王站在右側，是整張畫裡體型最大的人像，年老禿頭，有點抽象模糊，穿著如太陽般耀眼；皇后畫得比較小，而且比較年輕，她站在左側，雙目低視，臉微微偏向一側，穿著像月亮般清柔，除了頸上掛了條形似太陽的珠寶，再沒有其他裝飾。靠近皇后的一班仕女，穿著硬挺精緻的服裝，其中一人抱著一條北京狗。國王腳下站著一群身形比例相當小的年輕朝臣，長相英俊但動作有點輕浮，他們的袍子上綴飾龍和菊花的圖案，個個熱切地仰望著他們的國王。環繞著亭子的花園，有鳥兒站在一棵白楊樹上唱歌，三朵玫瑰花已經綻放，高直挺立的枝椏上沾著晶亮的露珠。樹下有條彎彎曲曲的小溪，溪裡激起小波浪；一棵櫻花樹花團錦簇，一隻燕子從一堆岩石飛向那棵樹。

「你在笑什麼？」仁波切問我。我沒有注意到我在微笑。

我說：「那張畫讓我微笑。畫中的情境真是快樂。」

「是啊！」仁波切說，「我們的藝術是快樂的。」

「那幅織畫有什麼含意？」

「你覺得它對你可有意義？」

「對我來說，國王代表男戒、本願、了悟和太陽；皇后代表慈悲、覺醒和月亮。當男戒與女戒能和平共存，那就是春天。」

「你說的太簡單了。」仁波切說，「心與正覺也需要寒冬的考驗。它們需要融解和不幸，有時候甚至需要死亡。密勒日巴說：『人在荒蕪中找到友誼、在寒冬中找到上師。』這正說明為什麼春天並不主導整幅織錦畫。畫裡有一些事物暗喻寒冬——皇后身上穿的銀色斗篷，還有岩石間留白的部分。那代表智慧和慈悲、宏願與圓覺的和諧並非恆久不變，而是要變成靈性純真的指標。靈性需要暖春與寒冬、美麗與恐懼、相會與分離，需要各種體驗、各種能量，才能達到大圓滿。密勒日巴說：『無懼、不棄、冥想各種能量，能尋得能量之精髓，便能化萬物為黃金。』」

查爾斯說：「那隻北京狗代表什麼意義呢？」

「我經常想到那隻北京狗，」仁波切說，「對我而言，北京狗代表自我的一部分，那個自我只想做春秋大夢，不理會一切；那個自我也代表某種意念的一部分，就是：即使佛陀說話，還是想打呵欠。你看抱著那隻狗的女子是多麼鍾愛牠啊！她很開心，她是無知的，聽不見四季變換帶給她的訊息；她是安全的，世俗但安全的。」

「我們也需要那位俗世女子和那隻北京狗嗎？」查爾斯問。

「是啊！」仁波切說，「當然，為何不需要？」

「為什麼……」查爾斯又開口了。

「別再問了，別再問了！」仁波切說，「當你再次凝視那幅畫，最好忘記我們所談過的話。或許畫中描述的是另一種生活，和我說的意義不同！不要偏執！拋開你既有的認知。否則那幅壁畫將因你而死，你再也看不出什麼，你只能看到你對它的概念而已。」

「或者是你對它的看法。」查爾斯說。

「沒錯。」仁波切說，「那是我不想見到的。如果有人為你指著月亮，你看到月亮的同時，是否也盯著那根手指呢？」

東西哲學道理相同

後來，查爾斯和我經過僧院，沿著小徑向上走到一間舍利塔。

「那上頭的山峰，」查爾斯指著左方，「是羌塘（Chang Tang）。意思是只要再走幾個禮拜就可以到西藏。也許我們可以像那些朝聖者走到那裡。到拉薩、瑪納薩洛瓦湖、和凱拉斯山，還有所有的聖地……」

我們坐在傾圮土牆的陰影中。查爾斯拉著我的手，輕輕地握著。「我馬上就要搭便車回列城。明天我將到喀什米爾……有一班軍用卡車要出發……我會想念你……這些日子以來，謝謝你……我覺得要感謝別人真是難。」

他把背斜靠著牆。「去年我做了一件怪事。我要求我的喇嘛讀尼采。他住在瑞士好多年了，德文說得很溜。我對他說：『你一直告訴我西藏哲學有多棒，為什麼你不改變一下，讀讀某位偉大德國哲學家的作品？』他說他可以這麼做，於是他花了一個月的時間讀尼采。到了月底，他把我叫到房裡，只見他在屋裡踱著方步，假裝陷入深思。然後他說：『尼采是個非常偉大的西藏哲學家！他對自我轉型過程與需要的澄明覺醒何其特別！他持續地壓制著那些思想與道德傳統，所展現出來的西藏式勇氣多麼偉大！他和蓮華生大士會成為好朋友，他和阿彌陀佛彼此交心。』接著耶喜停了一會兒說，『不過我發現他有一種歇斯底里、有某種不平衡與最高的靈性洞察力相互矛盾著。或許他缺乏一種內在的修為，那種修為或許可以幫助他參透西藏的佛理。他為他的憐憫心感到害怕，他害怕變得溫柔，那會讓他瘋狂。他看到一匹正在被鞭打的馬，瘋狂地去擁抱那匹馬的脖子。多麼偉大的懺悔！那是來自一個向來主張崇拜力量的人！如果他得到協助而能承受憐憫，將會變成完美的人。如果有人教他如何善用他的憐憫心，以智慧和慈悲心來組織他的生命，將能夠得到涅槃！』」

查爾斯把手搭在我肩上。「東西方世界終究是不可分離的。我可以把我所知道的說出來——我對東方思想的熱愛，有助於我以新的觀點去閱讀西方思想和哲學，甚至讓我得以用新的理解，去聆聽西方音樂。在我東來之前，從來沒有半點興趣去聽中古世紀或文藝復興時期的音樂。學習跟隨印度音樂的旋律，有助於我開始有耐心地聆聽沛勒斯特里納（Palestrina）[20]、約斯金普瑞（Josquin Purry）[21]、奧蘭多．拉索（Orlando di Lassus）[22]等人的作品。在我們的傳統中，有太多事物已遠離我們而被埋藏。我們對西方神學讀得太少了——像艾克哈特（Eckhart）、聖約翰（St. John）和泰瑞莎（Teresa）的作品。我很少嚴肅地閱讀當代有關靈性與創作關係的作品，那種關聯性正是西方藝術創作天才們的靈感所在。我初次造訪達蘭莎拉回來後，立刻前往歐洲各地最偉大的天主教堂朝聖，像法國沙爾特（Chartres）、英國坎特伯里（Canterbury）、法國里姆（Rheims）……在我這麼做之後，很沮喪而憤怒地明瞭那些剝奪我們最多的，正是西方人在物質主義年代中賴以成長的，就是我們文化中最富裕和最有靈性的部分……結果是東方幫助了我，讓我明白這個事實、體認這個事實。或許我沒有來印度，也能夠參透這個事實。在我發現東西方思想與藝術的諸多關聯性之前，必須來印度體驗，把它當作一個完全不同的個體、一個完全不同的世界。我知道許多人也有同樣體驗——吸收東方思想，並不意謂著要否定西方思想，而是要讓西方思想中被埋藏和遮蓋的靈性尊嚴，以及對那些一直排斥我們的西方歷史產生覺醒，並加以發掘出來。

「東西方之間『真的』有差異性，而且有時差異相當強烈。我曾經花了十二年去探索這個差異性，甚且承受箇中的痛苦。但是現在，我已經知道東西方世界之間的真理可能產生一種對話，一種奇異優美而複雜的對話。或許從這種對話中，我們才踏出第一步，況且東方或西方的真理可能還沒有成形，或者只是模糊的意識。那種真理也許存在某個無人能夠預見的層面，它融合了西方哲學和科學既有的強力直覺與訓練，以及東方哲學那種超自然的洞察力。偶爾在我沮喪時，會更堅信去追尋那種對話，將是西方世界最後的希望所在；西方世界不僅要聆聽東方世界的聲音，也要聆聽西方本身已被塵封埋藏的聲音，那種聲音——像是柏拉圖的聲音，像是但

20 譯註：沛勒斯特里納，十四世紀義大利聖樂家。
21 譯註：約斯金普瑞，一四四〇—一五二一，荷蘭聖樂家。
22 譯註：奧蘭多．拉索，一五三二—一五九四，荷蘭聖樂家。

丁及艾克哈特的聲音——存在於它的危機中，這些聲音探討虛幻，並且長期致力於靈性的開發。開啟東西方之間的對話有很多種方法，每個人可以選擇最適合自己心性的方法。我選擇的是藏傳佛教，因為它是一種務實的方法、最豐富的方法。我不想走苦修者的路；我知道自己人格上所有的誘惑，正面對一種冰冷而傲慢的苦修；我不相信目前這個時期，西方世界能藉由苦修的哲理而有所獲益，也不會藉由壓抑或否定使西方哲學的洞察力模糊曖昧，就能得到幫助。所以我選擇可以讓我入世的方法，品嘗它和歌頌它。很久以前我就明白，自己生命最主要的病根正是壓抑——靈魂的壓抑、性的壓抑及憤怒的壓抑。我在達蘭莎拉認識並深愛的某些人，我在這裡逐漸熟稔的西藏喇嘛，他們都不是自我凌虐之人；他們是快樂的、開放的和親愛的。他們是融合精神與靈性的優雅凡夫俗子。第一個月，我必須試著弄清楚這些人為何如此。尼采曾寫過『當歌德這樣一個胸懷空前的大歡樂及對塵世間萬物以誠相待的人，只因為他切合人類最偉大的概念。換言之，當人學會如何自我美化，自然就會去美化自身的存在，這正是一切會變得美好的跡象』。我把它拿給耶喜看時，他很高興地說：『誰是歌德？聽起來他像個有智慧的人。』」

查爾斯停了下來。「老天，我至少已經說了一小時。一定是受仁波切和山中的空氣所影響。」

我大笑起來，「查爾斯，自我們見面以來，你只會對我長篇大論。你一定覺得我的靈魂亟需被拯救。你或許是對的，而我也很開心，深受影響，受寵若驚……但是你很難讓自己表現得像寬大為懷的菩薩！」

查爾斯微笑。兩頭牛從我們所在的舍利塔下方的牛棚冒出來，瞪視著牆上方的我們。我們拿蘋果餵牠們。

「我現在必須回去了。」查爾斯說，「否則天就要變黑，我會被困在路上。當你明天再見到仁波切時，請告訴他，我愛他，在我禪修過程的每一天，我都會想念他。不不，這樣說好像很自負，別這樣告訴他。你只要說……算了，什麼也別說了。當我們見過像他這樣的人之後，還有什麼好說的？甚至連說聲『謝謝你』也很荒謬。」

「對他並不會荒謬。」

「那倒是真的，什麼事對他來說似乎都不荒謬。」

查爾斯從河谷看向遠方的山脈最後一眼。「當你在一個地方相信一切都是可能的之後，要你離開那裡真是件難事。但這就是為什麼我們必須離去。只因你得弄明白到底是否正確，要看看自己的洞察力在不同的世界裡、在更低的海拔是否還能存在。」

竹千的勸誡

那天晚上我見到竹千仁波切。他住在一間毫無裝飾、緊鄰突息仁波切的房間。他的母親大約四十多歲，笑容美麗而開朗，和他住在一起。

「你的父親在哪裡？」

「我父親正在閉關，他有時候會閉關幾天……我們經常盼望回到大吉嶺。我喜歡拉達克，但是我懷念大吉嶺的寧靜。」

我說：「對我來說，拉達克就是寧靜。在這些平原上，在這些山區裡，還能更寧靜嗎？」

竹千微笑。「那是因為你不是仁波切，我的朋友。你在此地可以觀察、可以說話、可以對所有接近你的人事物開放；而我必須工作，去幫助我的人民。」

我的表情看起來一定有點難過，因為竹千接著說：「當然，我的意思並不是說開放就不算是工作。那是最困難的工作。而我很高興你在這裡找到寧靜。任何我們可以找到真正寧靜的地方，都算是個神聖的地方。」

竹千的母親在他和我之間放了一盤蔬菜和兩個小碟子，然後讓我們邊吃邊聊。

我說：「這間屋子真的非常蕭索空洞。」

「我喜歡這樣。僧院裡有太多的唐卡和圖畫，我想要的話，可以把它們掛在這屋裡——但是我偏愛完全沒有裝飾的牆壁。在空盪盪的牆壁前面，很適合禪修。你可以做各種不同的禪修，可以冥想空靈、痛苦、腐敗、死亡。或者你可以把牆上一些不同顏色的碎屑，冥想成海洋和石膏像的臉，那麼你就可以冥想從虛空之中升起各種不同的景象。你也可以冥想這堵牆是透明的、冥想它是沒有任何材質的——這是件頂困難的事，但是大有用處，因為那能讓你相信你的意識，而不會信任那種對物質主義式的理解。一旦你學會如何規範你的認知力，就能改變實相、改變你的實相的體驗。」

竹千把臉轉向那面全無裝飾的牆。我們靜靜地坐著，看著竹千的母親放在我們身後那三盞閃爍燭火所照射出來的影子。

那天晚上，我夢到自己再次與竹千坐在一起，注視著那堵光禿禿的牆。我對他說：「當我年紀還小時，經常對著牆，利用蠟燭和影子，玩影子遊戲。」竹千說：「我也是，你可以模倣各種動物。我會表演一頭犏牛、犛牛，一頭豹，一頭鷹——各種西藏的動物。你想看嗎？」

接著，他就在牆上表演各種動物，表演一頭犏牛亂跑而想睡覺，一頭犛牛直挺挺地站著；豹跳過這堵牆，從牆壁黑暗的某個角落消失；一隻鷹俯衝而下，帶著悲愴的權威欲撲向獵物。表演的最後，他張開雙手，然後慢慢收回，如此一來，手變得愈來愈大，接著立刻擊掌，然後慢慢讓手垂下，讓那堵牆變得空空的。

「你也表演一些東西。」

接下來，我為他表演在印度童年時代所見過的一些動物，我童年在印度平原地區最喜歡欣賞和觀察的動物。我表演一頭大鹿，那種鹿我在尼基里丘陵的校園曾經見過；我表演一頭土狼，還試著表演一隻老虎，但是並不成功；最後我表演一隻狗——小時候養的大麥町，我想表演牠那種奔跑、沿著大路走、像騎腳踏車的四肢不停滴滴答答地擺動著的步伐。

竹千大笑說：「很好！」

「不過演老虎是沒希望了。」

「你還有一些演得更糟，或者說那會帶來壞運氣。你忘了一件事。」竹千說，「你忘了擊掌。」

「那很重要嗎？」

「當你像我那樣擊掌，那就像西藏儀式中的擊鼓，代表法音，意思是『聽那法鼓，聽那法鼓說，萬物易逝，萬物皆在移動和分解，如夢一般』，擊掌是很重要的事。」

竹千再次舉起他的手。

「你這回要演什麼？」

「看了就知道。」

過了好一會兒，他什麼也沒有表演，似乎很專注，然後摩擦雙手。

我說：「竹千，你神祕兮兮的。」

他微笑卻沒有說話。接著在牆上表演一個人像。起初我看不出那是什麼。

竹千說：「怎麼樣？」

「那是你，對不對？我從帽子可以辨別出來。可惜的是你演不出那副深色太陽眼鏡。」

竹千說：「是的，那就是我。」說完後，他慢慢地擊掌兩次。

我在一種深沉的平靜中醒了過來。

我們吃了點東西，然後走到僧院的屋頂上。

「明天就是滿月，我們可以一起看月升。」竹千說。

我們眺望河谷那頭被月光籠罩的羌塘山山峰，俯視下方被柳林、舍利塔和滔滔喧鬧的溪流所包圍的赫米斯小村。村中只有幾間屋子亮著燈。狗在遠處叫著。

「拉達克的狗總是這般狂吠。」我說。

「是的，」竹千說，「偶爾我會覺得牠們是在表達對我們的恐懼，也在表達我們內心的害怕和痛苦。牠們在為拉達克擔憂，擔心未來。你會擔心嗎？不是為我自己擔心，是為我的人民擔心，擔心他們的生活方式，擔心他們的單純、他們的尊嚴。不過擔心不是好事，那會削弱你的力量。我應該做的是讓我的子民知道，他們該怎麼做，如何保持他們的原貌，如何改變，如何適應。我能辦得到嗎？」

我們俯看溪流，竹千指著其中一座舍利塔。

我突然開口說：「在這裡的幾個月，我有時會想要離開西方社會，在這裡定居。」

這句話我未曾思索組織過，就這麼脫口而出，它讓我大吃一驚。

「別這麼做。」竹千說。

「為什麼不？」

「我不認為你已經完成出家的準備。你沒有任何理由這麼做。其他的生活方式還有很多，有很多的方法可以讓你達到證悟。你可以在西方世界努力完成它，你也可以當老師、當作家……」

「但是在西方社會中，很難把我在東方世界所體驗的事物納入教學或寫作裡。」

「那就是你為什麼一定要回去的理由。你必須找出一種方法改變現況，讓別人對你信服。你不該拒絕這種挑戰。那些對西方世界物質主義加以拒絕、屏棄、與之隔絕的人，正處於拒絕面對它的危機；他們正陷入一種危機，無法為他們生活在其中且必須生存在其中的現實生活負責。我們必須要在現存的世界、科技生活和工業社會、甚至是政治環境中努力奮鬥；我們不能假裝自己能超越那些事，因為那些事是讓人間凡事成形的力量。要在這個世界中努力，我們得堅強，我們內在的力量將於這世界中接受嚴苛考驗。但那是好事。那將能化解我們可能擁有的傲慢、任何善良而無懈可擊的意識，它將奪走我們種種意念，像是自認『特殊』、自認應該得到『特殊待遇』或自認『獨一無二的』。許多西方人在東方世界找到撫慰，以治癒他們的自我意識，甚且讓他們的人格粉碎，再以另一種形式重新組合。但東方世界並非西方人士的大型復健之家，也不是大型的人格重建室，可以讓他們在裡面變成具有靈性、玩『自我探索』的遊戲。東方是個有能量的地方——具有新能量的地方，它有一種必須用於這個世界的新力量。」

「但是要在這個世界生存，」我說，「你需要靈性的力量；而要建立靈性的力量，你需要孤寂。」

「常常進行閉關。如果你有錢又有閒，就回來這裡或到聖地去朝拜。但是要入世，重新進入塵世，不斷地試煉所學到的。如果你學到的是正確的，它會禁得起試煉。我所見過最謙卑、最有靈性的人，有些是司機或商人，有些甚至是政客；而我所見過最傲慢和無用的人，往往是那些自稱是『宗教人士』的僧侶。靜靜地脫離你所學的，把它們奉獻給眾生的福祉，那麼你就可以安全地遠離幻滅或空虛。」

「但是我該怎麼做？」

「藉著戒修、祈禱，藉著每天的慈悲心和幽默感，去開拓靈性的智慧！用最老套的辦法……開始，然後你就可以找得到！方法沒有那麼精密複雜，你知道，它沒有那麼困難。」

郭璋僧院

突息仁波切太忙了，所以隔天早晨無法接見我。他差人送來兩顆蘋果和一則口信，告訴我第二天他能夠見我。我並不在意，我想到赫米斯附近的山丘走一走。我想去郭璋（Go-Tsang）。

查爾斯曾說：「郭璋僧院是全拉達克地勢最高、最孤單的僧院。」納旺也說過，「達賴喇嘛曾經到那裡朝山。這座僧院沿著一處洞穴建造而成，三百年前有位修行者在那裡禪定苦修。現在你還可以看到那個洞穴。那是相當具有靈力的地方。」

就連那個義大利女孩也說過，「拉達克是一個廢墟、是一場夢……但是有個地方……」

我閒適地信步而行，那是個明亮幾乎沒有半朵雲的早晨。走了約半小時，沿著小徑走進河流上方的山區。有頭驢子在我腳下的一叢柳林蔭進進出出。我注視著牠，直到牠離開我的視線，然後找了塊大石頭坐下。我身邊有三隻蜥蜴，但牠們並不怕我，身上的斑點隨著呼吸伸展與摺疊。即使我站起身來向前走，把放著仁波切送的蘋果和筆記本的包包丟在石頭上，牠們還是動也不動。牠們直挺挺地站在那裡，靜靜地眨著眼睛，隨著呼吸讓身體不斷伸縮。我繼續向著舍利塔走去，那是我和查爾斯最後一次談話的地方。我吃著蘋果，望著河谷彼端的雪峰，空氣中摻雜糞便的氣味。雪峰、蘋果和糞便味：不同的氣息讓我茫茫然。我繼續前行，一些微小的事或物，都能讓我歡欣而停下腳步——投射在岩石的影子，落在石上的一根羽毛在陽光裡發亮，一頭小牛躺在青草地上朝著天空踢著牠細長的腿，一聲高亢尖銳瞬間劃破空氣的鳥鳴，隨風搖曳、盤根錯節的玫瑰花叢上殘留的幾朵花，和青草地與岩石呈強烈對比。它們是從哪裡來的？是喀什米爾嗎？還是來自斯利那加的蒙兀兒花園？一種意念激起我會心的微笑——那些玫瑰花原本是在平原上精心規畫的花徑，卻吹到這個由岩石與風所組成的原野上來。綿延數哩的白雪……它們依戀著這些花朵，體會到這些花朵正在抗拒這裡的岩石與風的惡劣環境，或許這些玫瑰花無法抗拒如此的外力繼續生長。我站在那裡看著它們隨風搖曳。它們的顏色火紅，在那種光線下注視久了，眼睛難以成承受。

沒有什麼景物會比這裡由玫瑰花叢和岩石、飽受霜雪摧殘的景觀更顯孤寂，不過我不會因此感到孤單，在四周、在小徑上、在柳林中、在河畔、在岩石間……處處傳遞著各種訊息。信徒們紅黃色祈福的旗幡，在溪谷中央、在頭頂上方的峭壁上，不住地拍打著。石塊被人們排列成半圓形，被刻上真言，或被堆疊成小丘，散置在樹蔭下或七零八落地散布在毛茸茸的草地上；有三塊巨大的黑岩刻有觀世音菩薩的真言，躺在溪流中，護衛著過往旅客必經的小木橋。有人用白石頭堆成一堆石丘，在陽光下閃爍，當我拿起那些石頭，可以感覺到陽光的溫暖。我走向納旺，請他告訴我小徑岔路口，抬頭一望，看到在上方半哩遠的僧院；終於到了郭璋，高高聳立在岩石群中，它的背後盡是一片廣大無邊、澄藍的天空。

稍後回到赫米斯，納旺說：「你到那裡做了些什麼？」

「我和寶殿裡的喇嘛聊天，當時他們正在清洗水壺和一些物品。」

「你對他們有什麼看法？」

「沒有什麼。他們看起來笨拙且偷懶。」

「也許你說得對。住持不在那裡太久了。」

「但我喜歡他們的鞋子。」

「你說什麼？」

「我坐下來試著要畫他們的鞋子。當他們在寶殿工作時，把一堆鞋子留在外面的石板庭園上。那些鞋子都已磨損得差不多了，非常破舊不平穩。它們在跟我說話，說這國家的種種都是美好的——包括這國家的單純，還有誠實。每雙鞋對我來說都是美麗的。」

「你在開我玩笑？」

「是的，不過也不完全是。」

「後來你的畫怎麼樣了？」

「我把它們丟了。」

「為什麼？」

「因為只有最偉大的藝術家才能捕捉到那些鞋子的生命；因為我不會畫畫；因為我畫那些鞋子的時候很緊張。它們靜止不動，好像在愚弄我，它們真有這樣的意思。」

「那麼你呢？」

「有時候我也真的被它們愚弄了。」

「那麼你在擔心什麼？哪怕你看到那些鞋子只不過短短的一秒鐘，你已得到它們的祝福。還想要什麼呢？」

我們坐在僧院的屋頂上看滿月升起。納旺在我從列城帶來給他的一包西藏薰香袋裡拿出三隻細長的香，點著它們。地平線的那端漆黑有雲，我們能夠看到月亮升起嗎？

「我很仔細聽你說到有關那些喇嘛鞋子的事。」納旺說，「我明白，萬物在沉寂之中，它們的意念可以讓其重生。但有時意念也會對事物產生倦意，即使是對這樣美好的夜晚，或是如此壯觀的明月，甚至可能存有大智慧的佛。然後意念會企望超越所有的形式、超越一切的言語文字或形象而存在。」

「艾克哈特寫到，」我說，「你的靈魂應該沒有惡魔的存在，應該是空虛而不具魔鬼的任何形式及形象，你應該努力讓靈魂如此。如果你愛上帝，就要像愛一尊神祇、惡魔或一個人，否則你就不是真正愛上帝。上帝是唯一的、沒有重複性。」

「你心裡十分清楚，」納旺說，「不過你是個作家，寫作就是製造魔鬼，寫作會讓形象增加它們的噪音和喧鬧。」

「有些形象比別的形象有用，因為它們比較接近真理，是其他形象可以表達的真理。有些寫作能誠實表達出惡魔，因此能夠帶著一種認識，不需文字就能發光，就像月亮的光華是來自太陽光的反射。」

納旺感冒了，裹在有破洞的黑色大圍巾裡，他需要的只是一支「畢迪」（Beedi）[23]，就像和我同年代的那些守夜人一樣。

「你在想什麼？」我問他。

「密勒日巴所說的兩句話，『如果我的意念之馬受凍，我將讓它受到空性之牆的庇護。』」

「這裡用『庇護』兩個字是不是有點怪？我問他。」

「一點也不會。包容萬物的家才是家。意念覺得受凍，只是孤寂地藏在無意義的鏡子裡，有這麼多的鏡子阻隔，那麼光和熱力怎能直接傳到它身上？」

月亮陡地穿破大片烏雲升起，如此巨大，如此富麗，讓人眩目。月光在狹長的河谷地宣洩氾濫。連納旺也靜下來了。

23 譯註：指印度以菸葉碎餘捲成的廉價香菸。

觀世音的觀修方法

仁波切說過他可以見我，但是一晃眼好幾天過去了。

我並不思念他，因為我在萬事萬物中都可以感受到他。僧院裡的每一幅畫、每顆石頭和每隻飛鳥，似乎都以他為中心，讓人感受到他所帶來的歡樂。從仁波切房間的屋頂往下眺望，我看到拉達克狹長的河谷，就像仁波切的手掌，迎接四季的變化；山脈就像他的手臂。我可以看見他的力量穿透萬物，讓萬物發光。我知道他的偉大力量並非是專橫的；我也知道我並非他的玩具或犧牲品。他贈與我的精華就是自由，我覺得能夠接受到他的贈禮，自由地接受他，而沒有任何恐懼和被貶抑的感覺。我不知道自己為何不覺得受到貶低，又同時可以感受到他翱翔的靈性與我同在，改變我，向我展現靈性的廣大無邊和壯觀；接受他的力量也是他帶給我的贈禮，那是他的愛，從那裡的陽光和岩石所匯集而來。

我問仁波切，「你能教我如何禪修觀世音菩薩嗎？」

「你為什麼要學？」

「因為我想實踐祂的道理。」我坐在仁波切面前的一塊小座墊上；他輕柔地摸著我的右手，微微地笑著。他接著說：「你認為這樣做，對你會有幫助嗎？」

「是的。」

「你會很誠懇且帶著善良的動機去練習，致力於你的禪修，同時讓你的禪修是為眾生福祉，而不是為了自己得到開悟嗎？」

「會的。」

「那麼我願意教你。」

我的淚水奪眶而出。我們彼此互望了好一會兒，一句話也沒有說。

接著仁波切輕輕地說：「別害怕，沒有什麼好怕的。」

「我這一生從來沒有像現在這樣不覺得害怕。」

他走向窗子，打開窗戶。早晨的陽光射進屋內，照在寶座附近那幅皇帝與皇后的肖像壁畫上。他帶著微笑，站在畫前。老皇帝在渲灑的陽光中又更年輕了。他坐了下來，輕輕地把袍子朝自己摺疊起來。

「雖然已近秋天，」他說，「葉子才剛剛落下。早晨如此清新，有如春天一般。」

「現在是春天。」我告訴他。

「我為你選擇了大慈大悲觀世音菩薩，」仁波切說，「因為你有部分特質正如祂所體現的，你內心的能量就和祂一樣，那種能量最能幫助你。每一種人格特質都會被不同的影像和不同的觀點所影響和支持。讓某個人有所精進的特質可能會困惑或摧毀另一個人，因為某種特質對某些人來說如同太陽，對某些人而言卻可能是一座迷宮，可能終其一生都在黑暗中流浪。不過，我已經看到那些能夠幫助你、規範你的心、帶給你內心與精神規律的影像，那是一種愛的影像；你所需要的能量將是能夠帶給你生命平靜的能量，那是一種愛的能量。有很多的『心法』一樣能達到了悟，沒有誰比誰強，所有的眾生都必須經歷其中的旅程。我見到你的時候，便明白最適合你的心法是慈悲之道，也就是觀世音菩薩的心法。初次和你見面時，我看到你的內心飽受困惑與折磨；你的心志傲慢，我要教你的心法，將會潰決那傲慢的心，喚醒內心的太陽，讓你走出恐懼和憤怒的陰霾。我所要教你的不是什麼特別或精密的心法，那是很簡單的心法。你需要具備的只是以一種單純和謙卑去遵循。你身上原本就具備了這兩種特質，但是必須努力去發掘它們，並且依靠它們生存下去。你正確的生命之旅就是朝著自我的證覺走去，而你已經完成旅行的準備。你穿越了你的生命、穿越拉達克，來到這間屋子，進入這個晨光中，走到我這裡來，現在另一個旅程即將展開，你將從這裡展開另一個旅程。

「現在我將教你禪修。首先我要告訴你的是，你要懂得迴向禪修的功德，為眾生的歡樂與幸福禪修。禪修的實踐不是自私的、不是為個人得到滿足而為之。記得這個要點相當重要，否則你將變得十分邪惡，屆時禪修對你或對其他人，一點用處也沒有。」

接著，仁波切教我詳細的口訣，要我跟著他用藏文不斷反覆念誦。

「接下來的禪修步驟是觀想菩薩。你必須很熱切地觀想菩薩，比我更專注去觀想菩薩更真實的面貌；觀想菩薩就坐在你的面前，逼真地觀想祂比現存的任何事物更真實地存在。然後你必須記住，當你在觀想菩薩時，必須把祂觀想成是你內心所反射出來最聖潔的部分，反射出你最莊嚴的、對外付出的愛的能量和最有活力的情感。」

仁波切把細節很精確地告訴我，包括菩薩的穿著、祂打的手印所代表的意義，還有祂穿的袍子和戴的首飾顏色。

「如果你認為這些細節是無關緊要的，」他說，「那是一種錯誤。所有的細節都可能是觀想的資源，適切地觀想，可以顯示出另一種慈悲心的本質。」

他重複所有的細節，很溫和地要我一次次跟著他做。我跟著做了。有時他會要我停止，並糾正我。他反覆地教我，直到完全記住、他感覺滿意為止。

「剛開始會覺得觀想的過程十分困難，主要是你沒有受過訓練，你學過的只是一種物質化的想像和觀察，那雖是美化的、精密的，卻不適合拿來做為我要求你做的那種內心特質的反射。你愈努力，就能得到更多的能量，藉著這種能量，將可獲得一種特別的快樂，對自己精神所擁有的能量更有信心。慢慢的你會明白，在這緩慢的進程中，『實相』就是你的心所創造出來的東西。你會明白那並不是經由你的知識所創造，甚至不是靠直覺獲取，實際上是你用你的能量改造『實相』。你必須每天觀修，不能期望在短短幾個月就能觀想好每個細節，你開始進入一個不同世界的旅程、進入覺醒的實相，不可能期待這趟旅程走得快一點，也不該有這種念頭。這趟旅程有它的快樂，旅程的艱辛也是一種毅力、信賴和謙恭的學習。」

他停了一會兒。「當你觀想菩薩所有的莊嚴法相，端坐蓮座之上，戴著所有的吉祥寶物，穿著多彩的法袍，頂戴上的珠玉發出千道光華，普照觀想中所有的聖靈身上。當你竭力地觀想這一切，會感覺到你可以伸出手，碰觸到菩薩，菩薩正用無邊的愛凝視著你的雙眼，接下來你就準備進入最高的境界。在這境界中，將把自己奉獻給菩薩——獻出你的意識、你的軀體、你的心、你的靈。把一切奉獻給菩薩，你便與菩薩合為一體，融入菩薩中。你變成最高尚的自我，也就是『菩薩』。到這個境界，你將能以祂的眼觀照一切、用祂的耳聽聞一切聲響，你所見的世界即是祂，你所聽聞的皆是讚頌祂聖潔的真言。即使是車子發出的噪音，或飛機的隆隆聲，甚至田野間一名農夫的歌唱和一條狗的吠鳴，也會成為祂的真言的禮讚。」

當仁波切說話的同時，他似乎已進入某種冥思之中。有好一會兒，無法發出一言一語，他閉著雙眼盤坐著，陽光照在他身上、照在他身後的那面牆上。

「你必須明白，你與神融合為一，就是你已經將本性反照出來，能用你最深厚的能量來觀想，不是用自我意識所能夠爭取的幻覺。那是一種力量的體驗。是的，那是一種無邊際的能量，是經由愛、為眾生犧牲奉獻和普渡眾生，所產生的一種轉化和澄明的力量。要能夠度化自己，解脫各種虛妄，你需要通過禪修的最後一關。你必須破除冥想、必須破除自我的反射、必須讓你的幻想無為、必須讓你的精神處於無相的空靈之中，也不存在於你的本相，或是你所觀照的菩薩。最後的階段是進入空性，那是所有反照自性的根本。諸相皆由空靈而生，包括你的、我的、我們所有精神與心靈所想像的皆由空靈而來。你的自我意識、你對菩薩的體驗、你因佛相而生的喜樂都會蕩然無存，只剩下空性，還有空冥世界所散發出來的澄明。」

我們再度靜坐不語，過了好一段時間。鴿子回到牠們窗台下的棲息之所，屋子裡充滿了牠們的叫聲，陽光溜過牆壁，離開仁波切頭上那幅壁畫，讓它留下張力強烈的陰影。

「你明天就要走了，是嗎？」

「是的，我必須走了。」

我第一次注意到仁波切放在身旁桌上的兩朵小玫瑰花。他發現我在看那兩朵花，便輕輕對著它們吹氣，為它們祈福加持，然後交給我。「花朵是從郭璋小徑摘來的。」

我告訴他，我愛他，這一生我都會將他留駐在我心中。我告訴他，我希望自己夠資格接受他的厚愛。

他搖搖頭，微笑著說：「你已經夠格了。我不需要你的感激，我希望我們之間的契合永遠不要破壞。」

「我永遠也不會破壞它。」

仁波切沉默了一會兒，說：「我們一起來做我教你的第一階段的觀想。」

我們靜靜地坐著，過了片刻，他說：「你的觀想還好吧？」

「當然不好。」我微笑說，「我什麼也觀想不到。我覺得我像個傻瓜，腦中只有一顆黑色的石頭。」

「那麼，」仁波切說，「練習把它磨掉。」

國家圖書館出版品預行編目（CIP）資料

拉達克之旅：一場照見內心探索性靈的旅程／安德魯．哈維（Andrew Harvey）著；趙惠群譯. -- 二版. -- 臺北市：馬可孛羅文化出版：家庭傳媒城邦分公司發行, 2020.03
　面；　公分. --（當代名家旅行文學；148）
譯自：A Journey in Ladakh
ISBN 978-986-5509-09-5（平裝）

1.旅遊文學　2.佛教　3.印度拉達克

737.19　　109000095

【當代名家旅行文學】MM1148

拉達克之旅：一場照見內心探索性靈的旅程
A Journey in Ladakh

作　　者❖安德魯．哈維（Andrew Harvey）
譯　　者❖趙惠群
封面設計❖陳文德
內頁排版❖張彩梅
總 策 劃❖詹宏志
總 編 輯❖郭寶秀
編輯協力❖黃美娟、林俶萍
行銷業務❖許芷瑀

事業群總經理❖謝至平
發 行 人❖何飛鵬
出　　版❖馬可孛羅文化
115 台北市南港區昆陽街16號4樓
電話：886-2-25000888　傳真：886-2-2500-1951
發　　行❖英屬蓋曼群島商家庭傳媒股份有限公司城邦分公司
115 台北市南港區昆陽街16號8樓
客服服務專線：02-25007718；02-25007719
24小時傳真專線：02-25001990；02-25001991
服務時間：週一至週五上午09:30-12:00；下午13:30-17:00
劃撥帳號：19863813　戶名：書虫股份有限公司
讀者服務信箱：service@readingclub.com.tw
城邦網址：http://www.cite.com.tw
香港發行所❖城邦（香港）出版集團有限公司
香港九龍土瓜灣土瓜灣道86號順聯工業大廈6樓A室
電話：852-25086231　傳真：852-25789337
電子信箱：hkcite@biznetvigator.com
馬新發行所❖城邦（馬新）出版集團Cite（M）Sdn. Bhd.（458372U）
41, Jalan Radin Anum, Bandar Baru Seri Petaling,
57000 Kuala Lumpur, Malaysia.
電話：+6(03)-90563833　傳真：+6(03)-90576622
讀者服務信箱：services@cite.my
輸出印刷❖中原造像股份有限公司
二版一刷❖2020年3月
二版二刷❖2024年7月
定　　價❖480元

ISBN：978-986-5509-09-5（平裝）